校长
行走在校园里的文化符号

蒋晓敏 著

江苏人民出版社

图书在版编目（CIP）数据

校长，行走在校园里的文化符号/蒋晓敏著. —南京：江苏人民出版社，2021.5
ISBN 978-7-214-26217-2

Ⅰ. ①校… Ⅱ. ①蒋… Ⅲ. ①中学—校长—学校管理 Ⅳ. ① G637.1

中国版本图书馆 CIP 数据核字（2021）第 097593 号

书　　　　名	校长，行走在校园里的文化符号
著　　　者	蒋晓敏
责 任 编 辑	汪意云
装 帧 设 计	长　岛
出 版 发 行	江苏人民出版社
出版社地址	南京市湖南路 1 号 A 楼　邮编：210009
出版社网址	http://www.jspph.com
	http://jspph.taobao.com
经　　　销	江苏省新华书店
印　刷　者	苏州市越洋印刷有限公司
开　　　本	787×1092 毫米　1/16
印　　　张	16.375
字　　　数	255 千字
版　　　次	2021 年 5 月第 1 版
印　　　次	2021 年 5 月第 1 次印刷
标 准 书 号	ISBN 978-7-214-26217-2
定　　　价	88.00 元

（江苏人民出版社图书凡印装错误可向承印厂调换）

序

代蕊华

学校管理是一项系统工程，尤其是在推进教育治理现代化的新征程中，文化管理的重要性日显彰显。学校文化具有凝聚精神、塑造人格、传承文明的取向，是学校总体发展的核心。加强学校文化建设，营造文明、健康、高品位的文化氛围，形成良好的校风传统与统一的文化认同，扩大学习的认知领域，挖掘学生的潜力，锻炼学生的才能，为学生全面发展提供深厚的文化底蕴。中山市实验中学作为一所百年老校，有着厚重的历史和极为丰富的文化积淀。学校从校训"饮水思源、宁静致远"中摘取"致远"二字，提炼学校文化。"致远文化"作为一项综合的学校文化系统，其目标明确指向学生，整合时间维度与空间维度：从时间的维度，指向学生的未来，为学生的成长导航；从空间的维度，指向学生德智体美劳的全面发展。"致远文化"不仅力求创造学生当下的幸福，更为学生未来的幸福导航、奠基。

蒋晓敏校长作为中山市实验中学的引领者，坚信教育的理想境界为"无痕"，不着刻意之笔，精心雕琢文化校园，让花草树木流淌时间的韵律，让石水亭台彰显文化意蕴，让校园弥漫文化理念。

蒋晓敏校长坚持"贴近地面的教育行走"，而不是停留在"云端跳舞"。再先进的理念，都得用扎实的教育实践予以承载。蒋校长在教育教学管理中，坚持贯彻"立德树人"的教育使命，以"德育"为首，坚持全员德育、创新德育方式，让德育内容生活化、情境化。深耕课堂，构建素养课堂，让每一位教师拥抱课程，成为课程的积极开发者、践行者、评价者，开放特色课程，凝练精品课程。

教育的本质是育人，教育的追求是促进人的发展。教育场域里，最温情的画面是人与人的对话，它是最长情的告白。文化内涵建设，就是把学校教育与师生的幸福、自由、尊严、终极价值联系起来。倾听师生的心声，将心底的希冀与感怀与师生进行告白，如水之相荡，犹生美丽之涟漪。蒋校长乐对师生的长情告白，饱含深情，亦彰显无穷智慧。

如果说校长是一所学校的灵魂，校长的文化领导力，则是校长之魂。蒋晓敏校长将自己凝练成文化符号，将自己植根于历史和当代先进的社会文化之中，传承、吸纳和发扬优秀的传统文化，在教育实践中真正做到教育有智慧、管理有方法、表达有水平，将文化元素融入学校建设，用先进的文化理念引领学校发展，为基础教育改革努力探索出极富价值的创新之路。

2020年12月8日

（作者系教育部中学校长培训中心主任）

前　言

　　学校文化不仅是学校发展的灵魂，就某种程度而言，现代学校治理的成效首先取决于文化治理的成效，现代学校的领导首先体现为对文化的领导。

　　自 2016 年担任中山市实验中学校长以来，我一直在思考一个问题：文化建设仅仅是促进教学目标的实现和学校办学目标的完成的工具吗？作为学校发展的手段和工具，文化建设无疑可以更好地凝聚力量、积聚共识，促进教学目标的实现和学校办学目标的完成等。但不能否认的是，这种简单地将文化建设作为学校发展工具的做法，恰恰忽视了文化与学校诸要素的内在融通性，从而不利于发挥文化在学校发展中的根基性价值和功能。而如何摒弃学校文化建设的工具性，在教育教学管理中真正做到以文化治校，在教育管理实践中，我坚持做好以下几点：

一是紧扣学校实际，凝练学校文化

　　学校文化的凝练不能凌空起舞，一定得紧扣学校实际。中山市实验中学是一所百年老校，有着深厚的文化底蕴，一砖一瓦、一花一草，都流淌着时间的韵律，但受招生政策制约，学校生源不是特别理想，为了激发师生斗志，提高师生教育与学习的积极性，学校在"饮水思源、宁静致远"校训的基础上，进一步凝练出"志存高远，心怀天下"的办学理念，并进一步提出"心中有理想、肩上有责任、头脑有智慧、脸上有笑容、嘴里有歌声"的五有育人目标。精心打造学校校园，将"时间"元素,"石"文化,"薪火传承""长城"精神等,嵌入校园文化中,凝练出积极向上、心怀天下、开拓进取的学校文化。学校文化不仅指向学校的发展状态和发展方向,也在一定程度上决定着学校发展的能力、质量和水平。

二是给文化暖色,激活文化潜能

冰冷的文化只能是一种外在的虚设,学校文化的巨大潜能需要被激发。为此,学校注重给文化暖色,注重教师之间的差异,关注学生之间的差异。哲学家罗素有一句名言:"参差多态乃幸福的源泉。"关注到差异,就能给师生以温暖,才能激发文化的潜能。

三是厚植人文,催生文化动态生成

文化只有通过对话、协商和体悟的方式才能生成和创设。因此,学校改变自上而下的文化布置和文化指示等消极行为。通过扎根课堂的、立足师生生活的、关注交往情境的观察、分析、概况和提炼,挖掘学校文化的底色与本色。构建一种上下交互贯通的文化生成机制。学校时刻将经典的阅读、哲学的对话和思想的碰撞作为教师专业生活的常态形式。引导教师在对好学校、好教育、好教师、好学生的思索、讨论、反思和批判中形成内在的价值坚定性和深度的文化。

我时刻提醒自己,常抱宽容的心态。常树民主的风格和亲和的人格,如此,才使得学校文化真正成为有认同的文化、有方向的文化和有力量的文化。前行的路上,学校文化建设是阳光,是春风,是前进的指引,是努力的方向。

2020年12月10日于中山

目　录
contents

第一篇　弥漫校园的文化理念

第二篇　贴近地面的教育行走

第三篇　乐对师生的长情告白

附录　散发清香的团队成长

致远文化，导航学生成长

　　高中教育如何在升学与成才、个体与社会中找到平衡点？如何培养适应未来社会发展的合格人才？这是摆在中学校长面前的一道难题。广东省中山市实验中学通过精心构建"致远文化"，导航学生成长。"致远文化"作为一项综合的教育文化系统，其目标明确指向学生，整合时间维度与空间维度：从时间的维度，指向学生的未来，为学生的成长导航；从空间的维度，指向学生德智体美劳的综合平衡发展。"致远文化"不仅力求创造学生当下的幸福，更为学生未来的幸福导航、奠基。

一、致远校园，点燃学生梦想

　　校园既是学生学习的场所，也是学生生活的主要场地。某种程度上讲，校园无形中融入了学生的生命与生长，成为学生生命与成长的一部分。"湖光山色显大气，水榭亭台锁格局！"走进中山市实验中学，扑面而来的是灵动与大气兼容的美感。学校在校园原有基础上，精心设计，融入文化元素。经过精心设计后的校园既有绿化，又有美化，更有文化。校园精心选取环保型树木，设计生态园，一草一木，既丰富了学生的生活，也呵护着学生的健康成长。同时，校园被精心设计得错落有致、湖光山色：畔池里一年四季摇曳的荷花，蜿蜒曲折在学生教室与饭堂之间的路旁，碧波荡漾的远湖静立在通往学生宿舍的拐角处，春日怒放的木棉、优雅的玉兰、冬日金黄的银杏、紫荆路旁缤纷的紫荆花，无一不让学生感受着美，熏陶着美。美如春雨，洗却尘世的功利与浮躁，润泽学生的心灵，在学生的心灵深植美的种子，假以时日，美的种子必当生根发芽，长成参天大树。中山市实验中学历经百年，风雨沧桑，积淀下丰厚的文化。而教育的使命便是于过去追寻有意义的文化，指引并照亮学生的未来。为此，学校在校园布局与设计上，以"时间"为元素，精心进行设计：学校教学楼前面的草坪钟，时钟嘀嗒嘀嗒的声音，不仅让学子们从听觉上感觉到时间的流动，更是将"时不我待""分秒必争"等勤奋进取的理念渗透至校园文化中，学校"长城"的修建，灰色的城墙，不仅将喧嚣挡在校园外，也将民族复兴的责任与担当深深镶嵌在每一砖一瓦间，踩在校园的每一方土地上，学子们感受着时光如音乐般流淌，又于时光的流转中，与深厚的校园底蕴与文化对话、沟通。校园的一草一木，一砖一瓦，点燃着学子们努力奋发，实现个人追求与社会担当的梦想。

二、致远课程体系，为学生理想奠基

作为基础教育与高等教育连接最为密切的高中教育，无疑，升学压力是一张无形的网，无法挣脱。而如果不理性科学地应对，这张网中最大的牺牲品便是学生。学生被当成容器，简单地被灌输，这种教育场里，失去了"人"存在的价值与意义，学习的乐趣被剥夺，思想更是如断线的风筝。而如何让学生感受到学习的乐趣，主动学，乐意学，深度学，从而为理想夯实基础？中山市实验中学采取的对策是构建丰富而完整的致远课程体系。致远课程体系具体采取两种方式（必修课程、可选择课程）；包括心致远（理想教育课程、责任教育、生源教育、艺术教育）；知致远（科学与人文课程、创意课程、人文课程）；行致远（领导力课程、国际关系课程、志愿服务课程、运动与健康课程）等。学校将德育放在首位，保留以主题班会为平台的传统德育模式，但考虑到高中学生年龄特点与传统德育的简单强制灌输存在一定的矛盾性等因素，学校在德育内容和德育形式方面大胆创新。德育内容方面：尽量以情境化形式呈现，增强德育内容的生活化、美化，使之更具吸引力。德育形式方面：采取戏剧、电影等多种与美育结合的形式，增强学生的参与度，让学生在体验中实现价值的形成与转化。而学校志愿组织成效尤为显著，多次获省级、国家级奖项，它的参与，既加强了德育的实效性，也让学生各方面能力得到了综合发展。体育健康教育对于学生而言，不仅是通过教育让学生获得强健的身体，为学生的终生发展奠基，同时，体育健康教育也蕴含着丰富的人生哲理，为学生的全面发展助力。如团结协作、努力拼搏、不轻易放弃等品质，在体育健康教育中都能对学生进行有效培养。学校足球、羽毛球、健美操等多次在省级国家级获得大奖。至真课程是学校课程体系的必修课程，也是学校重点设置并进行改革的领域。创新人才的培养离不开课堂的深度教学与学生的深度学习，因此，学校在至真课堂的构建方面下足功夫：真正落实因材施教、分层教学，每个学科都将核心素养分级分层在课堂上真正落实，而每一节课，都力求呈现极富魅力的梯度，让深度教学成为课堂教学的常态。学校以督导室为推手，在全校范围开展课堂教学，同时开展紫荆奖课堂竞赛活动，对课堂教学进行深入研讨，让课堂教学改革成为师生学习过程中的重点、热点，通过课堂教学改革，夯实基础，落实核心素养，为理想奠基。丰富的课程体系不仅内涵丰富，而且逻辑严密，体系完备，德智体美劳等方面有机结合，相互渗透，融为一体，且相互促进，有利于学生全面发展。

三、致远共同体，为学生理想护航

教育大计，教师为本。学校的发展离不开教师的发展，高素质的教师队伍既是学校发展的核心力，同时也是学生成长的领航者。 中山市实验中学大部分教师是近五年从各大师范学校招聘过来的优秀毕业生。教师队伍的年轻化无疑彰显其巨大的生命力与可发展性。但毋庸置疑，教育靠的不仅是一腔热血，教育需要精雕细琢，需要日积月累的观察与思考，因此，学校着重加强教师队伍建设，提高教师专业发展。独行速，众行远，为提高教师队伍建设的质量与效度，学校以骨干教师为核心，打造"致远共同体"，提高教师专业发展。学校通过设立"名师工作室""名班主任工作室""骨干教师工作室""教坛新秀工作室"等不同层级的工作室，以工作室为平台，以业务水平和综合素质较高的老师为引领，在全校范围内通过讲座、师范课推广、课题研究等多种方式，推进教师专业素质的提高。"水相荡而成涟漪，石相击而生灵光"，教师们在交流中碰撞，碰撞中升华。致远共同体的打造，既密切了教师之间的联系，也比较成功地探索出了提高教师专业发展的有效路径。年富力强的青年教师苗壮成长，成为有理想、有思想、有方法、有情怀的教育者，为学子们的理想保驾护航。

20 世纪 80 年代，澳大利亚原未来委员会主席埃利亚德曾说过："未来不是一个我们要去的地方，而是我们要创造的地方，通向它的道路不是人找到的，而是人走出来的，走出这条道路的过程既改变着走出路的人，又改变着目的地本身。"这段话富有哲理地诠释了不存在的社会、不确定的未来这一意涵及其与人的关系。无疑，我们的学校要努力面向未来社会培养人。致远文化的构建，不失为一个比较理想的探索。

（本文发表于 2020 年 7 月 8 日《中国教师报》第 12 版"教育家周刊"栏目）

与家长的悄悄话

人的教育是一项系统的教育工程，其中包含家庭教育、学校教育、社会教育，三者相互关联且有机地结合在一起，相互影响、相互作用、相互制约。人的教育离开其中任何一个都不可能，但在这项系统工程中，家庭教育是基础。家庭教育是指在日常生活环境中，父母对其孩子进行的德智体美劳等方面的教育。

然而，家庭教育的主导者，新时代的父母们，正在经历新的烦恼和困惑。

一、烦恼困惑

（一）力不从心

当今社会变革之复杂、发展速度之快，让人应接不暇；新生事物越来越多，孩子面临的挑战和诱惑越来越多，让人力不从心；孩子是有思想、有精神的生命个体，其心理、情绪的变化令人难以琢磨……凡此种种，不一而足。一言以蔽之，新时代孩子的成长对家庭教育水平提出了更高的要求。

（二）鞭长莫及

中学阶段的学生一周至少五天在校，由于时间和空间的限制，父母与孩子的交流不仅被迫减少，且对于孩子生活和学习状况的了解也有一定的滞后性，无法实现即时的沟通与教育。另外，部分父母工作繁忙，无暇顾及孩子的成长，这在某种程度上也加深了父母与孩子的"脱离"感。

（三）无所适从

互联网时代，随着社会发展出现的教育新问题、新情况，让人焦虑不安；

多元的成才观、教育观导致选择性增多，父母的困惑也不断增多；高考招生政策的变化、高考套餐的选择及高校专业要求名目繁多，同样让人无所适从。

新时代下的家庭教育，使父母们面临着巨大的困难与挑战，本想亲历亲为陪伴孩子成长，却不承想被时代狠狠地甩在了沙滩上。

二、应对措施

为了缓解以上烦恼困惑，作为家长的我们，必须与时俱进，不断学习，更新陈旧观念，提高自己的知识水平，发展自己的教育能力，丰富自己的教育智慧，以帮助孩子健康成长。

（一）教育孩子是分内事

"自己的孩子，你不能完全交给任何人、任何机构，因为任何人、任何机构都抵不上你对孩子的了解和爱。"教育好自己的孩子，实际就是投资自己后半生的幸福。家庭是社会最基本的单元，是孩子出生后走向社会的第一站，是孩子接受教育的第一所学校，家庭在孩子成长、发展的过程中承担着独特的、终身的教化功能。

父母是孩子教育的第一责任人，是第一任老师，也是终生的老师，家庭教育在培养孩子良好品质和习惯方面的作用是学校教育无法取代的。家庭教育的高度在相当程度上决定了孩子成长的高度；家庭教育的质量在很大程度上决定了孩子今后的生活质量；家庭教育的差别直接决定了孩子今后发展的差别。作为父母一定要认识到，不管自己多忙、多苦、多累、多烦，教育自己的孩子总是我们不可推卸的责任，并在此基础上通过言传身教来优化孩子的品质，培养各方面良好的行为习惯，为孩子终生发展奠基和导航。

观念的转变和责任的明确，能够帮助我们更及时和准确地行动。即使父母的文化知识有限，辅导不了孩子作业，但这也并不影响我们一直关注孩子，不影响我们从旁给予鼓励、关爱和信任。

（二）父母对孩子的教育需要分工

一个家庭中，最理想的就是由父亲和母亲直接承担教育任务。父母双方有可能会争论"到底谁该管孩子多一些"，但实际上，父亲与母亲在家庭教育方面的作用是旗鼓相当的，只不过双方在教育孩子方面的能力和角色影响有区别。

母性之爱，重在影响孩子的德行、礼仪、品格、气质等方面，在婴儿、幼儿、少儿阶段影响较大，且影响力一般呈递减趋势。对于年幼时期孩子的教育，母亲比父亲占有更多的时间和空间，孩子小时候对母爱的感受比父爱要深，受母亲的影响也更多。父性之爱，重在方向引领、理性作为，是思想引导的奠基者，且影响力一般呈递增趋势。俗话说，有其父必有其子，父亲对孩子人生观、世界观、价值观的影响是巨大的，孩子从青春期走向社会的时候，更需要父亲的引导。

事实上，母性之爱和父性之爱，孩子都需要，只是每一阶段两者分工不同，主次不同。中学时期，母性之爱可以适当减少，父性之爱应该适当增加。教育子女的责任，要由父母共同承担，哪一位都不能缺失。值得注意的是，父亲和母亲要为对方承担教育责任创造条件，分配给对方适合的教育任务，不要单方面独揽"大权"。只有在父母共同承担教育责任、对孩子教育影响力和谐互补的情况下，才有可能全方位发挥家庭的教育功能。

（三）让孩子成为家中的小主人

随着经济水平的提高，家长们越来越重视孩子的学习，为了让孩子专心读书，很多理应由孩子自己做的事情都被父母包办代替，造成孩子缺乏与年龄相称的自理能力，孩子对自己负责的意识薄弱，同时也缺乏应有的家庭意识和责任感，具体表现为缺乏上进心、喜欢以自我为中心、自理能力差、喜欢推卸责任等。

事实上，父母在做某些决定的时候，可以告知孩子并创造条件让孩子参与其中，比如外出就餐，可以让孩子学会通过每人的消费额、饭菜的数量、口味、就餐环境等不同的指标，来综合决定就餐的地点及如何点菜，这在增强孩子家庭事务决策能力的同时，也能让他们体会到存在感、价值感和责任感。让孩子参与决策，同时也是家庭教育中培养孩子自主意识、自主能力的重要环节，如果再配合给孩子一定的独立空间，在一定程度上和一定范围内让孩子独立完成自己选择的事情，就更为有效。

无论何时何地，父母都要让孩子知道自己是家庭中的一员，在互敬互爱的同时，每个人也要学会自主管理、自主规划，承担自己相应的责任。

（四）倾听孩子的声音

时常听到家长说，"孩子回家都不怎么跟我们说话的"。是什么让沟通变得如此困难呢？一是双方都以自我为中心，自说自话；二是父母的唠叨刺激孩子逆反心理；三是父母的监控迫使孩子不愿交流。当我们认真去听孩子说话，而不是急于说教时，他的状态会很不一样，父母对孩子想法、情绪、感受、态度的认真倾听，就是给孩子最大的鼓励与尊重。

父母和孩子之间交流的话题不应该局限于学习，而应该有意识地扩大。父母可以主动与孩子交谈，鼓励孩子分享一周里学校的新闻、周边同学的故事等，并鼓励孩子进行评论。当孩子表达自己的观点时，我们应该认真倾听且相信他说的话，真切体会他的感受，理解他面临的处境，肯定他的判定；当孩子不同意我们的观点时，我们也不要急于说教，而应该耐心地与孩子交换意见，并形成统一的理解，以便孩子能够逐渐愿意与我们交谈，这样既能了解孩子的在校生活，又能通过交流培养孩子三观，一举多得。

耳朵是通向心灵的路，"倾听"两个字看似简单，要做到却很难，但是努力去做就会形成不一样的亲子关系。

（五）观察孩子的交往对象

随着年龄的增加，特别是在青春期前后，孩子的独立性和自主性开始逐渐发展起来，逐渐开始想摆脱父母的限制、约束和控制。孩子会想获得更多的自由和掌控感，他们和同伴的交往日益增多，对友谊的渴望更加强烈，同伴逐渐成为他们社会支持的一个主要来源。

我们是怎样的人，就会交到怎样的朋友，因此可以通过观察孩子最好伙伴的行为来了解孩子，最好伙伴的身上往往有自己孩子的影子。能成为朋友的两个人，必然大部分人生观、价值观是相似的，是互相欣赏、合得来的。如果孩子的最好伙伴是积极向上的，那么父母就不必担忧孩子不求上进；如果孩子的最好伙伴是慷慨大方的性格，那么父母也不必担忧孩子自私小气；如果孩子的最好伙伴总是挑剔抱怨，那么父母可能需要关注孩子对生活的态度了！

朋友这面镜子，是父母了解自己孩子的行之有效的途径。当然，我们也要相信孩子的择友能力，不做过多干预，更不要为了证明自己是对的而贬低孩子的判断和选择，否则容易适得其反。

三、结束语

俗话说："爱孩子，这是连母鸡都会的，教育好孩子却是一门艺术。"在孩子的成长过程中，父母付出爱心还远远不够，我们还应该根据孩子在成长中的不同需求，完善自己在家庭教育中的"角色定位"，为人父母，需要终身学习。

第一篇

弥漫校园的文化理念

诗情画意的校园

——生态与美育齐飞，人文共科技一色

学校是唤起生命自觉的育人场所，学校校园是学生学习与生活的主要场所，校园的建设不仅关乎学生的身体健康，更是与学生的生命成长息息相关。因此，校园环境建设是学校教育的重要一环，也是校长领导力的有力彰显。中山市实验中学在校园建设方面精心雕琢，用心布局，以期塑造学生良好品质，助力学生健康成长。

一、生态与美育齐飞，助力学生健康成长

中山市实验中学前身是中山市师范学校，其得天独厚的优势是占地面积较广，达到近 600 亩之多，传承下较为美丽的校园风貌，但如何让校园物化的美与生态的美完美结合，从而助力学生身体的健康与精神的审美双向协力发展？学校对此进行了深入的研究，广泛地搜集老师们的意见，然后整理、升华。

（一）湖光翠色、风景旖旎

中学生正处于人生的成长期，青春的萌动让其对"美"有一种特别的渴望，而作为学校教育者，理应正确引导其发现美，合理培养其感受美、体验美的能力。而物化的校园环境的美，则让学生身处其境，随处可见，触手可碰。不失为一条理想的途径。

学校精心雕琢校园，"十步一景点，百步一亮点"，学校在第一教学楼通往第一饭堂的主干道旁精心修建"泮池"，池内碧荷婆娑，红莲绰绰，池旁建一座石桥，曰"泮桥"，蜿蜒曲折，桥畔柳影依依，风光旖旎。学生每天穿梭于教室与饭堂之间，荷的雅洁，柳的柔美，不仅让学生感受到美，而且，美如春风，

时时拂去学生心底世俗的尘埃。在高三教学楼，学校人工开凿"远湖"，学生课后在湖畔散步，湖中自由游动的金鱼，其惬意快乐的身影，刚好可以轻轻拭去学生学习的紧张与疲惫，湖水荡漾，深邃的天空荡漾在湖底，激荡起学生无限的遐想与对远方无限的憧憬与期盼。

（二）生态联手美化、诗情画意

自古以来，"人与自然的关系"一直是人们思考的一个问题。人脱胎于自然，而人的成长与发展，又与自然息息相关，密不可分，良好的自然生态是学生健康成长的保障，而学生正确的自然观则又是学生健康成长的重要内容。人与自然和谐，人与自然互相促进、互相发展、相得益彰。在学校建设中，环境不单纯是外物，而是与人一样有生命的共生——树亦是人，人亦是树；环境育人，人育环境。刚建校时，校内树木、草地、鲜花均比较单一，学校就坚持植树与育人同步，围绕走廊亭台植树种花。很快，校内树林、花园、草地错落有致，无论在哪间教室的哪个座位上，视野里都是满目青翠、四季花开，鸟儿飞来飞去。这样充满琅琅书声、鸟语花香的校园，既是自然生机勃勃的存在，也是课程丰富开放的资源，更是不同生命共同成长的生态乐园。

二、人文与科技共舞，助力学生全面成长

（一）建筑承载历史，丰富人文元素

第一，雅致命名，灵动建筑。

学校对教学楼、图书馆、宿舍区分别冠以"日""星""月"三区。三个看似平常的命名，却有着丰富的文化内涵。教学楼被命名为"日臻楼"，寓意在学校文化的引领下，学生的成长蒸蒸日上，日新月异。图书馆被冠以"星濯楼"，浩瀚的书籍海洋中，书籍如星光点点，美丽动人却又散发出无限诱人的光彩，星海中，追寻最灿烂的那一颗星，并为之努力奋斗。宿舍区被命名为"月区"，清风月夜，萤虫点点，学生洗掉一身的疲惫，梳理一天的学习成果，慢慢进入梦乡。学生宿舍通往教学楼的主干道被命名为致远大道，"心怀天下，志存高远"，彰显学校育人方向。

第二，别致装扮，五彩斑斓。

学校由师范改制而来，近百年的办学历史，沉淀下来了厚重的历史与丰富的人文内涵。但单纯的教育场景无法衍生出更为丰富的教育内涵，学校在师范纪念园精心种植了近百棵桃树，每年春天到来时，粉红的花瓣在春风里翩然起舞。

桃李不言，下自成蹊，桃树掩映下的孔子像，更是将教育宽广深厚的意蕴彰显殆尽。学校建筑于学生而言，是一种美的感悟与体验，既能培养学生感受美、创造美的能力，同时也能净化、洗涤学生的心灵，培养学生向善、向美的良好品质。比如矗立在校道显眼处师范纪念园内的30米高的水塔，如今已无蓄水功能，且陈旧的外观与校道两旁其他景物格格不入，拆掉又甚感可惜。于是，学校用心重构，在塔顶装置"火焰"形状的LED状灯笼，塔身雕塑祥云图案，整个水塔被改造成火炬形状。如此矗立在学校校道最显眼处，既成为一道亮丽的景观，同时被赋予深厚的文化意蕴"薪火相传，生生不息"。

（二）建筑创新现实，彰显科技之美

自工业革命以来，科技之花日渐娇艳，现代化之路的艰巨使命呼唤教育对科技人才的重视与培养，学校环境建设除了呈现人文之美，更要精心设计，彰显科技之美，让学生感受科技的美，体会到科技的神奇与力量，并进一步确立为之努力奋斗的毅力，锤炼自己的意志，夯实当下，走向未来。学校在日臻楼前面建成"太阳历广场"，中山市实验中学太阳历广场位于该校校园内艺术与科学小区的中央，广场主体部分是一个直径15米、面积接近200平方米的圆形水磨石水平平台，在平台上的不同位置矗立着10根高低各不相同的圆形不锈钢垂直立柱。平台表面在不同的位置分别镶嵌着由铜片、铜条和铜柱制作的各种字标、时线、星座以及由红色花岗岩刻制的圭表。由时线网格组成的测时系统、测历（节气）复合圭表系统、太阳出没位置观察系统、星空模拟图、目视寻星系统和人体投影太阳钟（人晷）六部分，共同组成了亮丽壮观的中山市实验中学太阳历广场。这是广东省中学校园内首个以太阳观测为主要内容的大型科普及教学设施。该太阳历广场的各部分基本上是仿照我国古代测时测历工具并根据现代天文学原理设计。各部件都经过详细计算，精密加工和审慎安装和调校。通过对太阳日影的观测，能直观形象地表现出太阳周日和周年视运动的本质（地球的自转和绕日公转）及其变化规律，直观地显示了时间测定的基本依据和时间换算的基本原理。同时，也形象地反映了我国古代天文学创设的二十四节气的现代天文学含义及观测地地理坐标对太阳周日和周年视运动的影响。通过对太阳高度变化与季节变化、昼夜长短变化，甚至年内气温变化之间关系的观测和分析，我们除可体会到客观世界永恒的物质性和运动性特点外，还可以进一步体会到客观世界的相互联系和相互影响。对星空的观察，不但可以使我们了解到人类对宇宙认识的逐步深入，也可以使我们深刻地体会到，人类对客观世界的认识是在对相对真理不断认识的过程中逐步向绝对真理"逼近"。

让校园环境蕴含丰富的文化，以文化的形式熏陶学生、浸润学生，让人与环境对话，是每一位校长艰辛而又快乐的一课。

倾听时光的歌声

——中山市实验中学校园文化中的时间元素

　　"时间"一直是跳跃在中国人血液里的一道美丽音符！孔子曰："逝者如斯夫！"感叹时光如水般的线性精进的流动。佛教里，时间更是被细致地划分，比如时分瞬息刹那等。而道家则给时间披上一层神秘的面纱：山中一日，世上已千年！马克思则认为："时间实际上是人的积极存在，它不仅是人的生命的尺度，而且是人的发展的空间。"时间从来就不会虚幻于人之外，时间是生命的歌声，是灵动的舞者，对于当代中学生而言，只有懂得时间的深刻内涵，感受时间的灵动飞扬，才能懂得珍惜时间，提高时间的效率，让生命更精彩。为此，中山市实验中学以"时间"为主元素，用"时间"的丝带，精心穿起学校校园文化，谱写育人华章。

一、以时间为经，升华学校文化符号

（一）学校校训，舞动"时间"之魂

　　学校以"饮水思源，宁静致远"为校训。"饮水思源"出自南北朝庾信的《征调曲》："落其实者思其树；饮其流者怀其源。"庾信是南北朝时期有名的文学家，因政治原因不得不在长安一直住了近 30 年，心里非常思念故土。可见，"饮水思源"本意为思念故土，后慢慢衍生出感恩，不忘根本等更为丰富的含义。"宁静致远"最早出自刘安的《淮南子·主术训》，后被诸葛亮在《诫子书》中也有引用，寓意为只有心境平稳沉着、专心致志，才能厚积薄发、有所作为。几千年流传下来的文字，使得校训的本身就流淌着浓浓的时间香味，而巧妙地将二者嫁接糅合，则又舞动了"时间"的魂，更显时间魅力。"思"将时间拉长，

延伸至历史的尽头，于"源"处寻觅、探究、深思。"致"更将时间拓展至"远"方，指向遥远的未来。看似简单的八字校训，让时间流淌成河。在时光的河里，教师是领游者，学生尾随其后，在这里，所有的浮躁与世俗，都被时光的河流静静洗涤，只有安静的灵魂，在深邃的思考中，走向神秘未知的将来。

（二）办学理念，高扬"时间"之韵

学校精心凝练办学理念为"志存高远，心怀天下"。"志存高远"出自诸葛亮《勉侄书》，意为追求远大的理想、事业上的抱负。"心怀天下"则将时间的纵向跨越拓展为国际视野，从而让学校文化根植于传统文化而又止步于传统文化，彰显时代特质。新时期社会公民培养的目标，必然要求学校文化富有国际视野、世界情怀，"志存高远，心怀天下"的办学理念于时间的韵律中退去求知的功利性，凸显出学校文化的厚度、深度与广度。

（三）育人目标，彰显"时间"之美

教育的本质是"人"，其出发点和归宿最终指向的都是"人"，党的十八大明确提出"立德树人"的教育使命。而我们的教育，究竟要培养什么样的人？为此，学校提出"心中有理想、肩上有责任、头脑有智慧、脸上有笑容、嘴里有歌声"的育人目标，看似简单、平实的育人目标，其实蕴含着丰富的内涵，既凸显了人文精神与科学精神的培养，又强调了学生的责任担当与创新精神的培养，同时又重视学生的学习能力与健康生活能力的培养。五个目标汇聚成一个大写的"人"，一个全面发展的"人"，这一目标既有利于落实"立德树人"这一项重要举措，也是适应世界教育改革发展趋势、提升我国教育国际竞争力的迫切需要。面向未来的"人"，走向世界的"人"，于时间中开拓空间，于空间中沉淀时间，彰显时间之美。

二、以时间为珠，编织学校校园风景

（一）"草坪钟"，舞动"惜时"的青涩

对于学生而言，"惜时"是一个永恒的话题。工业化社会在凸显时间重要性的同时，却又无情地将时间碎片化，时间总是不经意地从指缝间溜走，人们总是无奈地感叹：时光都去哪儿了？为了将"惜时"的观念润化到学生内心，让学生懂得"惜时"，学会"惜时"，学校在第二教学楼前面修建"草坪钟"。"草坪钟"远观过去像一个时钟形状的小花园，精心设计了时钟、分钟、秒钟，并通过科技，让时钟、分钟、秒钟随着时间的流动节奏而跳动，学生下课时站在教室走廊，既可以欣赏花团锦簇的"草坪钟"，又可以听到时间"嘀嘀嗒嗒"的流动声，这一刻，青涩的时光流动声，拨动了青涩的少年们的心弦，激励着少年们追赶时间的脚步。

（二）："祥云火炬"，奏响"追时"的强音

矗立在致远大道最显眼处的师范纪念园内的 30 米高水塔被学校用心重构，在塔顶装置"火焰"形状的 LED 状灯笼，塔身雕塑祥云图案，整个水塔被改造成火炬形状，成为学校一项地标性建筑。祥云火炬被赋予深厚的文化意蕴"薪火相传，生生不息"的同时，也彰显了其丰富的"时间"内涵。熊熊燃烧的火炬是力量的表征，是追赶时间的生动诠释与呈现，用生命的全部力量与时间追逐，最大限度地展现自己的力量与美。蓝天与碧树掩映下的祥云火炬，点燃了莘莘学子的梦想，激发了少年们追时的斗志与豪情。

（三）"长城"，细品"读时"之篇章

时间是一本厚厚的书，需要静下心来细细品读。中山市实验中学近百年的历史传承，沉淀下丰富的时间篇章，如何让匆匆而过的学子们慢下脚步，细细品读这一篇章？学校巧心布局，在师范纪念园 500 米处将旧有的学校围墙改装为"长城"，几千年的沉淀，"长城"已经由最初的军事符号凝成了一种文化符号：民族复兴的责任与担当。灰色的城墙不仅将喧嚣挡在校园外，同时也将民族复兴的责任与担当深深镶嵌在一砖一瓦间。下课后、闲暇时，同学们背倚长城，看太阳的余晖散落于长城，灰色的砖与瓦的倒影，勾画着墨色清香，品读这时间的香味，一切如此美好。

三、以时间为维，构建学校课程文化

（一）"全员德育"，凸显"时间"的刚性

德育是学校育人的重要路径与抓手，而德育又因种种现实原因被形式化与异化，从而失去其在学校教育中应有的作用。为了发挥学校德育应有的价值与作用，学校借助先进的信息技术，对学生德育采取智能化管理，实行"全员德育"，实现德育内容情景化，德育途径生活化，德育主体多元化，"内化于心、外化于行"，凸显"时间"的刚性。

（二）"深度课堂"，彰显"时间"的韧性

育人目标的真正落地与实施，离不开科学高效的课堂建构。游离于应试教育表层的课堂，其最大的弊病就是教学目标的单一化、教学内容的浅层化与支

离化，教学手段的单向化及教学评价的主观化。学校由教务处牵头，深耕课堂，构建"深度课堂"，其主要特征有：教学目标的丰富性，教学内容的情境性、深度化，教学手段的多样化，教学评价的客观化。学校通过名师引领、骨干教师辐射、青年领军推动的多维模式，以"紫荆奖"竞赛为平台，推进课堂教学改革，提升课堂40分钟效率，彰显"时间"的韧性。

（三）"社团活动"，寻觅"时间"的边界

著名史学家钱穆先生认为，教育有广义与狭义之分，而中国教育的弊端则是发端于将教育窄化在狭义领域，固化为学校教育，固化为课堂教育。由此可知，教育的丰富性首先表现在其时空领域，无疑，社团活动则是有效拓展教育时空的一个比较理想的路径。学校力图打造"诗情画意的美丽校园，五彩斑斓的阳光花地"，不让课堂教育一枝独秀，而且努力构建丰富社团，力图呈现万紫千红的教育局面。学校开设有"机器人社团""健美操社团""儒行社""国际模联"等丰富多彩的社团，利用每周五下午第七、八节课时间，每个社团由专门的老师引领。丰富的社团活动成效显著，精彩纷呈，其中"机器人社团""健美操社团""儒行社""国际模联"等社团多次荣获国家级大奖。丰富多彩的社团活动，舒缓了学习的刚性压力，活跃了学校氛围，提高了学生的实践操作能力，开阔了学生的视野。尤为重要的是，丰富多彩的社团活动，开发了丰富的课程资源，拓展了学校教育内容，将学校与家庭、学校与社会巧妙融合，隐形衔接，在时间的边界上，荡起一轮一轮美丽的涟漪。

将时间元素如珍珠一般糅合在校园文化里，用文化引领学生"惜时、追时、品时"，流淌在校园里的时间，被谱写成了学生生命的音乐，而时光悠扬的钟声，则激励着一代一代的学子，追寻、思考、探究……

让石头会说话
——学校校园文化建设中的石文化

毛泽东《咏史》词云:"人猿相揖别,有几个石头磨过,小儿时节。"中国的民间传说和文学作品也屡现"石头"的踪影,前者如"大禹治水"中禹的妻子涂山氏变成的"望夫石",后者如《西游记》中吸收"天真地秀、日精月华"后蹦出石猴的"仙石",又如《红楼梦》中女娲炼石补天时因"无材不堪入选"而被丢弃在山间的石头,而后有了《石头记》的故事。可见,石头作为一种文化现象,不但充实了人们的精神生活,而且丰富了我们的传统文化宝库,使之永远成为世界文化林中的一块瑰宝。中山市实验中学将石文化镶嵌于校园文化建设中,让学生于学习与生活之中,感受"石"之美,体验"石"之品,感怀"石"之志。

一、花石相依,感受"石"之美

观赏美石,发端于原始的文化活动。石千变万化的纹理和美丽的图像,对我们祖先的思维活动产生深远影响。祖先们从石头上的自然纹理和图像受到启示,并进行模仿,从而产生了原始文字和绘画,萌发了原始艺术。时至今日,无论是国家的重要建筑物,还是民间的园林、房屋等,无不取材于石。因为美丽的石材代表着高贵,也隐含些许神秘,不同的石头又各具特色。山中的岩石峻峭凌厉,水中的卵石亲切圆润;北方的山石浑厚沉着,江南的石头奇巧精妙。中山市实验中学巧借花的秀美,衬托石之刚硬、高贵,糅合冷暖色调,平衡阴阳之美,形成校园的一道美丽风景。

(一)凤凰敲石,激情热烈

学校心理楼旁边有七八棵凤凰树,远远望去,树冠如华盖,尤其是每年的五月份，凤凰花向阳怒放，鲜艳的凤凰花如一团团鲜红的火焰，在蓝天碧云下，成一道亮丽的风景。学校在凤凰树旁边精心立了一块未经雕琢之石，凤凰的艳丽敲击着高冷质朴之石，明艳唤醒了高冷，激情点燃了质朴的生命。生命的怒放与张力在石的沉默与内敛中无限地释放，让每一位经过的学子无不受到感染，点燃生命的激情与热烈。

（二）石托红枫，恬淡清新

广东四季如春，瓜果飘香，但如果放慢脚步，你会发现她其实一直在默默上演着春云夏雨秋月夜的浪漫与温情。秋天是一个容易让人伤感的季节，白昼的骤然缩短与黑夜的延长会让学子们无法控制地困顿、疲惫，为缓解学生的疲惫与心绪，学校精心在高三教学楼旁种植一小片红枫，当秋风渐起、秋意渐浓时，枫叶渐红，那种经由了岁月的浸染而由青渐红的枫叶，经由视觉，慢慢地抚平被秋风吹皱的少年学子们无限的愁绪与困顿，学校恰如其分地在枫林旁立几块轻盈的石头，石的轻盈承托起半林红枫，在无尽的秋意中轻扫愁绪，画一抹恬淡，写一抹清新。

（三）紫荆拂石，高贵典雅

学校主干道两旁遍载紫荆，秋冬时节，当桃红柳绿渐次消退时，校道两旁的紫荆确是"恰如一夜春风来"。紫荆娇嫩，风吹即落，紫色的花瓣跌落地面，学校在校道两旁设立若干石凳，紫色的花瓣落至石凳上，如披上一层紫色的花毯，花石相映，花的柔媚与石的清冷相得益彰，放学经过的学子会忍不住在石凳旁逗留，赏花、观石、聊生活，谈学习。

美从来不是一种孤独的存在，学校精心布局，以花石相依，衬托出花之柔媚，石之清冷，如此布局，既让学生感受到了美，提升了审美情趣，也提升了学生创造美的能力。"美"的实质是一种"关系"，正如我们每一个学生都是一个"社会人"一样，我们每天都必须面对着这些错综复杂的关系。当我们尝试着去联结一种关系，去协调一种关系时，我们不仅创造了美，也开始尝试着成为一个社会人。

二、水石相伴，体验"石"之品

关于"石"之品德，古人有太多精辟的描述：如石性沉静，不随波逐；石性沉静，不仅拂去人们心头的烦扰，还在淡泊中尽显诚信之可贵，石性之不随波逐流，令人感到一种别样的坚贞、忠诚和始终如一。石性不仅沉静，还刚强坚硬，宁碎不弯；"石体坚贞，不以柔媚悦人，孤高介节"。近代沈钧儒先生把书房称为"与石居"，并题诗云："吾生尤好石，谓是取其坚。至小莫能破，至刚塞天渊。深积无苟同，涉迹渐戈戈。"郭沫若赞沈钧儒在《题与石居》中曰："磐磐大石故可赞，一拳之小亦可观；与石居者与善游，其性即刚且能柔；柔能为民役，刚能反寇仇。先生之风，超绝时空，何用补之，一召童蒙。"孔子曰："仁者乐山，智者乐水。山中之气，即石也。"孔子的经典名言其实蕴含着深刻的哲理，启示着我们，水至柔，石至刚，水石相伴，方能彰显刚柔相济，涵养学生必备品格。

（一）泮池流石，竹兰风范

第一教学楼与第一饭堂之间，在学子们每天经过的校道旁，学校精心开凿"泮池"，池内水清荷碧，莲影绰绰。道家认为，水有居善地、心善渊、与善仁、言善信、为善治、事善能、动善时等多种品德，水中青荷，更是高雅之士。学校在泮池旁架一座石桥，桥型蜿蜒曲折，更显空灵心性，桥畔柳影婆娑，水之柔、石之刚、荷之静、柳之影，一幅传统的中国水墨画，在学生每天由课室通往饭堂的路旁舒展，以无声的语言诉说着高洁、清雅的风范，默默陶冶着学生的情操，塑造学生的品格。

（二）远湖观石，松柏之志

与高一、高二学生不同，高三学子得直面高考所带来的升学压力，人生首次面临艰难的选择，学校除了精心布局以舒缓学生的压力以外，更是将目光向内，直击学生灵魂深处，唤醒灵魂，指向未来。为此，学校开凿"远湖"。相较于"泮池"，"远湖"除了面积更大，湖水也更为深邃，学子们课后漫步，看蓝天倒映于远湖，天高地阔，亦激发其为梦想为民族努力奋斗的豪情壮志，湖中惬意游动的金鱼，是庄子笔下的游鱼之乐，是人生千锤百炼后最终走向成功的一种自由的快乐。学校又恰如其分地在湖旁分别立"君子""怀德"两石，并于湖心建一亭，名为"君子亭"，远湖观石，尽显松柏之志。

三、石字相存，感怀"石"之志

石头象征着坚定、坚固、顽强以及各种我们所向往的品质。因此，人们用石心比喻坚定的信念，用石交指代牢固的友谊，用石城汤池形容防守坚固的城池。"石可破也，而不可夺坚""踏石留印，扎实攻坚"等词语，无不彰显出"石"之志。

（一）"实中人"石，尽显壮志豪情

学校在校门入口处立一象形石，精心雕琢"实中人"三个字。在中国传统文化里，"象"与"祥"字谐音，故"象"被赋予了更多吉祥的寓意，古人云："太平有象"，寓意"吉祥如意"和"出将入相"，象形不仅赋予石美观的外形，而且将平安、励志、远大目标等丰富的文化内涵镶嵌于石，而精心雕琢"实中人"三个字，则于无尽的时空中，让每一位走进校门的师生感受到学校殷切的嘱咐与期盼，凌云壮志，尽显豪情。

（二）"道不远人"，满载人文关怀

学校本质的特征与核心的内容其实是"人"。工业化社会虽然极大地推动了社会的进步与发展，却无情地将"人"从教育中剥离，"人"沦为教育的工具。学校在科学楼旁立一块矩形石，稳健的石身彰显科技的厚重，又于石身镌刻"道不远人"四个字，字形轻盈流畅，

"道不远人"出自《中庸》第十三章，意思是中庸之道是离人不远的，假使有人为了遵行中庸之道而远离人群，那就不可以称之为道了。儒家与道家都强调"道"，但儒家更强调"人弘道"。学校刻意选择这四个字，一方面彰显学校的人文关怀，同时又勉励每一位学生，通过自身的努力，追求人文之道、科技之道，让人文与科技齐飞，追求人生的至善与至美。

（三）"只争朝夕"，鞭策激流勇进

时间一直是学校教育绕不开的一个话题，如何让学生懂时、惜时，是每一位教育者都必须直面的一个问题。学校巧用石文化，在第二教学楼前立一文化石，精心镌刻"只争朝夕"四个字。学生课后闲暇，经过此石，灵动飞扬的"只争朝夕"，以无言之字，胜过万语千言，激励着学子们懂时、惜时，激流勇进。

教育的最高境界为"无痕"，不着刻意之笔，如"郢人斤斫无痕迹，仙人衣裳弃刀尺"，更如"随风潜入夜，润物细无声"。学校在校园文化建设中精工巧笔，镶嵌石文化，让学生感受"石"之美，体验"石"之品，感怀"石"之志，不失为一种比较创新的探索，成效显著。

校长需要"真善美"

当太阳冲破地平线，放射万丈光芒时，这是新的起点；当一个婴儿呱呱坠地，开始第一声哭喊时，这是新的起点。此刻，我们正站在新的起点上，未来就在我们的前面。为了走向更美好的未来，中山市实验中学明确提出"真善美"的治校理念："真"就是"三真教育管理模式"，即对教育有真情，对教师有真心，对学生有真爱，要在遵循教育规律的基础上，善待师生，充分挖掘大家的天赋和潜能，提供和创造尽可能多的展示才能的机会，提升大家的自信心。"善"是"善借""善思"。"善借"指学校要借力、借势、借智发展，既要善借全社会之力，更要善借仁者、智者、能者之力；"善思"指自我的反思。"美"是借用费孝通先生提出的"各美其美，美人之美，美美与共，天下大同"，校内各美其美，校外美人之美，认清自身优势，学习他者优点，美美与共，共同创造和谐大同的学校。

一、"真"

陶行知先生说过："校长是一个学校的灵魂。要想评论一个学校，先要评论他的校长。""做一个学校校长，谈何容易！说得小些，他关系千百人的学业前途；说得大些，他关系国家与学术之兴衰。"从中可以看到校长对学校发展的重要性及其工作的艰辛。作为校长，任重而道远，首先必须做好自己，带头苦干，对教育有真情，对教师有真心，对学生有真爱，要在遵循教育规律的基础上，善待师生，才能充分挖掘大家的天赋和潜能。"真教育是心心相印的活动，唯独从心里发出来，才能打到心灵的深处。"

（一）对教育有真情

陶行知先生说做好校长，必须做"整个的校长""要用整个的心去做个整个的校长"。校长需要对教育全心全意地付出真情。

第一，带头付出真情。

要使教师真情于教育，校长首先必须是首席教育者。校长要率先扮演"学习带头人"的角色，钻研学习教育理论，热爱奉献教育事业，才能唤醒和感召教师学习和教育愿望。同时，校长还应扮演好教师学习的领导者和参与者的角色，以"成员"而不是"官员"的角色，与教师一起学习，一起奉献，促使学校全体成员共同学习，共同创造。具体要做到：

首先，了解教育信息，关注教育动态。

作为校长，必须时刻关注教育新信息和新动态，做到与时俱进，开拓创新，同时带领全校教职工学习，可以组织阅读关注中央对教育的最新政策，购买各种最新的教育报刊书籍等，如《人民教育报》之类，创建一个网络学习平台。当然，学以致用，校长要创造各种渠道和平台给全校教职工实地践行各种新理论和新方法，鼓励融合创新。

其次，遵循教育规律，制定教育策略。

任何事物都有其规律，顺之则昌，逆之则亡。教育也要遵循规律，校长治校办学，一要遵循教师成长规律，在教师的成长发展的不同阶段，给予不同指导和帮助，使之快速成长起来。二要遵循儿童成长和认知规律。因为教育的对象是一群有血有肉的孩子，不能胡来，制定违反规律的政策方针，这样会毁掉一群孩子。必须按照规律教育，反则只会适得其反，害了孩子，苦了教师，坏了学校。

第二，"落实"真情。

若一名校长真情于教育，他的满腔真情定能感染身旁的人。身旁的人在津津乐道的同时，也会愿意与之为伍。作为校长，必须坚持把真情"落实"到广大教职工心里去。

首先，要激发教职工对教育工作的兴趣，满足他们关于爱与归属、尊重和自我实现的需要。同时要增强教职工对教育工作的责任感。教育工作需要教职工付出大量的时间和精力，没有强烈的责任感，没有崇高的道德义务感和一定的牺牲精神是肯定不行。陶行知先生说的"捧着一颗心来，不带半根草去"，就是一种无私奉献的强烈的教育职业责任感。最后要进一步加深教职工对教育工作的归属感。一个人若能感觉到自己属于教育，他在教育中就可以做到无坚不摧、无往不胜了。

（二）对教师有真心

"教师"一职，如今再也不是神坛上受人膜拜的，成为了成千上万普通职业中的一个。教师是普通的但又是特殊的。他们需要投入大量时间和心血到事业中去，有时还得不到学生的喜爱、家长的认同和领导的表扬。总之，投入比产出多，付出比回报大。这使得他们对教育事业越来越没有信心和热情。因此，作为校长，不能再用空洞的师德鼓励教师艰苦奋斗、无私奉献，而是要不遗余力改善教师工作和生活状态，对教师有真心。

第一，想着他们说话，让着他们说话——公平对待每一位教师。

作为校长，决不能以领导自居，说话盛气凌人，做事高高在上，而应站在教师立场思考，想着他们说话，尊重他们的人格、需求、爱好、劳动成果等，与教师平等相待，这样才能赢得教师的尊重，从而大大激发了教师的工作内驱力。

在想着他们说话的同时，也要让着他们说话，给他们以话语权，让他们有表达诉求，抒发理想的渠道、平台和空间。所以作为校长必须为教师创设公平公正的环境，引导公平公正的舆论，追求公平公正的秩序。这样才能让教师在学校管理中具有公平参与与监督权利，使之有话能说，而且有话敢说。具体要做到：

深化校务公开工作，推进学校民主管理。学校须进一步搞好校务公开工作，使校务公开工作不断深入，逐步完善，学校民主管理更加科学化、法制化、制度化，才能推进学校民主建设，保障教师参与学校民主管理和民主监督的权利。

坚持和完善教代会制度，切实维护教师民主政治权益。教代会是学校民主管理和民主监督的基本制度，是校务公开的基本形式和主要载体。学校要进一步提高教代会制度的运行质量，坚持实行和不断完善教代会制度，赋予教师更高的知情权、参与权和监督权，让教师广泛参与学校各项重大事务的决策和管理，并提出书面意见和建议，促进学校工作决策民主化、科学化。

第二，帮着他们说话，为着他们说话——满腔热情为教师解决后顾之忧。

帮着教师说话，为着教师说话，就是要为教师的权益和发展鼓之呼之，呼号奔走，满腔热情为其解决后顾之忧。

保障教师合法权益，解决教师的后顾之忧。

保障教师工资福利收入，完善医疗、保险、住房待遇，帮助其子女教育等；照顾与保障教师弱势群体的合法权益：第一，加强妇女组织建设，充分发挥女教师作用，维护女教师的特殊权益；第二，努力加大帮困力度，积极关注困难群体，积极倡导、弘扬奉献和互助精神，加大帮困送温暖力度，真正成为特困教师的贴心人；第三，搞好离退休工作，关心离退休教师的身心健康，组织他们进行各种有益身心的活动；第四，搞好教师防病的工作，坚持搞好一年一次的教师体检工作。确保完成两年一次的妇科检查工作，做到无病防病、有病早治。

促进教师全面发展，实现教师的人生价值。

教师发展是内因与外因和谐共生。内因是教师自己必须勤奋好学，敬业进取，有所作为，外因是学校要为教师创造学习提升机会，搭建锻炼发展平台，开展多元培训，如举办了课改管理者培训、通识培训、学科培训、班主任培训、骨干教师培训、学科带头人培训等一系列校内培训与交流，兼顾各类教师群体，还不时邀请国家、省级专家到校讲学。

（三）对学生有真爱

陶行知先生说过："你若把你的生命放在学生的生命里，把你和你的学生的生命放在大众的生命里，这才算是尽了教师的天职。"作为教师，要时常假设学生是自己的孩子，为他们负责，为社会负责。教师对学生的这种爱，是一种远离世俗和功利的超越情感，是父亲的严格和母亲的慈爱之有机融合。当然，也要假设自己就是孩子，时常站在他们的角度想问题。

第一，嘴巴要甜。

"好学生都是被夸出来的"，教师的嘴巴要甜，要抓住学生的每个小进步，对学生进行表扬。同时善于发现学生身上的闪光点。教师不能以学生是否扣分违纪来判断学生品质的好坏，不能以文化成绩的高低评价学生的能力高低，要学会透过表象看本质的。古有曹操煮酒论英雄，曹操就被假装归田种菜的刘备表面上的各种懦弱与不思进取所蒙蔽和欺骗，没有看透刘备暗藏的雄心壮志，结果给自己统一天下的路上留下了隐患。也许这是曹操一生中最后悔的事了。因此，作为教师，面对"深不可测"的学生，要善于挖掘其潜能，才能不错失培养任何一个有潜力的学生。每个学生都有不同的天赋，若能善于发现，积极表扬与开导，扬长补短、扬长避短，定能走向成功。

第二，身段要低。

我认为教师与学生的关系，就好比偶像与粉丝的关系，两者互为依存。没有偶像就没有粉丝，没有粉丝更无偶像。教师如偶像般影响着学生，教师的一颦一笑、一言一行，学生大多会关注和重视，并加以模仿。所以，教师首先要做好示范作用。接着，作为偶像般的教师，要有一颗爱粉爱生之心。对待学生"粉丝"就不能耍大牌，盛气凌人，对其爱理不理，这样只会让学生远离和厌恶教师；而是要放下身段，亲生友善，与他们交流互动，这样才能增"粉"无数，这样的"偶像"教师才能成为学生模仿的榜样。就如社会上一些成名后仍低调行事、谦虚慎行、爱粉如亲的名人偶像——莫言、刘德华等，他们对粉丝的影响力历久弥坚，而且充满正能量。

第三，心胸要宽。

作为教师，如果能够理解塑造人性的艰难，就会明白教育是一场持久战，比的不是谁更加快速，大多比的是谁更加有韧性与坚持，特别是对一些长期有不良行为的学生。作为教师，心胸要宽，要理解学生"人无完人"，学会包容学生的短处，更要包容学生在教育过程中的反复，培养自己的耐心与韧性，谆谆教诲，循循善诱，不要急于求成，动辄责罚学生或放弃学生，或教师自己自暴自弃。勇者不畏难，教育的困难实际上是认识学生的困难。教师要做认识道路上的勇者，自然就不会畏惧教育中的困难。

二、"善"

中国古代思想家荀子在《劝学》中曾经说："假舆马者，非利足也，而致千里；假舟楫者，非能水也，而绝江河。君子性非异也，善假于物也。"意思是说，君子的资质禀赋都如同常人，只是善于借助外物的力量。作为一名校长，在办学过程中，也应具备借助外界力量的能力，善于借助各种社会教育资源，将其整合到本学校的教育资源中，从而实现教育教学的科学化与规律化。

（一）善借

校长善"借"，"借"仁者之力，"借"智者之力，"借"能者之力，这种"借"其实是一种"内外兼借"，既借助社会物质资源，又借助专家学者等人力资源，还着眼于培育自身的教育资源，实现自我发展。这不是盲目照搬，不是食古不化，而是一种办学智慧。只有建立在尊重教育规律基础上的"借"，才是"巧借"，只有以本校的教育可持续发展为目标的"借"，才是"善借"。

第一，"善借"仁者之力。

"仁者"不仅指具有儒家思想的伦理学意义上的道德楷模，更指那些具有社会责任感和博爱精神的慈善家。他们不仅是道德意义上的"仁者"，更是社会意义上的"仁者"。在当今社会，政府对教育的支持主要表现在教育政策、教育投入与教育指导思想方面。正因为教育具有非营利性的事业性质，政府对教育的投入与支持显得尤为重要。所以要时常邀请"仁官"来校走走，做做指导，鼓舞鼓舞全校师生。

在政府加大对教育的投入之时，社会力量不容忽视。作为校长，一定要善于借助社会慈善力量，借助这些社会的"仁者"，借助他们的善款，奖学奖优，激发全体学校教师的工作积极性，为本校的教育教学事业带来了"福音"。同时集"仁者"善款，建设校园，美化环境，营造更美更优雅的教育环境。

第二，"善借"智者之力。

"智者"，不仅指传统意义上的有智慧的人，更指那些具有深厚的专业理论和精湛的专业技术的专家与学者，其中包括教育界的教育专家和优秀的教育同行。这些专家和同行不仅具有丰厚的知识，更具有理论家的视野与胸怀，借助他们的智慧，不仅可以明确我们的办学方向与办学理念，还可以为全体师生带来一道道精彩的"文化大餐"与"科学大餐"。

一些非教育领域的"智者"对学校的建设作用也至关重要。他们知识和阅历十分丰富，在本专业领域内理论水平高，在人格涵养方面堪称典范。他们通过讲座的形式，走进课堂，走进师生，不仅可以提高学校领导和全校师生的知识水平，更能现身说法，以"润物细无声"的方式传播教育理念，起到了潜移默化的教育效果。

第三，"善借"能者之力。

在发现、利用、共享外界教育资源的同时，更应该重视本校教育资源的培育。严侠华先生在《以名师团队和教育科研引领教师快速成长》一文中指出："培育优质师资队伍已成为学校提升核心竞争力和可持续发展的关键。"培育本学校的优质资源，其实也是一种"借"，即借助自己，借助本学校的"能者"。

一流的学校需要有一流的教师队伍。"一流的教师队伍需要有自己的带头人，需要有在社会上有一定知名度、在学校里有较大凝聚力、读书育人效果明显、懂得教育规律、善于教育教学、得到同行广泛认可的教师，即名师。"名师就在自己身边。作为校长，一定要善于借助于身边的"能者"，借助他们的智慧与能力，激发全校教师的专业探究热情。立足于本校，整合、利用、培育本校的教育资源，借助于本校的"能者"，是实现本学校教育教学可持续发展的有效途径。除了打造"名师团队"，还打造一支以青年教师为主体的"骨干教师团队"和以中年教师为主体的"特级教师团队"，他们正通过示范课、公开课等形式探索富有个性的教学方法，通过讲座、课题研究、课程与教学研究等方式扩散自己的影响力。可以说，"能者"无处不在，作为校长，不仅要具有一双发现"能者"的慧眼，更要具有打造、培育"能者"的胆识与策略。

（二）善思

孔子说："吾日三省吾身。"古希腊哲学家苏格拉底也说："未经反省的人生是不值得过的。"人生如此，教育也是这样。作为一名校长，要勇于自我反思，超越经验，"名校长应当是反思型、研究型的校长"。反思型校长在教育理论和管理经验的基础上，反思自己的教育与管理实践，工作更多的是突破与创新。

第一，反思自己是否独揽大权。

作为一名校长，笔者时刻以"放权不失职、依靠不依赖、宽松不放松"的原则作为自己的管理方针。英国思想史学家阿克顿勋爵曾说："权力导致腐败，绝对权力导致绝对腐败。"校长的权力不仅是学校管理者意志的体现，更是全校师生赋予的神圣职责。如果一位校长事事都要过问，事事都要听汇报，不习惯依靠体制与制度的力量，不善于授权与放权，这样的校长一定是"专制型校长"；相反，如果一位校长，时时刻刻以制度作为行事准则，善于依靠副手以及职能部门的力量，善于发动全校师生参与管理与建设的积极性，这样的校长不仅是"民主型校长"，更是"反思型校长"。

在工作中，要经常反思自己的权力是否过度集中，自己是否善于将权力下放到职能部门，是否善于听取全校教职工的意见和建议，不要"忙了一个人，闲了一片人"。因为"集权制是思想、文化和创新的头号敌人"，校长更多的应该是运筹帷幄的"决策者"，而不是事必躬亲、事事过问的"办事员"。

第二，反思自己是否好大喜功。

作为校长，要时刻反思自己身上是否也存在着好大喜功、虚饰浮夸的现象与行为。其实，判断一名校长是否好大喜功，看看下属对自己汇报的工作情况即可。如果下属只报喜不报忧，那么作为校长就要警惕了：自己如果不是只爱听好话，下属怎么可能会不直言弊端呢？

因此作为校长，不能听到赞歌就飘飘然不思进取，听到批评就吹胡子瞪眼睛，而是应以学校的长远发展为出发点，实事求是，理性决策，不盲目跟风，不刮"浮夸风"，为全体学生的健康、全面发展着想，踏踏实实提高全校教职员工的幸福指数。中国诺贝尔文学奖获奖作家莫言曾经说："把每个人都置于拷问席上，从黑的拷问出白的，从白的拷问出黑的，当然最重要的也是拷问自己。"经常"拷问"自己是否好大喜功，不仅有利于学校各项工作的顺利展开，更有利于为学校建立更大的功业。

第三，反思自己是否秉公办事。

秉公办事包含着两层意思：第一，校长的管理理念是基于学校的公共事业与公共发展，而不是以权谋私，为少数人谋福利。《吕氏春秋》有言："平出于公，公出于道。"秉公办事的"道"即是"学校为公"的理念：学校是全体师生的学校，甚至是全社会的学校，而不是某个人的学校，不是少数人谋求利益的场所。南宋的朱熹说："一心可以兴邦，一心可以丧邦，只在公私之间尔。"公心可以使国家兴盛，私心可以使国家灭亡，可见公心之重要。第二，在处理各种矛盾时，是否能够公正处理，做到"一碗水端平"。英国的培根在《论司法》一文中说："一次不公的裁判比多次不平的举动为祸尤烈。因为这些不平的举动不过弄脏了水流，而不公的裁判则把水源败坏了。"在学校与社会、学生与教师、领导与群众、教师与教师之间出现矛盾时，更应该体现公正的裁决。作为校长，如果能够时时反思自己是否秉公办事，一心为公，一定可以建设和谐校园，让校园成为全校师生的家园与乐园。

第四，反思自己是否未雨绸缪。

现在，很多学校都在提倡"预防式管理"，作为校长，笔者一直提倡"三前理念"，即：工作走在问题前，工作走在师生前，工作走在需求前。只有做到未雨绸缪，才能有计划、有步骤地开展工作，而不是临时抱佛脚，脚踩西瓜皮。

神医扁鹊认为最高明的医术就是在没生病的时候能够预防生病，这就是我们所说的防患于未然或者未雨绸缪。这就说明，工作只有提前部署，周密安排，才能有条不紊。如今，校园安全问题成为学校各项工作的重中之重。据调查显示，我国中小学生因溺水、交通事故、食物中毒、建筑物倒塌等意外死亡的，平均每天有40多人，相当于每天有一个班的学生消失！触目惊心的事实更应引起我们对校园安全的重视。不断完善基础设施建设，不断提高师生的安全意识，提前弥补学校安全管理方面的漏洞，只有各项工作提前准备了，才能建设真正的"安全校园"。

第五，反思自己是否引领风潮。

一名优秀的校长不仅应成为优秀的管理者，也要成为能够引领教育风潮的教育家，即使不能成为著作等身的教育家，也要成为先人一步的教育思考者与探索者。苏联教育家苏霍姆林斯基提出的"研究性学习法"，不仅对苏联，而且对中国都产生了深远的影响。在当代多元化的社会，哲学思潮、社会思潮走马灯似的轮换，"你方唱罢我登场"，教育思潮亦是如此。特别是在现代性的学术框架内，教育主张与教育理论的多元化正成为一种趋势。优秀的校长应成为"游戏规则的制定者"，而不是盲目追随时代潮流，以致在激烈的竞争中失去自己的办学特色。也正是在这个意义上，笔者经常反思自己是否经常了解最新的教育观念，是否坚持阅读与教育相关的专业书籍，力争自己在繁忙的工作之余，永葆思想的青春！

第六，反思自己是否依法治校。

法国启蒙思想家爱尔维修曾说："造成各民族不幸的并不是人们的卑劣、邪恶和不正，而是他们的法律不完善。"在学校管理中，应时刻反思自己是否坚持依法治校，是否用制度管理人。关于依法治校，笔者着重反思的是这个"治"字。"治"的意义是治理还是统治？治理是从管理角度而言，统治则是从政治角度而言，两者的理念存在着根本的区别。管理是一种现代科学理念，统治则是一种专制主义的压制。教育管理来源于经济管理学，它是通过协调教育队伍，充分发挥教育人力、财力、物力等信息的作用，实现高效的教育活动的过程。在教育领域，"治"的含义应该是治理或者说管理，而不是惩罚，更不是统治。所谓管理，"就是按照一定程序，组织和领导他人去有效工作，并最终实现组织目标的过程"。

在法律意识日渐浓厚的今天，作为学校的管理者，校长更应该具备法治精神和规则意识，不仅自身要转变思想，重视自身管理手段的正当性与合法性，也要培养在校师生的制度意识，积极参与学校的各项建设中。

三、"美"

1990 年 12 月，在就"人的研究在中国——个人的经历"主题进行演讲时，著名社会学家费孝通先生总结出了"各美其美，美人之美，美美与共，天下大同"这十六字"箴言"。意思是人们要懂得各自欣赏自己创造的美，还要包容地欣赏别人创造的美，这样将各自之美和别人之美拼合在一起，就会实现理想中的大同美。因此，在治校办学上，我们必须先发现自身之美，然后是发现、欣赏他人之美，再到相互欣赏、赞美，最后达到一致和融合。

（一）各美其美，提己自信

第一，美其师。

不是每一个教师都能成为名师、扬名校外，但并不意味着他们就不是好教师，没有创造自己美的能力。作为校长，要善于发现教师在工作中的闪光点，学会欣赏与赞美我们的教师。"好学生是夸出来的。"好教师又何尝不是夸出来的呢？"教育的奥秘不在传授，而在激励、唤醒和鼓励。"喜欢表扬是人们的普遍心理。工作做好了，或者某一方面表现比较出色，都希望得到别人的肯定。做校长的，在这方面绝不要吝啬自己的语言。特别是对有自我创造能力的教师，校长更应该激励与鼓舞，为之建立有效的激励机制。一可以赋予荣誉称号，颁发证书，如特级教师、名师和骨干教师等。二可以媒体宣传，或会议表彰。三可以给予一定的奖金，进行奖励。称号、证书、奖金等形式和媒体、会议等途径都是十分必要。教师得到了肯定，他会对自己的创造感到值得与骄傲，提高自身的信心。在创造自己的美上就会更愿意去做，做得更好，身旁的教师也会"见贤思齐"，向他学习，这岂不是两全其美的事。在激励的体制下，还要提供各种平台，让教师展现美、创造美，因此，多鼓舞我们的教师走出去参加各种竞赛，并集全校力量给予全力支持。在这种校园氛围下，教师自然会不断深钻自己学科特点，巩固专业技能；苦练多元基本功，提高专业技能；不断反思交流，提升专业技能，争取好成绩，为校争光。

第二，美其生。

茫茫苍穹，每个生命都是与众不同的，都有其存在的特殊价值，正如诗仙李白说的那样，"天生我材必有用"。有多少个学生就有多少个不同的才能。所以一名好校长不会把生源不好作为其工作的最大阻碍和借口，而会把其作为工作发展的动力和机会。上天创造的一切，总有它的用处，不成"方"，还可以成"圆"，正如古诗所云："方圆虽异器，功用信俱呈。"作为校长，要带头坚信每一个学生都有他的天赋和能力，更要鼓动我们的教师去相信。如果能够对学生因材施教，根据学生特点和特长，将美术、音乐、传媒、跆拳道等作为优势专业或拳头产品来发展，强化"以美育人"的办学特色，相信濠中（中山市濠头中学）在中山市、广东省和全国基础教育界产生更大的品牌示范辐射效应。虽然濠中学生中考总成绩都排在全市万名以后，文化成绩自然无法与很多重点高中相比，但我们要充分相信自己学生，欣赏自己学生，赞美自己学生，给他们自信和动力，才能扬长补短、扬长避短，走向成功。

（二）美人之美，补己短处

第一，校内美人之美。

人与人之间交往的最高境界是互相欣赏。当然，欣赏远方的人容易，欣赏和自己没有"利益冲突"的人也不难，但要欣赏自己身旁的人却不容易。比如，我们会欣赏李娜、姚明、莫言等，我们也会欣赏远方的同行，比如程红兵、魏书生、窦桂梅等，但我们能够欣赏赞美自己办公室的某个同事吗？能够欣赏和自己一个年级的同学科教师吗？说实在话，很不容易。所以学校要鼓励同校的教师互相欣赏和互相合作。以欣赏的眼光看别人，就是要多看，甚至放大别人的优点。一定不要总盯着别人的不足，人无完人，谁都有不足和缺点，但这不妨碍我们向每一个人学习。当你向别人学习的时候，别人也会把你当作学习的对象。

第二，校外美人之美。

近代中国没能从封建社会进入资本主义社会，而是变成一个半殖民地半封建落后国家，很重要的一个原因是由于自明初至清末400余年间中国采取了闭关锁国政策。就明朝而言，闭关锁国政策就是"北修长城，南禁海贸"，把帝国自闭为一个铁桶。在北方，明朝重修了万里长城，全线划分为九个边防区，由重兵把守，这些边关被官府严密管制，从此中国与西方的大陆通道上驼马绝迹、鸿雁无踪。在南边，朝廷下令禁止民间出海行为。于1371年12月就下达了"禁海令"："禁濒海民不得私出海。"1492年明朝索性宣布"闭关锁国"，而正是在这一年西方的哥伦布发现了新大陆。闭关锁国政策的实行，断绝了中国与外界的交往，从而错失了由封建社会进入资本主义社会的机会，当然也错失了工业革命，最终沦为一个半殖民地半封建落后国家，任由列强欺凌。

治校办学也不能故步自封，孤芳自赏，应放开眼界，放远视野，美他校之美。治校办学的方法各式各样，但究其根本是有相通之处。作为校长，应该心怀世界，眼望四方，多聆听了其他学校领导的办学理念、管理经验和备考方案等，攫取他校的特色及闪光点，感受他校丰厚的文化教育，从中寻找工作灵感，并打开新的工作思路。同时积极派教师出外进行学习，学习优秀同行，提高教师的素质，实行开放自由的治校理念。

第三，美美与共，天下大同。

作为校长，赞美欣赏自己的教师和学生，并营造一种互赏互爱的校园气氛，鼓励教师创造自己的美，欣赏同事同行创造的美，学他致用，融会贯通，形成和谐大同的校园文化。校园的和谐大同最为关键的因素是人，人的和谐是否，决定校园和谐的成败。所以要做到不与上级争锋，不与同级争宠，不与下级争功。

一个校园是不是和谐，除了要看领导班子的和谐、干群关系的和谐、师生关系的和谐以外，还要看是不是抓事业、树正气。事业发展兴旺，师生心气很足，正气蔚然成风，这极有利于构建和谐校园，否则就是相反的结果。如果学校教育教学质量萎缩萧条，前景堪忧，前途无望，家长投诉多，社会意见大，上级追究严，肯定是人心惶惶，人心思散。连生存和发展都成问题的学校，肯定是无和谐大同可言的。

作为校长，赞美欣赏自己的教师与学生，并营造一种互赏互爱的校园气氛，鼓励教师创造自己的美，欣赏同事同行创造的美，学以致用，融会贯通，形成和谐大同的校园文化。校园的和谐大同最为关键的因素是人，人的和谐与否，决定校园和谐成败。所以做到不与上级争锋，不与同级争宠，不与下级争功。

学校管理的"智"与"慧"

著名教育家陶行知先生强调:"一个好校长也就意味着一所好学校。"要想把学校管理好,校长首先要努力成为一名聪慧的校长。如何当好一名聪慧的校长? 在此,我想结合多年的教育教学管理工作实践,从下列四个方面谈点体会。

一、眼中有人

校长要把学生的成长放在第一位,并用爱搭建起学校与学生之间的桥梁。一方面对学生的爱要平等,不要分三六九等。尺有所短,寸有所长,不能因此就差别对待。"人人都有天赋,个个都能成才"是我一直坚持的育人理念,也是我们当下必须坚持的人才培养思路。另一方面是制度上要刚,心底要柔;行为上要严,思维上要宽。对学生既要严格管理,更要真心关爱,允许学生异想天开,但不允许学生胡作非为,容忍学生不守规矩地偶尔犯错,但不放过学生损害道德法律的底线错误。

二、善于倾听

倾听是校长应有的姿态,也是校长获得信息的主要渠道。倾听,一是倾听师生的声音。很多时候,师生的欲望与需求,往往是借助声音表达出来的,它可能是一段述说、一个句子、一个感叹词、一声呼喊或哭泣。因此,校长要认真关注,从中发现问题,从"声音"中发现学校管理漏洞,不断优化学校管理方式。二是倾听师生的情感。一个善于倾听的校长,能迅速而准确地从师生发出的各种声音中听出愤怒、悲哀、快乐和喜悦等各种情绪,并做出及时、恰当的回应。三是倾听师生的思想。一个有倾听素养的校长不会只满足于倾听师生表面的需求和情感，还应善于捕捉声音背后所隐藏的故事或思想，并认可它的价值和意义。例如当你认可某个"怪才"教师的育人理念时，那么你就和教师建立了更深一层的交往关系，即思想上的交往。于是，获得尊重的教师也能对自身充满信心，真正体验到作为一名教师的尊严和价值。四是倾听师生的疾病，比如抑郁、孤独、病苦、恐惧等。当今教师的工作压力和社会压力都很大，学生也面临着繁重的课业和升学压力，如果这种压力无法得到及时释放，身心都会造成伤害。这个时候，校长的耳朵将变成听诊器和探测仪，捕捉到师生们的抑郁、孤独、痛苦和恐惧。这样的倾听就变成了一种诊断和治疗。五是倾听师生与他人之间的关系。通过与师生的交流，不仅能听到师生声音的自我的反映，还透露了与他人关系的反映。

对于许多校长而言，很多时候不是不能听，而是不愿听。因此倾听者所持的态度很重要：一是接纳与平等。校长要俯下身子，弯下腰来，饱含真情地倾听师生的心声，设身处地为师生着想。二是专注与警觉。专注师生的诉求是体现尊重的最好方式，在专注中包含着警觉，意味着对师生的欲望和诉求始终保持着一份敏感之心，时时刻刻捕捉师生的情感变化。三是鉴赏与学习。欣赏每一个被倾听者声音的独特性，这必然也是一种学习的态度。智慧在民间，所以，在倾听中，向师生学习是校长投入倾听时必要的态度。四是执着与冷静。师生从内心深处发出的声音是复杂多样的，有时甚至是偏执得"不可理喻"的，这个时候就是对校长听觉品质的考验。一个执着冷静的倾听者会坚持不懈，以包容的心境进入师生心灵深处，去理解师生的呼喊和吁求。五是参与与体验。校长应在参与中倾听，而且是主动地听，不是仅仅做个旁观者，应是行动者、创造者。

三、言说有术

语言就是生产力，学校管理中的语言运用是一门艺术。校长教育和组织师生离不开语言，必须清晰地表达自己的思想，说话要富有感染力，有号召力，有个人魅力，要能使语言表现丰富的思想性、教育性、知识性、幽默且有趣。善于讲话，一要有格局地说。作为学校的校长，任何时候都应该有大局观，用全方位的思维方式去审视问题。这里举个例子，教育援藏是学校承担的国家政治任务，对西藏生的教育管理是个严肃的政治问题，来不得半点马虎。我当时提出来"政治上高看一眼、情感上厚爱三分、制度上一视同仁"的培养方针，既有高度又有深度更有温度，得到了上级领导和同事们的一致认同。二要有情感地说。在与师生进行沟通交流时，要善于以真诚的态度、饱满的情感、优秀的口才，来凝聚人心，激发斗志。例如在告别2016届初三西藏生的毕业典礼上，我在讲话中用"木棉花、凤凰花、格桑花"作为礼物送给孩子们。三朵花各自代表了不同的寓意，都体现了师长对临别学子的深情寄望，这段毕业致辞给在孩子的心田洒下了感恩、责任、奉献的种子，孩子们至今都记忆犹新。三要有创意地说。校长要善于根据不同的场合、不同的对象、不同的目的，有针对性地选择有意义而又引人入胜的话题、语言材料和表达方式，以达到预期的效果，并且要有新思想和新创意。我在全国第三届"三新"作文研讨会、黄文继省名班主任挂牌仪式、"跨学科同读一本书"的学术沙龙活动中都分别做了一些创意严谨的尝试，得到了与会专家和同行们的赞可。

四、"心"有成竹

其一，心中有数。校长要能深层次地熟悉学校情况，并对自身的工作职责、学校的发展情况、面临的机遇与挑战做到心中有数，世事洞明，要善于建立全方位的思维方式，使自己的视野在360度空间"扫描"。

其二，心中有情。作为校长，任重而道远，首先是做好自己，带头苦干，对教育有真情，对教师有真心，对学生有真爱。

对教师有真心。真心表现在公平地对待每一位教师，满腔热忱地为教师解决后顾之忧，尊重并充分挖掘大家的天赋和潜能。

对学生有真爱。对学生真爱的前提是尊重每一个学生个体的发展。平等交流，在学生个体犯错误时，批评范围不能扩大。对学生真爱的途径是加强沟通。放下身段，亲生友善，平等对待。对学生真爱的智慧是赏识教育。要善于发现学生身上的闪光点。每个学生都有不同的天赋，若能善于发现，积极表扬与开导、扬长补短、扬长避短，定能走向成功。对学生真爱的艺术是宽容。作为校长，心胸要宽，理解学生，"人无完人"，既然包容学生的短处，更要包容学生在教育过程中的问题反复，培养自己的耐心与韧性，谆谆教诲，循循善诱，才能不急于求成。

其三，心中有招。校长要做到出快招、用实招、创高招。出快招要把师生的呼声作为第一信号，用实招要把师生的需要作为第一选择，想人所想，创高招要把师生的满意作为第一追求，胜人一筹，不断创新。

以文化引领教师活力发展

激发学校办学活力，提高育人质量，离不开高素质的、活力发展的教师队伍，而教师的活力发展既需要外在环境的塑造与涵养，也需要内在观念的孵化与驱动。教师的活力发展并非刚性管理能简单地一蹴而就，需要借助学校文化引领。中山市实验中学作为一所百年老校，有着厚重的历史和极为丰富的人文资源，学校从校训"饮水思源、宁静致远"中摘取"致远"二字，提炼学校文化。"致远文化"作为一项综合的教育文化系统，其目标明确指向育人，整合时间维度与空间维度：从时间的维度，指向"育人"的目标，从空间的维度，指向"育人"的多维途径。

一、致远校园，涵养教师的人生志向

学校既是教育教学的场所，同时，学校又是师生灵魂的诗意栖居地，是唤起生命自觉的育人场所，因此，学校理应建设得富有文化和艺术气息，学校在原有设施的基础上，精心设计，打造文化校园，涵养教师的人生志向。

（一）学校建筑承载致远文化

学校建筑不仅是物质的静态存在，更应该是凝固了的文化的外显，方能涵养师生德行。学校为每一栋建筑、每一条道路精心命名，赋予其文化内涵。比如：学校的主干道被命名为"致远大道"，学校行政楼被命名为"致远大楼"。文化意蕴为志存高远，心怀天下。高一、高二教学楼被命名为"日臻楼"，文化意蕴为青春活力，蒸蒸日上。高三教学楼被命名为"星光楼"，看似没有生命的建筑，被赋予丰富的内涵，折射出丰富的文化内涵。

（二）园林景观延续致远文化

园林景观于学生而言，是一种美的感悟与体验，既能培养师生感受美、创造美的能力，同时也能净化、洗涤师生的心灵，培养师生向善、向美的良好品质。比如矗立在校道显眼处师范纪念园内 30 米高的水塔，如今已无蓄水功能，且陈旧的外观与校道两旁其他景物格格不入，拆掉又甚感可惜。于是，学校用心重构，在塔顶装置"火焰"形状的 LED 状灯笼，塔身雕塑祥云图案，整个水塔被改造成火炬形状。如此矗立在学校校道最显眼处，既成为一道亮丽的景观，同时被赋予深厚的文化意蕴"薪火相传，生生不息"。又如学校在师范纪念园 500 米处将旧有的学校围墙改装为"长城"，灰色的城墙不仅将喧嚣挡在校园外，同时也将民族复兴的责任与担当深深镶嵌在一砖一瓦间，踩在校园的每一方土地上。

十步一景点、百步一亮点，既有绿化，又有美化，更有文化的校园，是涵养教师人生志向的巨大磁场。师范纪念园、古长城传承的是几千年主流思想所倡导的家国情怀，人民情怀、责任担当，祥云火炬、草坪钟、太阳历、远湖等则孕育了"全面小康路上一个不能少"的理想信念；为党为国育才、立德树人、呕心沥血的奋斗精神；为脱贫攻坚打通"最后一公里"的时不我待、只争朝夕的创造精神；满怀乡村情怀深耕乡村教育的定力和"突围"精神。

二、致远课程，激发教师的工作情趣

课程既是教师的教学内容、学生的学习内容，同时也是学生活动、体验的场所。课程设计往往要彰显学校办学智慧，体现学校办学特色，并且能够有效整合教育的多维指向，优质育人。

（一）构建丰富的课程体系，激发教师的求知情趣

学校紧扣"心中有理想、肩上有责任、头脑有智慧、脸上有笑容、嘴里有歌声"的育人目标，根据国家意志、结合学生个体发展需要，整合国家与地方课程，创新校本课程，精心构建起丰富的课程体系：

心致远（理想教育课程、责任教育、生源教育、艺术教育）；

知致远（科学与人文课程、创意课程、人文课程）；

行致远（领导力课程、国际关系课程、志愿服务课程、运动与健康课程）。

丰富的课程体系，为学生的成长奠定了坚实的基础，插上了腾飞的翅膀。而丰富的课程体系的建构过程，同时也激发了教师的求知热情。课程体系的建构，除了需要教师扎实的专业知识功底，也对教师知识的广度、精度提出了更高的

挑战。倒逼教师回归书斋，更为系统地阅读与研究教育学、心理学、美学等方面的知识，学校工会适时地为教师开放"宁静读书会"，为教师提供读书的场所，提供经典的书籍，学校聘请阅读方面比较有经验的老师举办"经典导读"活动，校长本人亲自担任"经典导读"主讲嘉宾。一石激起千层浪，读书氛围的营造与教师内在的求知情趣，让"读书"成为了教师日常教育教学生活中的常规环节，教师的阅读不仅夯实了教师的专业知识功底，广博的阅读也开阔了教师的视野，丰富了教师的"精神性"，为教师在教学过程中真正实现"超功利性"提供了可能。

（二）构建特色课程，激发教师的向美情趣

学校秉承促进学生全面发展、多元发展的教育理念，精心构建特色课程，成绩斐然。如健美操、合唱团、儒学社、足球队等特色课程，所取得的成绩走出了"中山"，走向了全国。学校健美队、合唱团、足球队在多项国家级比赛中摘金夺银（最好有证书放在课件上），儒学社作为传统文化进校园的主要载体，在社会上也产生了广泛的影响（最好有图片放在课件上），特色课程的构建，也在很大程度激发了教师的向美情趣。在构建并参与特色课程的教育过程中，教师充分感受到了这些特色课程所蕴含的美，并努力去创造课程所融合的美，并进一步带领学生去欣赏这些美。对美的追求与创造，退去了教师身上的"凡"与"俗"，让教育朝着"超功利性"的方向发展，为"立德树人"的使命奠基。

（三）打造精品课程，激发教师的向善情趣

学校在构建特色课程的同时，精心打造精品课程。如志愿服务队、青马工程、党员十大文明实践服务团等（突出党员十大文明实践服务团，在课件上呈现），学校不仅发挥了基层党建在中学教学中的引领与护航作用，而且在精品课程的打造及实施过程中，教师们深刻体会到了马克思主义指导下的中国共产党为人民谋福祉、为人类谋发展的大爱之心，激发教师的向善情趣。教师的职业最基本的底色是"爱"，"爱学生"是教育的基础，教师向善情趣的激发，很大程度上激发教师内心深处的"爱"的源泉，浸润在"爱"中的教育，是教育走向成功的起点（可以适当举例，对学生倾注无私奉献与爱，并取得成就的老师）。

三、致远团队，提升教师的实践智慧

（一）打造"致远德育管理团队"，提升德育管理智慧

学校教育，德育为先。如何让德育真正有实效性，如何让"德行"落地，这也是摆在中学校长面前的一道难题。学校通过打造"致远德育管理团队"，

提升教师的德育管理智慧（"致远德育管理团队"可以制作相关流程呈现在课件上）。

"致远德育管理团队"提升了教师的德育管理智慧：

第一，通过拓宽德育管理层面，基本实现了德育管理的全员化。

第二，通过对德育内容的思考与实践，实现了德育内容的生活化。

德育内容与德育途径的改革，突破了学校德育管理的瓶颈，让德育管理贴地而行。

（二）打造"致远教育共同体"，扬长避短，提升教育研究智慧

教育教学不是简单的"受业、解惑"，更是一个"传道"的过程，是艺术，这一过程不仅是常规，需要反思、研究，与"形而下"之中，升华出"形而上"的智慧。但这一过程光凭单打独斗无法完成，需要借助群体，群策群力，学校通过打造"致远教育共同体"，扬长避短，提升教学研究智慧（最好有致远共同体的图片呈现在课件上）。

"致远教育共同体"以学科为单位，以专业基础实力强的骨干教师为引领，通过课例示范、课例评比、专家讲座等形式，以日常教育教学中常见的、难于突破的教学问题为核心，进行多维讨论、研究，理论联系实际，理论指导实践，以点带面，在全校范围内掀起教育教研的热潮，提升教育研究智慧。

（三）打造"龙腾虎跃的团队"，提升课堂教学智慧

学生的求学生涯，是一堂一堂课串起来的精美项链，而讲台始终是教师绽放瑰丽人生的三尺舞台。"课堂"在学校教育教学中的重要性，无论怎么形容都不为过。因此，学校一直着力打造"龙腾虎跃的团队"，提升课堂教学智慧。

学校聘请专家评委，以课堂教学为单位，层层晋级，最后评选出教学新秀、教学能手、未来教育家等多重奖项，学校进行隆重奖励，并设置专家点评环节，研磨课堂教学，提升教师课堂教学智慧。

教师是学生求学路上的引领者，教学内容的设计者，任务完成的合作者。教师的高远志向、工作情趣、教育实践智慧，是学校践行"立德树人"这一使命的关键所在。教师高远的志向与清雅的情趣、精湛的教育智慧，不仅助力学生的健康成长，同时也是让教育摆脱"唯分数论""唯升学论"等功利化与工具化窠臼的现实而可行的理想途径。

以评价为抓手，助推教师队伍活力建设

百年大计，教育为本；教育大计，教师为本。国务院《关于全面深化新时代教师队伍建设改革的意见》中明确提出"建立符合中小学教师岗位特点的考核评价指标体系，坚持德才兼备、全面考核，突出教育教学实绩，引导教师潜心教书育人。加强聘后管理，激发教师的工作活力"。结合近期教育部等八部门权威发布的《关于进一步激发中小学办学活力的若干意见》发现，"活力"是教师专业发展的根本动力，也是激发办学活力的原点与归宿；"活力"教师的发展需要政策支持、制度保障和文化引领，更需要借助"评价"这一抓手。

一、建设与考核并行，牢固树立良好师德师风

在学生眼里，教师"吐辞为经、举足为法"，一言一行都给学生以极大影响，没有高尚的师德，没有发自内心的对学生的爱，教学方法、教学技术往往苍白无力。因此，加强师德师风建设，就要将师德师风教育作为教师专业发展的重要内容。师德师风是建设出来的，也是考核出来的。用价值立标、用事实说话、用榜样引领、用奖惩激励，将师德师风摆在教师评价的首要位置。

针对教师职业伦理底线要求和理想要求，制定师德考核的具体办法和实施细则，采用教师自评、小组互评、学生评价、领导终评相结合，建立广泛参与的师德师风的监督体系。教师学期初填写《师德履职承诺书》，学期中对照《师德履职承诺书》落实师德规范要求，年度末填写《师德履职考核表》，对自己年度师德履职情况进行书面总结。教师按学科划分为不同小组，对组员进行师德履职考核。每个组员阅读自己的《师德履职考核表》中的书面总结，向全组汇报年度师德师风履职情况；两名组员对其师德师风履职情况进行当面点评；组员投票初步评选组内年度师德优秀教师，现场唱票，将结果提交学校；各年级组织学生进行《师德师风评价》，并统计相应得分和排名；根据小组初步评选结果，学校对师德履职行为进行对照，排除一票否决的师德行为；在小组投票、学生评价结果的基础上拟定师德优秀名单，由人事部门盖章公示名单；书记、校长解释、排除、纠正师德失范行为，当事教师异议之后填表盖章。

师德是教师之魂，教师发展，师德为先；师德正，才能学风正，学风正，才能校风正。在教师对社会影响大、社会对教师要求高、师德现状不容乐观的状况下，师德师风建设与考核并行，争取实现"组织上要听话、工作上传佳话、生活上没闲话"。

二、教学与激励并重，大力提升综合素养水平

为不断提升我校办学水平，促进教师多元化综合全面发展，营造我校"龙腾虎跃"之发展态势，落实教师队伍活力建设，学校须借助多元评价来全方位多角度地为教师搭建深入挖掘自我、充分展示自我的广阔平台。学校依托"致远共同体""致远青年教师提升班"等"致远团队"，根据各个团队的宗旨，结合教师个人发展需求，在多元评价的基础上，有针对性地促进教师队伍的活力建设。另外，以"中山市实验中学"腾·跃工程"名师评选活动"为抓手，集合多元评价，致力打造"教学名师""德育名师""科研名师""未来教育家"四类名师，促进教师多元发展。

（1）以结果为导向，促进教育教学质量水平提升

从教师层面进行教学比武评价。课堂教学是教师的立身之本。结合各类市级比赛活动，学校相应地组织紫荆奖教学比赛、解题比赛、命题比赛、说课比赛、微课比赛、精品课程建设等活动，以评促教，在评比活动中促进教师对教学全方面思考与研究，在活动中促进教师教学质量的提高。如果教师本人在各级各类与教学相关的比赛中获奖，或者辅导学生在书法、演讲、学科竞赛中获奖的，及时在校园网、学校公众号上给予宣传表扬，以肯定和鼓励教师的教育教学质量。

从学生层面进行评教评学调查。学校每学期组织学生对照《中山市实验中学评教评学调查表》，推行"我最喜爱的老师"活动，从师德规范、师生关系、教学准备、课堂管理、教学方式、教学效果、课后作业、课后辅导、工作态度、

协作精神十个方面对教师教育教学进行评价，促进了教师教学行为的规范；二是作业负担调查。学校每半学期组织学生对照《中山市实验中学学生作业调查表》，从作业时长、数量、质量、反馈等角度完成调查，表达感受，以此来了解教师作业的布置和批改情况，规范老师科学合理布置作业数量、及时精准批改作业的行为，达到减轻学生作业负担、提升作业的有效性与科学性的目的。

从学校层面进行教学质量评价。教学质量评价指标是学校日常教学管理的重要规范、指导和评价依据。学校要形成《课堂教学评价标准》，细则内容力求具体，使教师教学方式与行为能更准确地对照规范。其目的就是期望通过教学质量评价标准具体化的细则，促进教师不断优化教学环境，恰当处理课前、课中和课后环节，加强施教的科学性，提高课堂效率，加强教学内容的落实，提升教学效果，从而保证教学质量。同时，提高学校信息化水平，提升教师信息化素养，培养学生自主学习能力，促进学校全面发展。

（2）以成果为导向，促进教育教学研究能力发展

教而不研则浅，研而不教则空。由教科室牵头以"致远共同体""致远青年教师提升班"为载体，进行系列"致远课程"培训，包括致远德育讲座、教研论文写作培训讲座、读书分享会等，以"德育精品课程建设""学科精品课程建设""学科教学论文比赛""学科教学比赛"等市级比赛为契机，以市级、校级课题申报为抓手，组织以青年为主的教师队伍以赛促训，在做中学，提升教师以研促教的意识。如果教师本人成功申报市级、省级课题，以及有教研相关荣誉的，及时在校园网、学校公众号上给予宣传表扬，以肯定和鼓励教师的教育教学质量。

每学期以备课组为单位，举行研究课评课活动，要求备课组教师每人每学期至少确定一个研究主题，上一节组内研究课，备课组长组织全员参与听课，并组织组内集体备课，组员就研究主题对研究课逐一进行评价；学期末，推荐优秀组员进行全校研究课展示。通过研究课评课活动，达到逐步提升教师课堂教学水平与效率的目的。

教师在教研的基础上须进一步提升教师对成果的提炼意识，包括教学成果、德育成果、科研成果，成果以课题报告、论文、著书立说等形式呈现，促进教师在提炼中促进反思与完善，实现以研促教。对于成功申报市级课题、校级课题并立项的老师，学校以一定的经费支持课题组购买相关书籍、视频、工具等，

保障课题的顺利进行；对于专业论文见刊的老师，教科室以季度为单位汇总统计教师论文发表情况，并及时在校园网上公示，最大限度地肯定教师们对教研的付出，以达到"让已经在行动的老师可以专心研究；让还在观望的老师有榜样可模仿和跟随；让暂时后进的老师能够看到别人的研究状态"等促进作用。

另外，为加强学校高层次人才队伍建设，逐步打造一批教育理论先进、教学实践丰富的专家型教师，引领学校教师队伍的专业化发展，对于主持国家级课题、省部级课题、市级课题有著书立说的老师，如著有《解密古诗文背诵64篇》的郭宗飞老师等，学校将依照出版社的级别（国家级、省级、市级）给予相应的资金支持，并邀请相应教师开展专题讲座，分享著书立说的心路历程。

整体而言，学校可以市级绩效管理评价方案为指导，制订《中山市实验中学科研绩效管理评价方案》，在评价方案中，对教师的专著、论文、案例、课题、报告、讲座、培训、荣誉、成果等进行考核，并划分等级，对教师科研进行绩效评价。通过评价，一方面践行绿色教育，加强师德建设细化德育常规，深化课改研究，总结教育经验，促进教师专业发展，另一方面努力构建讲奉献、比效能、共成长、成体系的校园生态。

三、支持与奖励并举，助力教师成长辐射

教师的生命在于拥抱课程，教师的精彩在于开发课程，教师的成就在于体验课程。基于此，学校开展以"致远"为核心的丰富多彩的课程体系，以促进教师的多元发展，如涵盖责任教育、艺术教育等的"心致远"；包含创意课程、人文课程等的"知致远"；涵盖领导力课程、志愿服务等的"行致远"，以及为专长教师提供"教师合唱团、传统文化学习"等特色课程，为学校为骨干教师提供"青马工程、儒行社、志愿服务"等精品课程。

我校才华横溢的"地图哥"王海岩老师屡次登上《绿水青山看中国》《中国地名大会》等央视知名节目；我校刘秋庚老师作为继续教育讲师团的成员多次在市内外讲学，同时作为民盟优秀盟员参政议政；我校刘宝剑老师自发组织"民间"读书社，以自己的所长引领更多的教师共同发展；我校桂燕老师和弦乐爱好者多次在中山文化艺术中心举行香山弦乐四重奏音乐会。百花齐放是学校教师队伍活力发展的最有力体现，学校及时通过官方公众号推送教师文化辐射活动，并适当颁发证书，以肯定和鼓励教师的多元发展。

基于学校"致远文化"，建设与考核并行以牢固树立良好师德师风，教学与激励并重以大力提升综合素养水平，支持与奖励并举以助力教师成长辐射，以多元评价为抓手,促进教师多元化综合全面发展,营造我校"龙腾虎跃"之发展态势，真正落实教师队伍活力建设。

健全学校制度，深化师德建设
——"牢记育人使命，深化师德建设"专题培训心得体会

2020 年 7 月 29 日至 31 日，为期两天半的培训让我进一步认识到了师德建设的重要性，也激发了我关于师德建设的深层思考。中国历来重视教育，几千年的教育养成了优良的师德传统。崇尚师德、言传身教、率先垂范是中华民族的传统美德。孔子曾提出："其身正，不令而行；其身不正，虽令不从。"汉代思想家杨雄在《法言》中说："师者人之模范也。"在《国家中长期教育改革和发展规划纲要（2010—2020)》中也明确提出："教师要关爱学生，严谨笃学，以人格魅力和学识魅力教育感染学生，做学生健康成长的指导者和引路人。"作为中学教师，理应根据中学生的身心发展新特点来教育、教学，用高尚的道德情操感染他们，用正确的观念教育他们，用丰富的知识武装他们，用正确的行为引导他们，为中学生的健康成长尽心尽力。中学教师，应该是具有丰富的理论知识和高尚的道德素质的人，而不再单纯的是一名仅仅授业的教书匠。但现实的教育教学生活中，师德建设状况却明显存在不容乐观的现象。

一、当下师德建设不容乐观的现状

（一）当下中学教师的政治素质不容乐观

受多元价值观影响，不少中学教师没有坚定的理想与信念，只有对现实的苟且，没有诗与远方。一些教师"只教书，不育人"，在平时的教育教学过程中，忽视家国情怀的培育，不重视国际视野的拓展。不少教师平时不爱学习，不注重加强自身专业素养的提高，只注重耕好自己的"一亩三分地"，不从学生的终身发展角度出发进行教育，忽视为国家与社会培育人才这一重要目标。如有的

教师在自己的课堂上过度神化西方的制度，不顾事实地有意贬低中国的制度，甚至有的教师在课堂教学中涉及社会敏感热点问题时，自己态度含糊，价值导向不明确。

（二）当下中学教师的法制观念不容乐观

依法从教是当代教师的基本素养。教师不仅要知法、懂法、守法，而且要依法履行教书育人的职责。但不少中学教师不主动去了解新颁布的《中小学生守则》《中学生日常行为规范》，对国家教育部 2008 年颁布的《中小学教师职业道德规范》不主动研究，不主动学习和了解《中华人民共和国教育法》，从而在实际教育教学工作中不能自觉遵守学校各项规章制度，规范教育教学行为，依法保护学生合法权益，依法进行教育教学活动等。如近期沙溪镇教师群体性事件，就集中暴露出当下中学教师法制意识淡薄，法制观念落后，用简单粗暴的行为去应对并尝试去解决所出现的问题，其结果不仅不能有效解决问题，反而引发不必要的社会问题，造成极为不良的社会影响。

（三）当下中学教师的师德规范不容乐观

第一，敬业精神下降。

在市场经济的冲击下，不少中学教师把自己的工作商品化，过分看重个人利益，淡化了从教情感。中学教师把"做好工作、照顾家庭、培养子女"作为努力方向，把"工作上有成绩"作为"生活上有享受"的追求目标。更有一些教师热衷于有偿补课，在校内外产生了不良影响。不少教师在教育教学中，功利化大行其道，"利"字当先，对教育缺乏应有的情怀，对学生缺乏应有的关爱，使课堂缺乏温度，教育效果明显大打折扣。

第二，师表形象弱化。

据调查，目前仍有部分教师不注重仪表、举止不端。如"上课抽烟、接打手机，甚至离开教室"。有的教师语言粗俗，身教失范，缺乏一个教师应有的气质和修养。个别中学教师甚至还时有发生"校内存在体罚或变相体罚学生的现象"。

二、师德建设的应然策略

（一）健全柔性化的刚性制度，确保师德建设可持续发展

"坚持以人为本，全面实施素质教育"是《教育规划纲要》的战略主题。教师是学校教育的最大资源和财富，学校一方面要尊重教师，以人为本，实行柔性化管理。但另一方面，学校理应健全制度，实行刚性管理，让制度说话，让

管理彰显理性与张力。

第一，健全师德教育制度。首先，高度重视师德教育，旗帜鲜明地把师德教育纳入学校工作的议程，结合本校的实际，提出具体要求，使师德教育经常化、制度化；其次，树立师德典型，激发师德情感，引导教师"关爱学生，严谨笃学，淡泊名利，自尊自律，以人格魅力和学识魅力教育感染学生，做学生健康成长的指导者和引路人"；再次，进一步将岗前培训、岗中教育、师德轮训有机结合起来，每学年、每学期、每个月都组织师德教育活动，使师德教育有机、有序、有效进行，改革说教方式，倡导参与式教育，大力提高师德教育的针对性和实效性。

第二，健全师德监督制度。学校一是通过加强制度建设，在为教师的师德发展引路的同时，架起思想和行为上的"高压线"，增强教师自我约束的主动性；二是要组织广大教师签订师德建设目标责任书，引导教师从他律走向自律。

第三，健全师德考核制度。首先，学校遵循《中山市教师职业道德考核办法（试行）》，引导教师自觉提高师德修养和教育教学能力，规范从教行为；其次，结合本校实际制定《考核办法》实施细则，力求考核内容和标准可操作，同时，规范考核程序，完善奖惩机制，注意师德考核与业务考核及绩效考核有机统一；再次，建立过程与结果、自评与互评、定量与定性相结合的领导考核与群众监督相结合的师德考核体系，引导广大教师践行师德规范，提高师德水平；最后，每学年考核一次，考核结果分为师德优秀、良好、合格、不合格四个等级。

（二）提高学校应对突发事件的能力，确保师德建设高效发展

第一，加强学校行政班子建设，提高学校行政独立思维和复杂认知的融合能力。

学校行政班子既是为教师服务的核心群体，也是驱动整个学校高效运转的核心因素。学校通过多方途径，如外出考察学习、聘请专家现场指导等方式，提高学校行政独立思维和复杂认知的融合能力。增强学校行政班子的服务意识。

第二，健全学校机构，建构增强学校应对突发事件能力的脚手架。

学校在常规组织结构的框架下，以党建为引领，充分发挥"从群众中来，到群众中去"的优良传统，充分利用广大教职员工，调动广大教职员工积极性，建构效率高、操作方便的机构，从而建构起增强学校应对突发事件能力的脚手架。

如"党员十大服务团"，学校充分利用教师党员的优势，激发教师党员的积极性，引领教师群体增强应对突发事件的能力。

（三）建立多方联动的机制，确保师德建设稳定发展

师德建设是一项多维的、立体的工程，以学校为单一支点，明显无法确保其稳定长效发展，比较理想的措施是建立学校、学校上级主管部门以及社会多方组成的联动机制。

第一，呼唤"县管校聘"制度，激活教师群体。

"县管校聘"是指全体公办义务教育学校教师和校长全部都实行县级政府统一管理，特别是统一定期强制流动到县域内的义务教育学校，从而将教师和校长从过去的某学校的"学校人"改变为县义务教育系统的"系统人"。该制度于2015年在江浙等东部发达地区试点，试点两三年时间取得相应的试点经验后将于2020年全国推行。县管校聘制度是全国范围内推行的一个重大教师体制改革的制度，推行后其影响必定广泛和深远。"县管校聘"制度一方面能优化用人配置，有利于实现教育资源的均衡化和优质化，另一方面，该制度也能从制度层面充分激发教师的潜能，有效规避教师队伍发展的误区，助推师德建设的稳定发展。

第二，建立家校合作机制，提高教师群体。

学校通过学生、家长、教师的论坛等，交流、反馈来自社会各方的信息，使教师能及时了解自己的不足，随时改进和提高。

师德建设是一个历久弥新的话题，也是摆在一线校长面前的一张亟须作答的考卷。唯有用时代的责任与担当，用创新的精神，用服务的意识，方能给党和人民交上一份满意的答卷。

"感""受""幸""福"

——谈学校教师队伍建设

习近平总书记在十九大报告中明确指出："建设教育强国是中华民族伟大复兴的基础工程，必须把教育事业放在优先位置，加快教育现代化，办好人民满意的教育"。"莲发藕生，必定有根"，百年大计，教育为本；教育大计，教师为本。强国先强教，强教先强师，建设教育强国，首先要建设一支强大的教师队伍。

2018年1月，中共中央、国务院颁发《关于全面深化新时代教师队伍建设改革的意见》（以下简称《意见》），开启了教育的新征程，吹响了新时代教师队伍建设改革的号角。新时代，新征程，赋予我们教师新的使命。教师是学校的立校之本，是强校的核心力量。在新时代下，如何加强学校教师队伍建设？本文将围绕"感""受""幸""福"四个字别奏新声，展开相关论述。

一"感"

（一）教师的职业自豪感

关于教师这个职业，有两个举世闻名、耳熟能详的句子：一个是前苏联老一辈革命家加里宁说的，"教师是人类灵魂的工程师"；另一个是列宁的夫人、前苏联著名教育家克鲁普斯卡娅说的，"教师是太阳底下最光辉的职业"。我国自古就有尊师重教的历史文化传统，"天地君亲师"五字深入人心，常挂口头。2014年，习近平总书记在论述教师的职业时说："教师是人类历史上最古老的职业之一，也是最伟大、最神圣的职业之一。"教师是人类灵魂的工程师，承担着神圣使命，它是塑造灵魂、塑造生命、塑造人的工作，这是任何工作都无法比拟的。2018年国务院颁发的《意见》中第一条就是"坚持兴国必先强师"，并指出了教师的战略意义："教师承担着传播知识、传播思想、传播真理的历史使命，肩负着塑造灵魂、塑造生命、塑造人的时代重任，是教育发展的第一资源，是国家富强、民族振兴、人民幸福的重要基石。"教师要成为令人羡慕的职业，我们教师首先自身就要有职业的自豪感，我是教师，我自豪，自豪就是自信。教师有自信，教育就会自强。

（二）教师职业的责任感

"责"，《说文解字》解释是"求也"。作为名词，"责"专指责任、本职。"任"的本义是"抱"，后引申为"担任、负担"等义项。"责任"一词与本职、担当有关，告诉我们要"在其位谋其政，任其职尽其责"。中国的知识分子自古以来就有"铁肩担道义，妙手著文章"的优良传统。北宋理学家张载说的"为天地立心，为生民立命，为往圣继绝学，为万世开太平"，喊出了知识分子敢于为社会担当的心声。作为知识分子队伍中的重要组成一员，教师因为本身职业的特殊性，必须更有职业的责任感。习近平总书记多次指出，"教师是立教之本、兴教之源，承担着让每个孩子健康成长、办好人民满意教育的重任。教师要做学生锤炼品格的引路人、学习知识的引路人、创新思维的引路人、奉献祖国的引路人"。习总书记从国家战略高度对教师的使命和职责赋予了更为深刻的内涵和更为深远的价值。新时代的教师肩负着实现"两个一百年"奋斗目标、中华民族伟大复兴中国梦的使命和责任，这是一份沉甸甸的责任。如果一个教师缺乏责任感，那首先失去的是学生、家庭、社会对其最基本的认可，接着会失去他人的信任和尊重，甚至会失去作为教师的尊严。若是一群教师如此，那么失去的是人民对教育的信心。国运兴衰，系于教育；教育之兴衰，系于教师。教师的影响涉及千家万户，甚至一个家庭好几代人。如果一个家庭在孩子教育上失败了，那整个家庭都会受影响。所以教师必须有职业的责任感。责任感不是挂在嘴上的，而是记在心中，扛在肩上，抓在手中，落在行动中的。教育强国之路不是"路漫漫其修远兮"，而是展望未来，未来即将到来，蓝图可期；不是"危楼高百尺，不敢高声语"，而是街头巷尾热议教育改革；不是"镜中月，水中花"，而是"梦想照进现实"。教师当上下求索，义不容辞，不遗余力，不辱使命，不愧"人民教师"这一称呼，不愧教师这一光荣责任。

（三）教师工作的危机感

第一，从人类历史发展来说教师要有危机感。

如今，"人工智能"已成为高频热词，我们也正在享受着人工智能带来的各种便捷。伴随着"人工智能"的发展，各种有关人工智能的讨论和预言纷至沓来，其中不乏教育。马云说："没有任何人、任何事能够阻碍大数据、互联网的发展。"智能社会给人类带来很大的冲击，甚至有人预言，未来不是人与人的竞争，而将会是人与机器人的竞争。那教师会不会有一天被智能机器人替代呢？华东师范大学李政涛博士在《当教师遇上人工智能》中也提出了这样的疑问："人工智能时代，还需要老师吗？"韩愈说："师者，所以传道、受业、解惑者也，人非生而知之者，孰能无惑，惑而不从师，终不解矣。"这话放到现代，我们倒是要思考教师传什么道、受什么业、解什么惑了。简单的知识传播、数据分析、批改作业，甚至"惑"，这些事情是一定会被替代的，这也是对教师的解放。当人工智能可以随时随地用更精准、更有效的方法来教学的时候，何乐而不为呢？那什么是人工智能无法替代的？精准个性化的教育是无法替代的；教育是面向人的工作，直指人心，这是无法代替的；人工智能本身的发展需要，这是无法代替的。更无法代替的是，人类的智慧，我们教师本身的智慧，这是无法代替的。智能时代，和人竞争并淘汰人的，不是机器人，而是人。如果教师固守陈陋，故步自封，不思学习，不善学习，原地踏步，不思进取，那么一定会被那些积极进取、善于学习的教师淘汰。新时代的教师，一定要有时代的紧迫感，无论是谁，顺时者则进，逆时者则退，教师更是如此。

第二，从当前的管理制度来说教师要有危机感。

《国家中长期教育改革和发展规划纲要（2010—2020）》提出要"完善并严格实施教师准入制度，严把教师入口关"。2014年1月11日，教育部印发《中小学教师违反职业道德行为处理办法》。2015年，教师资格考试改革在全国推广，师范生不再直接认定教师资格，教师实施5年一注册的制度。5年一注册在一定程度上还是给教师带上了"紧箍咒"，在一定程度上破了教师的"终身制""铁饭碗"。2018年1月的《意见》中第15点："实行义务教育教师'县管校聘'。深入推进县域内义务教育学校教师、校长交流轮岗，实行教师聘期制、校长任期制管理。"广东省教育厅也颁布了《关于推进中小学教师"县管校聘"管理改革的指导意见》。县管校聘，顾名思义，所有的老师全部归县统管，然后由学校聘请。如果一个教师在聘用期间表现不合格，下一年将不会续聘，这样带来的后果就是学校不需要的、滥竽充数的、混日子的老师就会被淘汰。县管校聘目前虽然只在义务教育阶段施行，但高中教育阶段实施也只是时间的问题。随着教师管理制度的日益完善和规范，教师只有不断适应新的形势，时刻具有职业危机感，才能在教师职业格局中占有一席之地。

第三，从新课标的实施来看教师要有危机感。

2018年1月16日，由260多位专家历时4年才完成的《普通高中课程方案和语文等学科课程标准（2017年版）》颁发，从2018年秋季开始实行。新课标首次提出了"学科核心素养"的概念，并要求落实在具体的学科教学中。新课标对教师提出了更高的要求：教师不再是简单的"教案式"教学，而应该是"思维教学"；不再是简单的知识的传接，而是重在如何提升学生的学习能力，获取知识的能力。更为重要的是，新课标对教师的综合能力提出了更高的要求，单一的"学科中心论"已经过时，"管好自己的三亩地""各扫门前雪"的观念都已落后，教师要努力学习跨学科综合知识，才能不断适应新高考新课程改革的要求。教师不仅在自己的专业领域要"术业有专攻"，还要博学笃行。教师乃学问之师，扎实的知识功底、过硬的教学能力、勤勉的教学态度、科学的教学方法是基本素质，其中知识是根本基础。学生往往可以原谅老师严厉刻板，但不能原谅老师学识浅薄。"水之积也不厚，则其负大舟也无力。"知识储备不足、视野不够，教学必然捉襟见肘，更谈不上游刃有余。过去我们说"教师要给学生一碗水，自己首先必须有一桶水"，但新的时代，正如韩愈所说"师不必贤于弟子，弟子不必不如师"，学生获取知识的渠道不仅是教师的传授，学生获取知识的广度、鲜度、深度超乎教师的想象。此时，如果教师不能及时更新、丰富自己的知识库，那一定不能满足学生的需求，所以新时代的教师，需要的不是"一桶水"，而是要让自己成为知识的海洋，让学生尽情遨游。

二 "受"

（一）教师有德受敬

党的十九大报告指出："加强师德师风建设，培养高素质教师队伍，倡导全社会尊师重教。"《意见》在指导思想中提出："加强师德师风建设，培养高素质教师队伍，倡导全社会尊师重教，形成优秀人才争相从教、教师人人尽展其才、好教师不断涌现的良好局面。"尊师重教，是中国古代优秀传统品德。所谓"仁义礼智信，天地君亲师"，"一日为师终身为父"。但尊敬从来都不是求来的，是要靠自己"赢"来的。何为"赢"？"赢"与字上面一个"亡"，二字相对，所以要想"赢"得尊敬，就首先得害怕"亡"，害怕"失去"，要有畏惧之心，教师应有三畏：一畏为师不尊；二畏误人子弟；三畏不守师心。古人云："畏则不敢肆而德以成，无畏者从其所欲而及于。"为师者，当以德立身、以德立学、以德施教、以德育德，以德受敬。

（二）教师有功受奖

人称教师是"蜡烛""园丁"，人说教师"吃进去的是草，挤出来的却是奶"，这些都凸显了教师淡泊名利、默默无闻、甘于奉献的精神品质。但新时代的教师，不全是这样的。做教师，不要以为"酒香不怕巷子深"，不要抱着"良木藏深山不为人知也罢"的超然心态；不要做"山中发红萼，纷纷开且落"的芙蓉花。教师队伍不应该是"卧虎藏龙"，而应该是"龙腾虎跃"，应该是"漫江碧透，百舸争流。鹰击长空，鱼翔浅底，万类霜天竞自由"。新时代的教师，就要敢于"亮剑"，亮出自己。在如此重视教育的当下，我们每一个教师都应该大胆地去追"名"，去获得与"名"相等的"利"，因为教师地位的提高首先体现在教师的"名"和获得"利"上。教师有功就要受奖，还要加大奖励力度。如何受奖？就是"提名""给利"。如何提"名"？《意见》明确提出："加大教师表彰力度、加大宣传教师中的'时代楷模'和'最美教师'，开展国家级教学名师，国家级教学成果奖评选表彰，重点奖励贡献突出的教学一线教师，做好特级教师评选，做好乡村学校从教30年教师荣誉证书颁发工作。"如何给"利"？《意见》也明确指出："健全中小学教师工资长效联动机制，核定绩效工资总量时统筹考虑当地公务员实际收入水平，确保中小学教师平均工资收入水平不低于或高于当地公务员平均工资收入水平。"教育部陈宝生部长在2018年3月两会"部长通道"上提了六个字，第一个字就是"提"：提高教师地位，提高教师待遇。

（三）教师有过受批

首先，违反师德将严肃处理。《教师法》第三十七条规定，教师故意不完成教育教学任务给教育教学工作造成损失的；体罚学生，经教育不改的；品行不良、侮辱学生，影响恶劣的，这些由所在学校、其他教育机构或者教育行政部门给予行政处分或者解聘。师德不彰，何以立德树人？

其次，教师水平差的将受批。教学质量是学校存在和发展的生命线，如果拥有一流的生源却教出三流的学生，不是失职就是渎职，至少是不称职，甚至可以定性为教学事故，教师和学校都会被家长和社会追责。

三 "幸"

首先，我们所处的是美好时代——教育之幸

现在老百姓街谈巷议最多的就是孩子教育问题、下一代的培养问题。教育成为大家空前关注的焦点、议论的热点。党的十八大以来，教育取得了辉煌成就，党的十九大中教育被摆在优先发展的位置，整个社会由上至下正逐渐形成尊师重教的氛围，这是教育之幸。

其次，我们所教的是未来人才——教师之幸

孟子说："君子有三乐，父母俱存，兄弟无故，一乐也；仰不愧于天，俯不怍于人，二乐也；得天下英才而教育之，三乐也。"只有教师才有"桃李满天下"的自豪感和满足感。毛泽东曾言"世界是我们的，也是你们的，但归根结底是你们的"，这个"你们"就是指青年一代，就是教师培养的未来人才，"中国的未来是属于年轻人的"，教师能成为推动未来的人，何其幸哉！

再次，我们所在的是中山名校——人生之幸

目前中山市有高考任务的公办学校有13所，学校的阶梯层次非常明显。中山市实验中学是中山四大名校之一，校园环境优美，教育质量一流，与大部分兄弟学校相比，实验中学无论在生源、学校硬件设施、教师待遇等方面都是遥遥领先的。在这里，每个教师都有施展才华的舞台；在这里，每个教师都能干事、干好事；在这里，学校是师生共同的家园，没有家长，只有兄弟姐妹；在这里，人人都有归属感、幸福感。中山实验中学的每一个教师都是学校的主人，每一个教师都很重要，每一个教师的存在都有价值。我们每一个教师都应当因实中而自豪，因为遇见实中而感到幸运。

四 "福"

（一）教师以书为友——个人发展之福

有这样一副对联："骨干在磨炼反思里成长，名师从课堂教学中走来"，横批是"还要读书"。这深刻揭示了教师读书的重要性。教师就是要多读书。

首先，读书可以净化灵魂，找回自己。

我们身边经常会有这样一些人，贫穷也焦虑，富裕也焦虑，为什么呢？因为他们的内心深入是空虚贫瘠的，一味追求无止境的物质，精神得不到滋养。因此通过读书来丰富精神家园，找回自己的灵魂很重要。

其次，读书可以提升专业，发展自己。

教师都应该注重专业能力水平的提升，现如今知识在更新，社会在进步，要求在提高。前面所说的人类历史发展和现如今的管理制度，都要求老师提升发展自己的专业水平。发展的能量从何而来？毫无疑问源自读书。

所谓"腹有诗书气自华"，教师们要能做到"三更有梦书当枕，半床明月半床书"做到"书柜要比衣柜大"。读什么书？读专业书籍、专题书籍、休闲书籍等。教师侃侃而谈，上知天文地理，下知山川河流，学生自然会佩服。至于怎么读？最好要做到圈圈画画常思考、读读学学相结合、谈谈议议共分享。

（二）教师互帮互学——团队成就之福

历史上任何时代都不像今天这样强调团队合作的重要性。实验中学由于历史原因，科组建设氛围一直不浓，有些科组建设可以说是名存实亡，"单打一"的现象比较普遍。其中有历史原因，学校前身是中山师范学校，教师人数不多，学科也不多。后来虽改制成中学，但是规模也小，一个年级也就一两个班，往往很多时候是一个学科一个老师包打天下，有些学科还在集中在一起，科组长往往是上传下达，基本上没有教研活动。但现在不同了，单打一注定要落伍和失败。另外，从今年开始，中山市开始对市属事业单位进行绩效考评奖励，其中校园安全管理、校园文化建设、教学质量、师德建设等都是重要考核指标，而这些都与老师们的切身经济利益息息相关，因此需要老师们加强团队合作，同心同德。在互帮互学的同时要求老师们有大胸怀大格局，要有大局观。要学会容人之长，容人之短，容人之反复。要弘扬正能量，用魏书生的话就是"多琢磨事，少琢磨人"。

（三）教师追求卓越——人民群众之福

追求卓越就是要求教师要有自己的教育理想，有自己的教育追求。年纪大的教师不要荒废了专业，磨掉了性子，叱咤风云一辈子，要有始有终，站好最后一班岗；年轻教师要有人生的规划。追求卓越就是要求教师上好每一节课，关注每一个学生。追求卓越就是要求教师既培养学生能力，又要提升考试分数。学生的综合素质与考试分数，两者需要达到一个平衡。因此，作为学校，既要关注学生能力培养，又要关注分数提高；既要关注学校各方面的硬件建设，又要关注学生的软件建设。没有优秀的升学率和高考、中考分数，空谈学校教学质量、办学成果都是站不住脚的。考试分数从何而来？那就需要老师们扎扎实实上好每一节课。上好一节课需要五个"情"：一是有良好的心情。教师要始终保持一颗愉悦的心情面对学生，给学生以爱学乐学的感染力。二是充满活力的激情。激情可以感染学生，调动学生学习的积极性。三是贴近学生的实情。教师要因材施教，个性培养。重点班、特尖班、平行班要有各自的教法，要有所侧重。四是关爱学生的温情。教师要让学生从你的每句言语、每个眼神，每个动作里感受真爱、真心和真情。五是学生主动参与的热情。课堂要注重互动，积极创设情境，引发学生独立思考。总之，一节好课要求教师目中有人、心中有数、手中有法。

总之，"感""受""幸""福"四个字，经过字义的推陈出新，我们窥见了学校教师队伍建设的必要性、紧迫性，并勾勒出教师队伍建设的"图谱"与"抓手"。当然，原初意义上的"感受幸福"，是教师职业的根本归宿！

教育新形势下，再话师德

党的十九大报告就新时代如何优先发展教育事业、加快教育现代化、办好人民满意的教育、建设教育强国提出了明确要求，也为新时代师德师风建设指明了方向。《关于全面深化新时代教师队伍建设改革的意见》对师德师风建设做出了总体部署，要求"着力提升思想政治素质，全面加强师德师风建设"，这体现了深入贯彻落实党的十九大精神，立足于立德树人根本任务的必然要求。

一、师德的内涵与外延

教师职业道德，简称师德，是指教师在从事教育教学活动、履行教书育人职责时必须遵循的行为准则和道德规范的综合。它的外延是爱岗敬业、教书育人、为人师表，这三点是社会对教师职业道德的基本要求，是师德的核心内容。

其中，爱岗敬业是对一切职业的共同要求，教师职业自然也不例外，它是师德的基础；教书育人是对教师这一特殊职业的专业要求，它是教师工作的具体内容，师德所引发的效果如何，必须由此来体现，它是师德的载体；为人师表是社会对教师这一职业所承担的职责的特殊性而提出的、比一般职业道德更高的要求，教师的人格、品行所具有的感召力在此得到充分表现，它是师德的支柱。

爱岗敬业、教书育人、为人师表三个方面形成了一个有机整体，缺一不可。

二、为何再话师德？

师德是教师之魂，教师发展，师德为先。

首先，教师对社会的影响大。习近平总书记在全国教育大会上指出，教师是人类灵魂的工程师，是人类文明的传承者，承载着传播知识、传播思想、传播真理、塑造灵魂、塑造生命、塑造新人的时代重任。我们的教育必须把培养社会主义建设者和接班人作为根本任务，培养一代又一代拥护中国共产党领导和我国社会主义制度、立志为中国特色社会主义奋斗终生的有用人才。教师队伍的素质直接影响了社会人才的质量，只有能担当起"时代重任"的人民教师，才能为新时代培养出大量能够担当民族复兴大任的时代新人。

其次，社会对教师的要求高。时代在发展，社会对教师也提出了更高的要求，教师要努力成为有理想信念、有道德情操、有扎实知识、有仁爱之心的"四有"教师。其中，扎实的知识，是一个与时俱进的概念，作为教师，不仅要教好学生，还要勤勉学习。在这个知识爆炸的时代，教师面临的教书难度越来越大，因为学生学习的途径也越来越多，如果教师故步自封，就会被学生淘汰，被社会淘汰。

最后，师德现状不容乐观。该方面具体表现为政治素质不容乐观，法制观念不容乐观，师表形象不容乐观。在当前市场经济条件下，人们的思想观念产生了深刻变革，有的教师过早地出现了职业倦怠或因家庭原因推卸工作职责，有的教师接受家长礼物钱财，有的教师穿着、言语等不合时宜，这些现象在某种程度上影响了家长及社会对教师的认可度。

三、如何话师德

师德正，才能学风正；学风正，才能校风正。

首先，组织上要听话。我校每年都要抽出一定的时间，组织教师学习习近平总书记讲话精神以及中央出台的有关文件、法律法规等，学校工会、共青团也组织开展与师德有关的大讨论、报告会、演讲比赛等活动，深刻领悟相关文件精神对于强化教师团队的师德师风建设大有裨益。教师要落实学校各项规章制度，尤其是党员教师要带头执行各种规定，服从组织安排的各项工作，不折不扣地完成任务，不向组织谈条件、谈困难。

其次，工作上传佳话。教书育人是教师的天职，管好每一个学生、上好每一节课是对教师工作的基本要求，教师所担任的学科在每次考试，多出惊喜，少留遗憾，不拖后腿；所教的每一届学生，多些后来居上，少些失误滑坡，不出现高考重大失误。每位教师都应该有自己的独门绝活，并形成自己的教学思想和教学风格；教师还要积极主动参与各项教研活动以及教育教学比赛，争取在全国及省市级赛事上摘金夺银，打造教师队伍的专业形象。

最后，生活上没闲话。教师在言语上要顺，教育的言语要如春风细雨般润物无声，要传递正能量；教师在态度上要诚，对待同事和学生要真诚，即心中充满爱，眼里充满善，脑门闪着光；教师在作风上要正，经得起考验和起监督，人情之中有原则，交往之中要有底线。

综上，只有深刻理解师德的内涵与外延，充分认识师德的重要意义，不断提高自己的师德修养，才能成为一名合格的新时代的教育工作者。

教师还是要多读点书

一、世界读书日的由来

关于"世界读书日"的由来，有两种说法。一种说法：4月23日为西班牙大文学家《堂吉诃德》的作者塞万提斯的忌日；另一说法，该节日源于西班牙一个地区的传统节日，即圣乔治节。当地有个英雄叫乔治，他曾从怪兽手中救出了一个公主，公主为了感恩，于4月23日那天送了本书给英雄。

二、当下教师不爱读书原因分析

（一）从人类发展的历史来看

人类发展的历史，文字的发明才5000年，还太短，来不及录入到我们的基因上。因此，说话是本能，而阅读是习惯。

（二）从大脑结构来看

脑科学告诉我们，大脑中没有阅读中心，阅读时需要很多区域抽离原来的工作，合力完成，所以要练习很久才会熟练。

（三）中国人特别不爱读书的原因

2018年04月24日十五次全国国民阅读调查报告发，2017年我国成年国民人均纸质图书阅读量为4.66本，人均电子书阅读量为3.12本。其中，10.2%的国民年均阅读10本及以上纸质图书。成年国民个人阅读数量：只有1.7%的国民认为自己的阅读数量很多，8.8%的国民认为比较多，有37.7%的国民认为一般，39.5%的国民认为很少或比较少。

功利性：中华民族本就不是一个爱读书的民族。学成文武艺，货与帝王家。

儒家讲究"学而优则仕""修身齐家治国平天下"。著书立说只是仕途不畅时退而求其次。早在明治维新时期，日本政府就颁布了"邑无不学之户，家无不学之人"。在全国开始普及义务教育。与此同时，中国却处于刚被列强打开闭关锁国大门的清朝。妇女还在裹脚，推崇"女子无才便是德"。1986 年国家才颁布了九年义务教育法。

非娱乐性：麻将馆、按摩馆、餐馆鳞次栉比，书店却藏在巷子深处不为人知，门可罗雀。在那些发达国家的地铁里、火车上以及一些其他交通工具上，很多人都在静静地看书。而在中国这些场合，人们要么是在高谈阔论，要么是在打瞌睡，鲜有看书的人。君不见，一到周末麻将馆爆满，能上馆子打麻将的，基本上还是有一定地位的，其中不乏教师。春节就是麻将约、全民 K 歌会，哄孩子的最好方式就是打开电视或递给他手机，中国人的娱乐生活几乎可以浓缩为打麻将、上网、看电视、唱歌。

无用性：长时间的读书无用论：百无一用是书生。

三、读书的目的

（一）净化灵魂，找回自己

大哲学家苏格拉底临终时曾说过："人生的意义，就是要照料自己的灵魂。"一个人的高贵，只是灵魂的高贵。若灵魂不高贵，即使权倾一方，即使富可敌国，在精神层面上，终究是个穷人。我们会经常遇到有些人，贫穷的时候焦虑，富裕的时候仍然焦虑。为什么？因为内心空虚，一直追求无止境的物质。

什么才叫灵魂高贵？2000 多年前罗马军队进攻了希腊的一座城市，当他们进入城市后，发现一个老人蹲在沙地上，专心研究一个图形——他就是古代最著名的物理学家阿基米德。在他看来，他画在地上的那个图形是比他的生命更加宝贵的。

征服了欧亚大陆的亚历山山大帝视察希腊的另一座城市，遇到正躺在地上晒太阳的哲学家第欧根尼，便问他："我能替你做些什么？"得到的回答是："不要挡住我的阳光。"在他看来，与他在阳光下的沉思相比，亚历山大帝的赫赫战功也显得无足轻重。

这两则传为千古美谈的小故事，表明了古希腊优秀人物对于灵魂生活的珍爱，他们爱思想胜于爱一切，包括自己的生命，把灵魂看得比任何外在的事物，包括显赫的权势更加高贵。

哲学大师冯友兰认为"人生境界"从低至高分为四等：一是与所有动物一样，生命活动完全出于一种生命本能，没有自觉意识的"自然境界"；二是时刻想着自己的利益，把追逐利益作为人生的唯一目标的功利境界；三是不仅想着自己，更是想着他人，"正其义，不谋其利"的"道德境界"。四是所思所想、所作所为都不仅为了社会，更是为了整个宇宙的好处的"天地境界"。我想，灵魂的高贵就是让自己的"人生境界"达到"道德境界"。

那怎样才能让灵魂更高贵？我想一条重要的路径就是读书，通过与大师的对话，才能走进博大精深的中国文化，才能真正地找回自己，也才能真正地净化灵魂，让灵魂随着自己生命的成长逐渐高贵起来。才会有"安得广厦千万间，大庇天下寒士俱欢颜""先天下之忧而忧，后天下之乐而乐"的情怀，才会有"俱往矣，数风流人物，还看今朝"的自信，也才会有"苟利国家生死以，岂因福祸避趋之"的社会担当。

（二）提升专业，发展自己

记得有一副很好的对联："骨干在磨炼反思里成长，名师从课堂教学中走来"，横批："还要读书"。教师有自己的专业特点。社会在进步，知识在更新，要求在提高。只有不断地读书、学习，提升专业，才能更好地发展自己。

1. 从人类历史发展来说教师要多读书。回溯人类历史的发展历程，从石器时代到铁器时代，经过了20000万年漫长的时间；从铁器时代到蒸汽机时代经过了2000千年；从蒸汽机时代到网络时代经历了200年，进入网络时代到现在才20年。20年前，人们使用的通信联络工具还只是小灵通，是模拟机不是数字机，而如今人们都已经将这个随身携带、重量适宜的电子工具当作多媒体工具。手机可以满足了我们随时、随地、智能、互联等各种要求。也就在这20多年网络时代里，人类从IT（信息）进入DT（数据）时代，又从DT进入AI（人工智能）时代。如今"人工智能"已成为高频热词，很多家庭也在享受着人工智能带来的各种便捷和红利。伴随着"人工智能"的不断进步和普及，各种有关人工智能的预言和讨论纷至沓来。华东师范大学李政涛博士曾发表一篇文章《当教师遇上人工智能》，当中提出一个疑问，人工智能时代，还需要老师吗？人们所熟知的苹果公司创始人乔布斯在《乔布斯之问》中提出一个质疑："为什么计算机改变了几乎所有的领域，却唯独对学校教育的影响小得令人吃惊？""苹果手机之父"最后带着这份遗憾离开了人世。但是现在，这句话可能找到答案了。就在前不久，美国青年企业家委员会报告中指出，到 2020 年，有 12 个行业可能面临着不复存在。如出租车、造纸、邮政、固定电话、信用卡、钱包、电影院、CD、有线电视、快餐店员工等。虽然报告里面没有提及教师这个行业会被冲击，但是从李政涛博士的这篇文章里，我们前所未有的感受到"狼来了"的危机感和紧迫感。

再回到"人工智能时代，还需要教师吗"这个问题上来。在此严峻背景下，本人认为学校应提供的是精准服务、个性化服务。有这么一个例子，一位家长带着 15 岁的孩子来问学校：你可以把我孩子培养成什么样的人？学校答复可以把孩子培养成哲学家或物理学家，得到家长的认同，这就是精准服务，个性化培养，可以帮助这个学生成为他希望的那类人。学生也不再是学习现有的知识和方法，而是学习树立合理的价值观、创新思维和能力，做到真正的"学以为己"。现有的书本知识或者是手机网络能够查到的知识，学生都会明白，家长都会教。如果老师仅拘泥于这些知识和方法，那是没用的。那什么可以被人工智能替代？如简单的知识传播，数据分析和批改作业等。这些事情被替代，是对教师的解放。当人工智能可以随时随地用更精准、更有效的方法来教学的时候，何乐不为？那什么是人工智能无法替代的？那是教育本身需要，人工智能本身发展，都需要教育。

一个一个挑战的逼近，一个一个全新的要求，教师该怎么办？教师应成为学生的引路人、互动者、对话者、帮助者和陪伴者。韩愈说"师者，所以传道、受业、解惑者也"，在本人看来，授业将会被替代，教师的作用将来可能更多集中在传道和解惑方面。所以要求老师要有"爱商""数商""信商"。爱商即教师要有仁爱之心，要洞察学生的成长需要与个性特质，及时给予细致入微的个性化关怀、呵护、尊重。数商与大数据有关，教师要掌握处理大数据的能力。信商与信息时代有关，具体涉及如何检索、辨析、判断、提炼、整合、利用和生成各种信息的能力。总之，人工智能时代对教师的学习能力要求越来越高，教师不学习就会被淘汰，不持续学习就会落伍。

2. 从当前的管理制度来说教师要多读书。前不久广东省开始执行了《义务教育教师县管校聘制度》。县管校聘，顾名思义，所有的老师全部归县统管，然后由学校聘请。打个比方，如果我们学校实行县管校聘制度，那么教师人员名单管理将全部交给镇政府，教师就从单位人变成系统人。如果学校需要语文老师，就可以从镇数据库里点兵。如果教师王五在聘用期间表现不合格，下一年将不会续聘，这样带来的后果就是学校不需要的、滥竽充数的老师就会逐渐被淘汰，竞争很是激烈和残酷的。县管校聘目前只在义务教育阶段施行，估计很快在高中学校铺开。如果到这种时候教师们还没有引起足够的警醒，还不愿意相信狼来了话，就真的会被狼吃掉。

3. 从当前新高考、中考的要求来看教师更要多读书。现如今中考、高考的能力要求越来越高，对教师的要求也是越来越高，知识的灵活度，跨学科交叉的程度越来越明显。一个语文老师不能仅仅囿于语文课堂，还必须掌握历史、地理、生物等综合知识，突出对个人能力和学科素养的考查。

教育部公布：从幼升小到高考全面改革，数学难度大幅度降低，语文难度提高。

新中考注重考查学生9年义务教育的积累，注重对学生掌握基础知识、基本技能、基本思想和基本能力的考查。试题要求扩大选材范围，贴近生活，注重实践。从中考《考试说明》来看，各个学科增加个人能力和学科素养的考查，这就要求学生不但要学广还要学精，打破学科界限，多门类知识混搭，提升综合能力。

因此，每位老师光管好自己的一亩三分地是不行的，要逐渐淡化自己的学科角色，努力学习跨学科综合知识，才能不断适应新高考新课程改革的要求。

（三）营养精神，美容自己

书籍之于精神，就好比粮食之于躯体，都是一个人必不可少的营养。有句话很经典，"一个人的精神发育史就是他的阅读史"。读书，不仅让人拥有用来获得物质，维持自身生存的知识，而且拥有用来呵护心灵，使其事理通达：自由乐观的知识，让人充满智慧，更有见识，更有胸怀，更懂得生命的真谛。白岩松曾经说过，读书久了，你就会信一些东西，会有一颗敬畏之心，你就会知道什么是最好的，可以去做，知道什么是不好的，不可逾越，阅读之中，你就会找到你的信仰与精神支柱。

"腹有诗书气自华"，读书使人浑身上散发出恬静的气质。我想，如果一个人能做到"三更有梦书当枕，半床明月半床书"，做到"书柜要比衣柜大"该是一个怎样的精神富有之人呀。

（四）开发大脑，完善自己

高尔基说："每一本书都像一个梯子，使人从兽类爬到人类。"读书改变的是我们的大脑。曹文轩说，不阅读的人只能算作"两腿直立行走的动物"。脑科学表明，一个人一生中神经细胞数是固定的，但细胞之间的连接却是后天可设的。塑造大脑，提升智慧的本质是引发大脑突触的改变。对爱因斯塔大脑的解剖表明，它的神经突触特别丰富。功能核磁共振成像等技术的发展也告诉我们，阅读障碍患者不是因为"笨"，而是大脑结构异于常人。

有个人家有两个儿子，老大因为当时家庭经济拮据，未能升学，也就是说未发生阅读行为，而老二则因为家庭经济情况得到改善，有条件上学，也就是说，发生了阅读行为。后来，一个科研机构对兄弟俩的大脑进行了细致的科学测试，结果发现，那个不曾发生阅读行为的老大的大脑，发育是不完善的。

阅读不仅会让小孩的大脑发生改变，对成年人也是如此。一句话，无论你多大年纪，读书都会让你的大脑有变化。不读书可以说是人的另一种自残。

四、读什么书？怎样读书？

（一）熟读教科书

熟读教材，这是根本，不仅读本年级的教材，还需要读各年级的教材，使自己对整个教材体系有一个客观的把握。要求：瞻前顾后。

（二）参读教辅书

虽是辅助，但对教学有指导性、参考性，包括《课程评论》《教学参考书》，教育书籍刊物，让理解更深入，认识更到位，把握更准确，信息更及时。要求：高屋建瓴。

（三）深读专业书

知识存在一定背景之下，具有广度与深度，了解越多，在课堂上就越能游刃有余，挥洒自如。要求：深入浅出。

（四）趣读科普书

要从小要求学生学科普、爱科普、掌握一些必要的科普知识。教师要带头读一些科普读物，引导学生阅读科普书籍，培养好奇心，扩大知识面。要求：奇思妙想。

（五）广读人文书

哈佛大学校长福斯林认为，人文知识可以提供三种价值：真知灼见、即席演讲与劝导说服。这三种不正是教师所应该具备的吗？要求：左右逢源。

六、读书的时间

1. 上班时间多读专业书（含教材、教辅）；

2. 闲暇时间多读人文书；

3. 见缝插针读点科普书。

校长领导力在应对公共突发事件中的意义

伴随着新一轮课程改革的推进，校长的教学领导力、课程领导力等得到了越来越多的关注。诚然，校长的教育领导力作用不容小觑，但校长作为学校的管理者，校长的行政领导力其实也尤为重要。尤其当社会和学校面临紧急公共突发事件时，校长领导力的彰显更是有着非同寻常的意义。2020 年 1 月，一夜之间扑面而来的新型冠状病毒肺炎疫情，将一份高难度的试卷摆在了每一位中学校长面前，而如何应对这一难题，如何给政府、社会及学校师生及家长交上一份满意的答卷，笔者在上级教育行政部门的领导下，认真分析、理性判断、科学决策，取得了不错的成效。

一、理性判断与科学决策

一般而言，公共突发性事件包含有突发性、紧迫性、危害性和不确定性等显著特征，相较于其他公共突发性事件，新型冠状病毒感染肺炎疫情的危害性和不确定性更为突出，而学校作为专门的教育机构，集中授课制使得师生及其他教辅员工的大规模集中在所难免，从而也使得应对疫情难度加大。

（一）增强自我效能感，理性判断

美国一位著名心理学家认为，提高自我效能感可以增强达到目标的信心。如果一个人没有良好的自我效能，那么这个人不愿意去做任何冒险的事情，即使做了任何冒险的事情也可能会存在半途而废的现象。这就要求应急人员在遇到突发事件之时，首先必须保持冷静心理，不能够对突发事件产生恐惧或者着急心理。针对疫情突发情况，学校紧急召集行政会议，综合上级部门的有效指导，学校以办公室名义向每一位教职工发送《告教职工书》，向每一位教职工详细介绍疫情情况，进行正面宣传，抵制恐慌情绪的蔓延，并对当下疫情做出理性判断，增强教职员工的自我效能感，从而增强抵御疫情的信心。

（二）加强独立思维和复杂认知的融合，科学决策

学校成立学校防控新型冠状病毒肺炎工作领导小组，由笔者担任领导小组组长，成员由学校领导班子、相关部门负责人等组成，全面负责学校防控新型冠状病毒感染的肺炎疫情工作的组织领导和督查督办；成立学校防控新型冠状病毒感染的肺炎疫情专项工作机构，由学校综合协调部门牵头，学生、教务、后勤、卫生室（保健室）、团委等部门负责人和相关人员组成；明确职责分工，责任到岗，任务到人；建立学校、年级、班级、家长四级防控工作联系网络。

众所周知，在进行应急处理之时，获取突发事件的第一手材料常常是正确决策的关键所在。为此，学校通过信息科组老师，广泛获取和全面搜集有关疫情的资料，并对搜集到的信息进行全面归纳，分析所获取信息之间的联系，融合合理的建议，做出应对疫情的相关决策。

二、刚性政策执行与柔性服务相结合

公共突发性事件的突发性与不稳定性等特征，既是对相关部门领导灵活应对能力的一个考量，也是对领导政策执行的坚决力度的要求与考验。其危害性与不确定性的特征，既对政策的刚性指标提出了相应的要求，同时又呼吁相应的柔性服务。为此，笔者通过召开行政会议，反复讨论，综合考量，决定在刚性政策执行的同时，辅之以必要的柔性服务。

（一）刚性政策的果断执行

1. 建立教职员工和学生假期行踪和健康监测机制。全覆盖、无遗漏、精准摸清重点人群底数并建档。了解患病人员发病情况，摸清来自疫情防控重点地区的教职员工、学生数量及其在各年级、班级的分布，返校前14天的健康状况。

2. 收集所有返校师生的健康卡。健康卡的内容至少应包括：师生返校前14天的身体健康状况、家庭成员身体健康状况、假期是否曾前往疫情防控重点地区、是否接触过疫情防控重点地区高危人员等。

3. 根据排查结果，制订师生分期分批返校方案。

4. 严格把好入口关，对进出学校人员进行体温检测，严格筛查。决不允许带病返校或未解除医学观察人员上学或上班。

5．实行校医 24 小时值班制度等。

（二）倾情柔性服务

面对每天以阿拉伯数字呈现而直线上升的确诊数据，焦急、恐慌像一张无形的网，笼罩着每个人。而柔性服务，则在一定程度上有利于抵御这种恐慌情绪。

第一，学校成立专门的宣传部，对疫情知识及相应有效防御措施进行宣传，同时对新治愈病例进行专门报道，增强抵御疫情的信心。

第二，妥善、周密安排线上教学课程。让学生停课不停学，同时建立有效畅通的师生沟通机制，稳定学生尤其是高三学生因耽误学业而焦急的心理。

第三，开通家校沟通平台，开启线上家长学校。疫情让家庭一夜之间肩负起学校、教育的三重角色，不少家长不堪重负。家长学校的开通，不仅有利于家校之间的沟通，而且，学校利用自己在教育领域更为充分的资源，及时反馈给家长，家校携手共克难关。

三、静态规范与动态规划相结合

鉴于公共突发事件的不确定性，静态的规范不足以完全应对，需要辅之以动态规划。学校开学在即，如何将不确定性尽可能限制在相对确定的范围内？经过多次召开行政班子会议，决定采取以下措施：

（一）静态规范

第一，在图书馆、食堂、宿舍、会议室等人群密集场所设置红外体温探测器，必要时测量体温后入内。

第二，每日对教职员工和学生进行晨检、因病缺勤登记与报告、复课证明等日常防控工作。不允许带病上学或上班。因病缺课（勤）人员应由校医根据医院返校证明和隔离期限确认后，方可返校。

第三，校医和保健老师应做好个人防护，预防飞沫传播和接触传播，对相关废物进行有效消毒处理。

第四，如发现有疑似新型冠状病毒肺炎早期症状（如发热、乏力、干咳等）和异常情况的，立即启动应急预案，向学校疫情联络员报告，并戴上医用口罩。学校立即向所在地疾控中心报告，配合做好排查和后续相关工作。并按照要求向属地疾病控制中心、教育主管部门报告，做到早发现、早报告、早隔离、早治疗。

（二）动态规划

第一，全面做好校园环境的清洁，垃圾日产日清，保持干净、整洁的校园环境。

对物体表面和室内空气等定期按指引进行消毒。

第二，每天做好各类教学和生活、工作场所的通风换气，保持室内空气流通。

第三，鼓励教职员工和学生积极参加体育锻炼，保证正常作息，增强体质。

第四，食堂采购人员、送货人员和查验人员在工作期间做好个人防护。加强对集体配餐单位监控管理，尤其督促落实送餐到校人员的健康管理和个人卫生防护。食堂进货严格落实索证索票，不得使用来源不明的家禽家畜，严禁采购食用野生动物。

第五，持续、深入开展健康教育。

校长领导力的有效性在很大程度上取决于校长横向的协调能力。高效的校长领导力往往表现为激发全体教职员工的积极性，整合丰富的各方资源，引领学校朝着更加稳定、健康的方向发展。在应对公共突发事件方面，校长领导力的有效性更是不可或缺的重要一环。

参考文献：

［1］戴鸿：《突发公共事件中的应急决策心理分析与应对策略——以福州市鼓楼区"欢乐闹元宵"活动为例》，《新西部》，2019。

［2］黄文源：《关于学校管理中校长领导艺术及领导力的创新运用》，《课程教育研究》，2019（52）。

第二篇

贴近地面的教育行走

（一）教学行走

让教师真正拥抱课程

——校长文化领导力的关键

课程是学校培养未来人才的蓝图，是学校教育观念和教育思想的集中体现与反映，同时也是学校实现教育培养目标的重要途径，是学校组织教育教学的主要依据，课程直接影响教师的教学方式和学生的学习方式，从而也对学校教育质量产生深远的重大影响。诚然，规划、设计国际课程的权利主体无疑是国家及相关教育行政部门，但毫无疑问的是，所有的课程及课程计划，只有到学校才能落到实处，而学校课程的最终落实，则离不开学校的每一位教师。因此，笔者认为，校长不仅要有科学的课程管理理念，还要在平时的教育管理实践中采取多维立体的措施，让教师真正拥抱课程，践行课程。

一、学校课程管理存在的误区及归因

中学教学阶段，尤其是高中教学阶段，应试教育环境下社会对学校的单维度评价，使得不少学校肤浅地将学校教育目标简单定位于"升学率"，堂而皇之地忽略"学生的全面发展"这一应然的教育目标，忽略学校教育服务于国家、社会选才的目标。因而在课程设置上存在不少误区：比如课程设置的单一性，在课程结构层面，仅仅设置高考科目。而音乐、体育、美术等有助于学生全面发展的科目形同虚设，统统为高考科目让路；学校更不会花心思与精力去考虑教育与社会的关系，不会主动去开发地方课程及校本课程。单一的课程结构显然无法适应学生全面发展的需要，同时，单一的课程结构也必然无法充分调动教师与学生的积极性，苦苦追求的升学率目标自然也不能如愿。

二、宏观引领，构建建科学、丰富的课程体系

（一）凝练科学育人目标，对标丰富课程体系

学校层面的课程管理关键在校长，校长的课程理念及课程管理意识直接决定着各项课程在学校的实施状况，也决定了学校的办学方向和培养目标。中山市实验中学综合国家、社会、学生个体等三个维度的发展需求，提出培养"心中有理想、肩上有责任、头脑有智慧、脸上有笑容、嘴里有歌声"的五有育人目标。此项育人目标以为国家育才为高点，为社会培养合格人才为中心，培养以阳光、开朗、全面发展的人才为基点，将国家、社会、学生个体等三个维度高度融合。

更为精彩的是，该育人目标将人文精神与科学精神的培养、责任担当与创新精神的涵养，学习能力与健康生活能力的重视完美结合，五个目标汇聚成一个大写的"人"，一个全面发展的"人"。科学育人目标的提出为科学的课程结构的搭建指明了方向。为此，学校精心建构三级课程结构：一是国家级必修课程，二是地方课程，三是精心开发校本课程，从而形成丰富、多层次、立体的课程结构。

（二）服务三级育人实践，构建丰富课程体系

学校教育的本质是"育人"，为了每一个学生，为了每一个学生的全面发展，这是每一位教育者无法回避的责任与使命，但学校教育同时承载着为国家与社会培养合格公民与建设人才的责任与担当。当今世界科技迅猛发展，国家与国家之间的竞争最后归根于人才的竞争，在国家建设两个一百年的关键节点，伟大"中国梦"的践行与实现中，学校无疑承担着更为光荣与艰巨的使命。因此，学校课程体系的建构应服务于三级育人实际，构建科学丰富的课程体系。为此，中山市实验中学以"致远课程"为核心，构建涵盖"心致远：理想教育、责任教育、生涯教育、艺术教育；知致远：科学与人文、创意学习、研究性学习；行致远：领导力课程、国际关系课程、志愿服务课程、运动与健康课程"等较为完整与丰富的课程体系。与此同时，学校根据教师与学生发展实际，精心打造精品课程：如青马工程、儒行社、志愿服务队、研习社。构建特色课程：如足球队、合唱团、健美操等。丰富的课程体系的建构，既符合了学生全面发展的需要，也顺应了时代发展，服务于国家选才需要。

三、激发教师潜能，落实课程实施主体

（一）科学引领，提升教师课程意识

学生培养目标的真正实施依赖于教师真实的教育行为，教育真正发生的场域里，永远的主角是教师与学生。因此，教师是课程实施的主体，而教师的教学行为受课程意识影响，教师只有提高课程意识，自觉地意识到教师个体在课程实施中的重要地位和所授课程在学生发展中的重要地位，才能主动实现课程价值，实现对学生的培养目标。因此，笔者认为，作为学校教育管理者，应科学引领，提升教师课程意识。

第一，课程目标意识。

教师是课程的开发者、践行者，教师在开放课程与实施课程的过程中，一定要有目标意识，要眼里有"人"，课程的开放与实施，是为了促进学生的发展，因此，一切课程的开发与建构，都得围绕学生的发展为目标。

第二，课程资源意识。

课程是学校育人的内容，也是学校育人的载体，课程不简单等同于教材，更不能固化为课堂。课程本身的特质要求教师在克服与实施课程时，要具有丰富的课程资源意识。一是要创造性地利用教材，不拘不脱，不拘泥于教材，又不能脱离教材，天马行空，教师要根据学生实际的认知水平，对教材进行二次开发，以教材为蓝本，挖掘出更多适合学生认知水平的教学资源。二是教师要利用与开发多种课程资源为学生的发展提供多种发展机会、发展条件、发展时空和发展途径，同时，教师要善于利用并开发各科教材以外的文本性和非文本性课程资源，为课程价值的实现和学生的发展提供多种可能的平台。

第三，课程评价意识。

评价意识是指教师在实施课程的过程中要注重及时进行评价。只有及时中肯的评价，才能激发学生的兴趣，点燃学生的激情，保证课程的顺利实施。但教师在评价过程中，不仅要关注终结性评价，更要注重学生的诊断性评价、过程性评价及个性化评价等具有教学和发展性功能的评价。只有关注到过程评价，教师在课程实施中才会精心选择课程内容、运用教学策略、营造课堂氛围、创设问题情境等，同时考察这些教学行为对学生知识生成、情感培养、能力发展等方面的意义和价值。只有注重丰富的评价方式，教师才能在教学中自觉体现师生交往和对话，分享彼此的经验和认识，交流彼此的情感和体验，拓展彼此

视界和思维，实现教学相长和共同发展。并根据教学情境的变化恰当地选择教学方法和手段，捕捉并利用课堂即时生成有价值的课程资源实施教学，同时觉察实施过程的教育意义，并科学地评价课堂教学的效果。

（二）团队合作，凝练集体智慧开发课程

团队就是由两个以上相互作用、相互依赖的个体，为了特定目标而按照一定规则结合在一起的组织。不是以兄弟相称，而是以兄弟相待；不是迁就对方，而是包容对方；不是给对方补短，而是给对方扬长。学校推行团队合作，凝练集体智慧。

第一，以工作室为平台，优能辐射。

学校接近100个教学形成班的规模建制，400多名教师，如何进行优能辐射？学校以工作室为平台，通过经验丰富、教学理论与水平拔尖的优秀老师进行引领、辐射。学校通过构建省、市、学校三级骨干教师工作室，遴选优秀教师担任工作室主持人，以主持人引领、工作室成员共同参与的方式，开放、实施课程。

第二，以师徒结对为抓手，智慧传递。

学校教师年龄结构以近五年毕业的优秀高校研究生为主，年轻教师精力充沛，教学热情高，但无法回避的是，教学经验明显不足，教育是精研细磨的艺术，不是简单的一腔热血就能促成，为此，学校以师徒结对为抓手，在相同学科组内，精选优秀的经验丰富的教师，帮带年轻教师，进行智慧传递。

（三）课题研究，攻克难题实施课程

课程开发研究实施的过程中，不可避免会遇到难题，并不是教师会知难而退，导致课程有开发无实施、有实施无效果的局面。针对这一现象，学校以教科室为平台，将课程开发研究实施的过程中的难题凝练为课题，集中力量对课题进行研究、攻克，再将研究成果运用到课程开发与实施之中，效果明显。如学校特色课程"儒行社"，在开发与实施过程中，面临的一个实际问题是，学习教学中国该如何有效传承传统文化？如何规避传统文化传承与"升学率"之间的矛盾？课程开发者唐戈菱老师将上述难题上升为课题，从课程实施的时间、空间、维度等方面进行研究，进而将研究成果成功地运用到课程实施当中，不仅中考语文成绩遥遥领先，而且儒行社也取得了很大成果，学生对传统文化的认知与掌握，既有助于学生健全人格的培养、传统文化知识的掌握，也助推了学生语文成绩的大幅度提高。

教育是百年大计，关系到民族的兴衰。在以课程改革为核心的基础教育改革中，每位教育工作者都应提高课程意识积极参与课程管理，把我们的孩子培养成抱有终身学习热情的人，具有终身学习能力的人，有理想、有道德、有文化、有纪律的人。由此可知，教师的生命在于拥抱课程，教师的精彩在于开发课程，教师的幸福在于体验课程。

让精品课程亮起来

——党员教师"十大文明实践服务团"实现育人全覆盖

中学党建工作关系到学校的办学方向，关系到我们能不能为社会培养出更多政治素养优、理论素养实、作风素养硬的有用人才。但是，当前中学党建还不同程度存在三大问题：党组织生活简单化；党员教师自我要求不高；党建工作与中学教育教学实际"合而不融，融而不化"等。坚持以问题为导向，是下一步提升中学党建工作水平的重要思路。

广东省中山市实验中学从关键处入手，首先做的是理顺工作机制。经上级组织批准，学校实行书记、校长"一肩挑"，设党委委员7人。学校的办学规划、办学目标、人事安排、重大项目经费预算必须经校党委会讨论通过方可实施，确保党组织在决策和监督中有效发挥作用。

为进一步抓紧、抓实学校党建工作，校党委会讨论经全校党员大会通过：成立中山市实验中学党员教师"十大文明实践服务团"。各服务团在校党委的领导下，每位党员教师根据自己的爱好、特长、专业选择，至少加入一个服务团，每个服务团设置团长、副团长、秘书长各一名，党员教师若干。服务团利用节假日等课余时间开展服务活动，学校给予必要的经费支持和交通保障。党员教师参加服务活动可获得服务时长，每个党员教师每年的服务总时长不得低于40小时，服务时长与党员的评优挂钩。

一、破解教师、家长专业发展问题，全面提升全员育人工作水平

学校成立"教师发展实践服务团""家长实践服务团"两大团体。这两大团体的创办都致力于破解施教者的专业发展问题。

"教师发展实践服务团"创办的目的在于充分发挥党员教师的兴趣和特长，推动党员队伍建设与教师队伍建设同向、合力。服务团由学校党委书记、校长负责，服务内容（工作职责）主要包括：促进和帮助教师树立专业发展的意识，让教师意识到专业发展的重要性；帮助教师解决教学中的实际问题，提升教师的职业幸福指数；理顺教师专业成长机制，规划和搭建一系列专业成长平台；常态化开展教研专业活动，促进教师间的交流与探讨，形成互相促进的专业共同体。

　　"家长实践服务团"的创办是为了在家校之间实现最大限度的协同育人。服务团由学校党委副书记、副校长负责，服务内容具体包括：领导、组织家长学校的教育教学工作；定期召开家长学校校务委员会、家长委员会会议，研究总结家长学校工作，提出改进工作的意见和措施；多渠道充分听取家长委员会对学校工作的意见和建议，民主管理学校。

　　这两大载体充分发挥党组织的核心作用，党员教师带头，充分调动全体教师、家长对教育工作的积极性，有力提升了全员育人的实效。

二、抓住学生党建关键性问题，多途径提高中学思政工作实效

　　中学生的思想政治工作是中学学生党建的重要内容。那么，如何提高学生思想政治工作实效？

　　中山市实验中学成立了"学生发展实践服务团""学习宣传实践服务团""职业规划实践服务团""青年团校实践服务团"等四大党员教师文明实践服务团，分别由工作经验丰富的一线党员教师担任团长、副团长。主要活动内容包括：学生职业生涯教育、学生社团指导、举办青年团校和"青年学习马克思主义"工程、研习社、学习宣传等，活动内容丰富，贴近学生学习和生活实际，学生自主参与度高。由此衍生出"党的十九大精神青年宣讲团"并开展了"百名团支书宣讲十九大"主题团课活动，全校106个团支部（少先队中队）全员参加。

　　内容丰富、形式多样的学习活动，使得中学生思政工作方式从单一走向多元，从理论学习走向传播、实践。

三、充分发挥教育专业优势，发挥好辐射、帮扶等功能

　　学校党组织不仅是学校的一部分，还是党的肌体的一个细胞，党组织工作的开展不仅要有力作用于校内，还要围绕中心、服务大局，充分发挥自身的教育专业优势，发挥好辐射、帮扶等功能。

　　学校分别建立"健康指导实践服务团""社区志愿实践服务团""支教扶贫

实践服务团""教育援藏实践服务团"等四大党员教师文明实践服务团,安排有教育教学经验、有支教援藏经历的党员教师分别担任团长和副团长,带领学生和党员教师通过宣讲、社区志愿实践、赴贫困基地考察调研、与学校西藏学生对口帮扶等活动,将党建工作与学校德育工作结合起来。

服务团在开展活动中涌现出一批有担当、乐奉献的党员教师。"支教扶贫服务团"团员张旭充分发挥党员的先锋模范作用,借助学校团委品牌项目"萤火虫计划",组织师生分别在 2018 年暑假和 2019 年寒假到广东广宁县浪沙小学援建书屋。该项目受到来自社会各方面的高度肯定,被评为广东省最佳服务项目,在第六届中山市"博爱 100"公益创投大赛中荣获金奖。

四、构建"横向到边、纵向到底"的"全员育人、全程育人、全方位育人"工作体系

中山市实验中学以党员十大文明实践服务团建设为依托,密布在教师队伍中的党员教师身先垂范,其他教职工和学生在党员教师带动下,实现了人人参与、人人成长。

全校教师同心、同向构建出"横向到边、纵向到底"的"全员育人、全程育人、全方位育人"工作体系,实现了"育人过程无断点、学生培育无盲区"。学生通过"读起来"筑牢信仰之基,通过"讲起来"砥砺强国之志,通过"唱起来"抒发爱国之情,通过"行起来"汇聚报国之行。

由于形式新、内容实、操作性强,师生在"真学"中学懂、弄通、悟透理论,在弄通理论中"真信"理论,在"做实"理论中升华认识,而这些都体现在学校的党建工作成效中。2017 年,学校获得"全国五四红旗团委""全国中学生优秀国学社团"等荣誉。2018 年,学校被评为广东省首批"中学生志愿服务示范学校"、广东省"健康促进示范学校(2016—2018)"、广东省中学"青马工程"试点学校等。

奖杯闪耀,是对学校党建工作成效的肯定和激励,我们将继续与时俱进、务实创新,在促进中小学党建和教育教学的融合上不断创新、再创佳绩。

(本文发表于《人民教育》2020 年第 23 期)

徜徉诗词乐园，轻嗅经典芬芳

——实中传统文化课程实施小记

　　中华经典是古人留给我们的一杯醇香的酒，她用独特的芬芳滋养着一代又一代的中国人，塑造着国人的气质与品格。近年来，中山市实验中学以课堂教学为渠道弘扬中华优秀传统文化，着力培育社会主义核心价值观，以中华经典诵读为主要形式、系列活动为平台，不断拓宽优秀传统文化教育实施途径。师生徜徉诗词乐园，品读国学经典。学校此举深受社会各界赞同，学校被授予"中山市中华经典吟诵实验学校"等荣誉称号。

一、经典课程，涵养国学教育

　　课程是教育观念和教育思想的集中体现与反映，是实现教育培养目标的重要途径，是组织教育教学的主要依据，课程直接影响教师的教学方式和学生的学习方式，从而对教育质量产生深远的重大影响。为此，学校以语文科组老师为主导力量，开发以吟诵国学经典为主的校本课程，并开展了以"吟唱华夏经典"为主题的系列活动。初中部各班通过每周一课的国学课堂开展不同形式的诵读活动，配合晨读、午诵，以及每学期的国学展示课堂，将"学国学、诵经典、筑梦想"的理念根植在每一个人的心坎里。学校设有专门的国学馆。每天都会有不同的班级走进国学课堂进行吟诵。在国学吟诵课堂上，书声琅琅，不绝于耳，句句经典，就像潺潺溪流，传承着中华民族思想文化的精髓和先哲圣贤的谆谆教诲，也浸润着孩子们的心田。老师们主动科研攻关，开展形式多样的诗词教学与经典诵读活动，已培养出一批诗词经典教学骨干教师，并形成极具传统文化特色的校园文化。

二、儒行社，创新经典吟诵教育的载体

教育离不开生动丰富的载体。2015 年 12 月，受到北京大学儒行社的支持与鼓励，实中创办了自己的第一个国学社团——儒行社。作为北京大学儒行社的一个分支，既为其分担在中山弘扬儒家文化的工作，同时也创新了中学经典吟诵教育的载体，将儒家文化深奥博大的空间情境化、生活化，做到格物致知。

儒行社着力打造集修身、国学、读史、吟诵为一体的社团，在校内开辟一方弘扬儒家文化的新天地。我校初中部从成立初的第一个本地班启元班开始学习经典、接触吟诵，到今天，经典的学习已经由一个班推广及了几个班几个年级。现在整个初中部都在开展《论语》和吟诵入门学。儒行社在 2018 年更是获评全国百佳社团。

三、筑巢引凤，经典吟诵进校园

环境于教育的作用，往往能起到"润物细无声"的教育境界。学校在走廊、教室等学生学习、生活等处，精心布置，处处彰显了古典美，同时又凸显了我校大力开展国学教育的办学特色。

（一）多次承担市级"经典吟诵进校园"活动

学校优美的环境、配备齐全的师资，加之学校领导的重视与支持，多次赢得了承办中山市经典吟诵推广活动的机会，学校承办中山市 2020 年经典吟诵观摩活动；学校承办中山市 2020 年古诗文吟诵初级研修班。高规格的活动让经典吟诵活动进课堂、进班级、进校园、进家庭，既给了师生展示风采的舞台，更是在校园创造了生机盎然的经典诵读氛围。

（二）邀请专家传经送宝

学校邀请中国社会科学院哲学研究所博士后赵金刚博士，作为儒行社的课外辅导老师；学校邀请太月香学传习者为同学们举办香文化讲座；学校邀请中山市电视台主持人江秀娟举办苏东坡文化讲座。

四、方兴未艾，经典吟诵教育初见成效

一分耕耘，一分收获。几年的实践，经典诵读活动已初见成效。教师之间互相听课、评课、交流，互相学习、取长补短的氛围更加浓厚，教师素质得以提升。可以说，一支优秀的经典诵读、书写、讲解的师资队伍正逐步形成。

学生素养明显提高。这些古诗文牢牢刻在学生记忆深处，必将随着时间的流逝和学生人生阅历的增加而越来越醇香，对提高学生的人生质量和品位的影

响也越来越明显。

各项成果喜获佳绩。我校被中国语文报刊协会吟诵教学法专业委员会认定为"中华经典吟诵实验学校",承担了中山市《中学国学课程开发与研究》的课题研究。日前,又被中山市教体局授予中山市"中华经典吟诵"实验学校荣誉称号。

国学经典诵读犹如一道亮丽的风景线,为实中带来无限生机。但经典教育不是一朝一夕、立竿见影的事情,而是需要长期的文化浸润。"不争当下,功在长远",秉持这个信念,实中师生将一如既往,迎难而上。

创新教育科研，助力学校发展

新课程改革挑战传统教学，传统教学的种种弊端随着新课改的逐步推进而日渐显露。如何变革传统课堂教学，以期适应新课程改革的需要，并服务于"立德树人"的教学根本目的，成为一项命题，已然摆在了学校管理者的面前。2019年《教育部关于加强和改进新时代基础教育教研工作的意见》中明确指出：学校教育科研的主要任务是：服务学校教育教学，引领课程教学改革，提高教育教学质量；服务教师专业成长，指导教师改进教学方式，提高教书育人能力；服务学生全面发展，深入研究学生学习和成长规律，提高学生综合素质等。这一指导性的文件无疑给学校管理工作者指明了方向，那就是在平时的教育管理工作实践中，学校管理工作者要以开阔的视野、理性的思维、务实的精神，加强教育科研的研究教学，既服务于教师的专业发展，更助力学校的教育质量的提升。

一、更新教育理念，服务教学实践

传统教学的理念一直成为教学改革之路的羁绊，而要实现真正意义上的教学改革，更新教育理念势在必行。但在平时的教育教学实践中，不少学校管理者和教师往往将更新教育理念搁置在理论层面，没有真正落实到教育实践中；有的虽然落实到了教育实践，恰恰又忽视了教师作为教育的主体的客观存在这一现实，没有充分调动一线教师的研究创新意识，没有将新的教育理念真正落实到课堂，从而导致教育改革流于表面，无法落到实处。

（一）以"校本教研"为载体，联系学校教学实际

教育科研要真正服务于教师的专业发展，助推学校教育质量的提升，必须落到实处，从学校的实际出发。而在教育科研中，以"校本教研"为载体，不失为一个比较理想的途径。新课改以来，校本教研的形式虽呈多元化趋势发展，但现实中并没有现成的模式可以拿来套用，这一切都需要我们理智理顺，分析研究。在构建"校本教研规划"时，我们紧密联系学校教学实际，同时在具体制订"校本教研规划"时，做到了以下几点：既立足学校现实，又着眼长远，使之能在当前乃至以后相当长时期内持续发挥指导作用；既要符合我们学校的实际，注重从能力、条件等各方面进行科学的论证，不至于流于表面形式，或过于理想，缺乏实践基础的"想法"。不尚浮华，务求实效；同时使教研规划形成前后相承、环环相扣的活动链条。

（二）以一线教师为主体，撬动课堂教学改革

众所周知，真正的教学改革必然由课堂教学这一主阵地予以承载。只有课堂教学改革真正落到实处，取得成效，新课程理念才能有效实施，学生才能真正意义上得到德智体美劳的综合发展。而一线教师是学校课堂教学的主体，是课堂教学改革的真正践行者。但实际教育教学中，不少一线教师教育观念仍然比较陈旧，仍然坚持用一成不变的模式上课，仍然用"填鸭式""灌输式"的方法教学，他们无论是思想观念还是教学方法，都不能适应新课程的要求。而要有效解决这些问题，教育科研是一个切实可行的途径。因此，作为学校管理者，要引领全体教师不断反思教育教学中存在的问题，彻底转变教师的观念，让教育科研成为学校前进的不竭动力。要引导教师强化问题意识、科研意识，提高教师之间合作的能力，努力把教育科研的理念落实在日常的教育教学行为中。

二、规范科研制度，实现机制有效驱动

合理规范的教育科研管理制度和评价体系是学校教育科研工作得以顺利实施和发展的重要保障。要让一线教师从单纯的"教学型"教师转变为教学、科研"双肩挑"型教师，简单粗暴的三令五申的吆喝、行政式的强压都无法取得理想的效果。而要真正有效实现这一转变，学校管理者唯有从政策、制度等多角度切实拉动教师教科研能力的"内需"。

（一）突出"以人为本"的核心价值取向

教师是教科研的主体，是具有主体性与创造性的生命个体，在教育科研管理过程中，制度的规范应当充分突出"人"的主体性，激发教师教科研的主人翁意识。

学校积极营造自由开放的学术氛围，创造鼓励创新、容错的文化环境，倡导拼搏进取、求真务实、团结合作的科研精神，关心和尊重教师的价值和能力，努力促进教师和教科研管理者全面而自由地发展。

（二）实行激励机制，有效驱动

应试教育的现状不仅制约了学生的健康全面发展，同时也不可避免地使不少一线教师过早产生职业倦怠，教学沦为机械化的复制与简单的重复，难以实现专业上的突破，而要改变这一突出现象，提高教师进行教育科研的积极性，提升教师教育科研的成就感，实行有效可行的激励机制不失为比较理想的途径。

为此，学校设置教育科研奖励专项，每学期期末开展教育论文评比，评比设置两大项，第一项是以学校为单位的教师之间的论文横向评比，聘用市教研员为主要评委，论文评选的主要依据是：是否与平时的教学实践紧密联系，是否有效推动教育教学。第二项是学校以外论文发表的评比，评比的依据是论文发表刊物的级别及权威性。两大项平行设奖，纳入教师年终绩效考核。同时，学校开展不同层次的教师培养工程，包括培养合格型教师的"紫荆工程"，培养骨干教师的"名师工程"，培养专家型教师的"未来教育家"工程，使教师在不同发展阶段能够获得相应的专业引领与支持。

三、细化管理与评价，加强引领指导

长期以来，学校受应试教育的束缚，教育科研往往被边缘化，或者即便是勉强进行了教育科研，又不免流于形式，没有真正实现教育科研服务于教学的实效。再加之一线教师之间的能力水平也不可避免地存在一定的差异性，如有的老师教学技能较高，他们自身具备的素质使得其能较好地驾驭课堂，并且在教学经验积累的同时，会有意积累自己的教学经验，调整自己的教学过程，完善自己的教学方法，这一类教师实际上属于实践型教师，他们教学效果往往比较突出，也能在应试领域得到学生和家长的认同，但这一类教师却又往往会忽视教学现象背后的教学规律，无法将平时教学中所取得的成果上升至共性的层面，既不利于教师自身的发展，也不利于学校教育质量的普遍提高；而另一类教师善于从平时的教育实践中找寻教育规律，建构学生的认知困难，但这一类教师又往往在一定程度上弱化了教学技能的识得性训练，尽管有丰富的思想，但教学成效未必能达到最佳。如何帮助教师在两者之间实现平衡，这就要求学校管理者细化管理与评价，加强引领与指导。

（一）精确化管理，加强科研指导

大部分一线教师确实也充分认识到了在教学实践中加强教育科研、助推教育质量提升的重要意义，但由于缺乏先进的教育理论做支撑，教育科研往往会出现工作浮于表面、无法深入的现象，如果学校不能及时做出切实可行的引领，教师们就会出现迷茫、不知所措，或者出现顾此失彼的局面。为此，作为学校管理者理应提出具体的管理措施，精确化管理，引领教师们加强教育科研。每个学年的开学初期，我会联合学校教科研主观部门，组织学校骨干教师，围绕学校的中心工作，分析讨论学校在教学实践方面存在的问题，把一些有典型意义的、有探讨价值的问题进行归类、分析、综合，在此基础上提炼出学校的教研主题，然后将这些主题实行课题化原则。教学实践中有些问题其实老师们都已明确感知，并且也尝试着想办法解决，但多年来一直无法得到解决，已成为顽疾。鉴于此，学校针对每一个教研主题，将研究的问题课题化，通过采取科学的方法，沿着规范的步骤，以具体的行动研究去解决教学实践中的问题，并将已经确立的课题分析出若干子课题，落实到学科，这样一来，就形成了以学校支柱课题覆盖下的多个小课题并行的研究网络，真正地实现"问题从课堂中来，再到课堂中去"的行动研究，也符合"边研究，边实践，边总结"的研究思路。

（二）细化评价

长期以来，在教育科研管理方面，存在着"重两头，轻中间"的现象，"重开题、顾结题"，而中间过程则顺其自然，摇摆不定，显然，如此管理下的教育科研质量普遍堪忧。

教育科研的成果质量是靠扎实的研究过程支撑的。好的开题需要有序的过程研究加以落实，好的结题成果也要靠深入的过程研究来累积。因此，行之有效的教育科研管理必然是注重研究过程的，而开题、结题都只是研究过程的一个重要节点而已。除开题、结题外，研究过程中缺少了固定的、常规的管理项目，致使管理工作缺少抓手，研究人员不明确工作任务。

因而，过程管理就变得随心所欲，研究活动也就缺少约束指导。作为学校管理者，理应细化教育科研的过程管理，加强对教育科研的指导与督促，保证教育科研更好地服务于教育教学。除常规的年度考核制之外，增加研究活动月考核制，规定每个课题组在接受年度考核时，必须附上年度考核大事记，并将大事记以活动简讯的方式发表于学校公共网站。同时，利用学校网络平台，将过程性的资料及时上传网络平台并进行通报。

显然，教育科研通过对一线教学现象的分析研究，探索出教育现象后面的教育规律，从而有效指导课堂教学，不仅能有效提升教师自身专业发展，尤其能促进学校教育质量的稳步提升。作为学校的管理工作者，理应肩负起这一时代使命，创新引领。

参考文献：

[1]《教育部关于加强和改进新时代基础教育教研工作的意见》，2019 年教基 14 号。

[2] 孙晓光：《寻找学校教育科研管理工作的"支点". 教师新概念》，《教书育人》2018（9）。

[3] 管若婧：《研究型高中教科研管理者的角色转变与定位》，《新课程评论》2019（5）：90-96。

[4] 叶剑：《教育科研管理：从"秋千式"到"扁担型"的实践》，《教育科学论坛》2017（7）。

线上教学，助推学校教育质量提升

信息科技的普及，促成网络教学的热潮。到 21 世纪的今天，网络线上教学在各级各类大学几乎已经普及，但中学阶段受其教学任务及教学条件等多方面因素的综合影响，线上教学依然是凤毛麟角，教学主体仍然是传统的线下课堂教学。而 2020 年春因新型冠状病毒感染肺炎产生的疫情影响，全国各地中小学被迫延长假期、推迟开学，中学线上教学不得不提上日程。虽然是仓皇上阵，问题凸显，但对于学校管理者来说，理应敏锐地捕捉这一难得的契机，并以此撬动日常教学管理固化的坚冰，改善教育生态，创新教育模式，助推学校教育质量提升。

一、更新教育理念，落实育人目标

（一）由"教"向"学"的转变

传统的教学理念一直制约着教育的健康发展。长期以来，受应试教育影响，传统高考指挥棒下，教学错误地以"教师"为中心，以教师的"教"为中心，不仅教师找不到教育过程中的乐趣，学生也无法从受教育中获取应有的快乐，从而形成教师厌教、学生厌学的恶性循环，教育无法服务于学生作为"人"的健康发展，也无法为社会培养和输送符合时代发展和民族需要的人才。为此，党的十八大明确提出"立德树人"的新时代教育目标。理念引导行动，要实现这一育人目标，教育者必须更新教育理念，实现由"教"向"学"的转变。

（二）由"单维度"向"全面"的转变

呼应时代与社会的需要，学校提出了"心中有理想，肩上有责任，头脑有智慧，脸上有笑容，嘴里有歌声"的培养目标。这一培养目标既强调科技素养的培育，也凸显了人文精神的涵养，既强调了学生当下的发展，也着眼于学生的未来，很好地诠释了对学生全面发展的要求与培养。但在实际教育教学中，大部分教师和教育者仍然片面强调知识与能力的培养，忽视了德智体美劳的全面培育，只有突破"单维度"的固化，教育教学才能真正实现全面育人。

二、创新教学方式，夯实教育内容

（一）创新课程观，优化教学内容

不少教师将教材奉作权威，依教材而教，为教材而教，教学内容被教材所固化与束缚，教学内容无法跟上时代发展的步伐且不说，更不适应变化了的学习主体自身发展的需要。而只有通过创新课程观，教学内容才能得以优化，为教育的主客体双方有效服务。线上教学要求教师在正式授课前得精心准备线上教材，而线上教材的准备倒逼教师创新传统的课程观，有效整合学习资源，并参考和依据学生的认知基础和知识本身的逻辑基础，如此，教学内容方能得到优化。而经过优化后的教学内容必将能激发学生求知欲望，为接下来的教育教学的顺利开展打下坚实的基础。

（二）创新课堂教学方式，内化教学内容

传统的线下课堂教学，虽几经变革，但终究是换汤不换药，教师牢牢地控制着课堂的主动权，知识的权威性与教师的权威性学生无法撼动，学生沦为知识的被迫接受者，囫囵吞枣，难以下咽且不说，知识的体验性更是无从谈起，被扼杀掉求知欲望的学生，失去了对学习的兴趣，在知识海洋中畅游的乐趣旁落他乡。而线上教学则使得教师的权威因师生空间的分离而大打折扣，没有了权威的光环，何以能让自己的课堂吸引住学生？比较理想的途径便是创新课堂教学方式。不少教师采取"苏格拉底"式的教学方法，以问题的形式，牵引学生的思维，将教学内容按逻辑顺序层层展开，学生收获兴趣与快乐的同时，教学内容自然也是内化于心。还有的教师将小组合作学习搬到线上，课堂教学气氛如火如荼，学生们在合作探讨中碰撞出智慧的火花。

三、完善教学评价，助力学生健康发展

（一）完善教学评价，实现教学评价主体的多元化

无疑，教学评价作为教学过程中重要的一个环节，其对于保障教学过程的流畅完整及教学质量的提升有着重要的作用。但长期以来，教学评价一直由教

师主导，学生被迫退居于被动地位，如此，既无法调动学生的参与积极性，也无法通过教学评价，有效促进学生的全面健康发展。线上教学因空间的分散性无法有效实行传统的教学评价，线上教学评价使得教师不得不静下心来，倾听学生真实的想法，并且在学生的基础上进一步调整，一定程度上真正实现了以学生为主体，虽然学生是评价的主体，但是为了让学生通过教学评价全面准确地获取信息，教师和家长也应该主动参与到这一过程中来，从而实现教育评价主体的多元化。[1]

（二）完善教学评价，实现教学评价方式的多样化

受应试教育影响，传统的教学评价采取单一的纸笔测验的评价形式。不可否认，这一评价形式具有相对的客观性而让教育者们一直迷信其相对的公平性，但很明显，其弊端也非常明显。首先，这一评价方式因答案的单一与客观而使其不可避免地带有封闭性，不仅忽视了学生作为个体生命的差异性和丰富性，而且制约了学生的全面发展。再者，单一的结果性评价忽视了学生学习过程的体验，将知识与学生对立起来，显然，不利于学生的发展。而线上教学在为传统的纸笔测验增加了空间上的难度的同时，也因其信息的多元化和时空的宽泛化为其他新的评价方式提供了可能性和必要性。如线上教学使得教师不得不充分利用过程性评价以吸引学生的积极参与，线上教学同样也为教师采取问卷式评价提供了充分的可能等，教学评价方式的多样化既尊重了学生作为生命个体的丰富性与差异性，也遵循了客观的教育规律，有利于学生的全面发展。

四、加强家校合作，形成教育合力

家长对学生的发展有深远的影响，是学校教育之外的主要教育力量，在基础教育中家长起着至关重要的作用。只有家长与学校配合，积极参与到学生教育中来，与学生形成合力才能强化教育作用，反之，学校的教育作用就无法充分发挥。[2]而当前的家校合作中，普遍存在着目的单一、目标单项、家长被动、合作随意等问题，因而导致家校合作无法真正产生有效的合力。

（一）强化理念，借力线上教学强化家校合作

不少家长对于家庭与学校教育的重要影响认识不足，甚至错误地认为家庭只需要负责后勤保障，而学生的教育主要是学校的责任。认识与理念的误区必将影响家校合作的有效顺利展开。线上教学第一次让家长真切地感知到家庭、家长对于学生教育的重要性，并且在日常监管学生的过程中，繁重的工作也能让

家长切身体会到平时教师的艰辛，学校教育所承载的不容易，家校双方的理解为家校的顺利沟通奠定了坚实基础。但毋庸置疑的是，家长的素质客观上存在参差不齐的现象，如何真正发挥好家庭教育的作用，实现家校合作，学校应该借力线上教学，开展家长学校，有针对性地对家长进行指导，提高家长的教育能力，并借助线上资源，充分进行家校沟通。

（二）健全制度，优化家校合作资源

传统的家校合作普遍存在家长被动且家校合作随意等问题。而如何调动家长的积极性，充分整合家校合作资源，让家校合作制度化是一个不错的选择。借助线上教学，学校可以适当让渡部分教育权利给家长，并通过线上家长会制度和家委会制度，充分发挥家长在家校合作中的主体地位。线上教学使得学生从学校转移到家庭，看似简单的空间挪移，实际上则让家长的教育主导意识空前增强，加之学校方面通过家长会的合理引导，家校合作中家长不再处于被动地位，主动性得到加强。而家长委员会则是通过部分素质偏高的家长，既能有效充当家校之间的沟通桥梁，加强家校沟通的有效性，同时，家长委员会以制度的形式将家校合作以制度化的形式固定下来，家校资源得到有效整合，从而形成教育合力，助推教育的发展。

当然，线上教学在具体的实施过程中仍然会存在一些问题，作为学校管理者，只有敢于接受新事物，勤于研究，改革创新，才能让科技服务于教育，让科技助推教育发展的内涵与张力。

参考文献：

［1］杨雅丽：《新高考下高中英语教学评价如何走向真实》，《求知导刊》2019（031）：7-8。

［2］李静：《英国"儿童计划"中加强家校合作的新举措与启示》，《文教资料》2009, 000（003）：94-95。

漫谈课堂之美

2018年9月10日，习近平总书记在全国教育大会的讲话中强调：全面加强和改进学校美育，坚持以美育人、以文化人，提高学生审美和人文修养。教育的细胞是课堂，关注教育的细节就是关注课堂。就学生而言，他们的成长主要是在课堂里实现的，课堂是学生成长的舞台。同时，课堂也是我们老师实现生命价值的平台。一个老师最具魅力、最为光辉的时刻是绽放在三尺讲台的。课堂是连接现在与未来的时空隧道，而课堂的美，是学生感受最深的美。精心设计、构思课堂之美，是提高学生审美和人文修养的重要一环。如何让每一节课堂散发出独特的美，让美的课堂如珍珠，穿起师生的人生，笔者一直在思考这个问题。

一、课堂引领之美

美的课堂，首先有美的导入与引领。如一首歌的前奏，悠扬悦耳，扣人心弦。美的课堂引领能迅速吸引学生，将学生引入课堂。诚然，美自然是千姿百态的，有的课堂引领老师采用颇具音画效果的视频导入，有的课堂引领老师采用故事的形式引入，但也有的课堂老师精心设计问题，于无声处悄然奏响音乐，从思维的高度吸引学生，凝聚学生，形成独特的美。

高一语文科组薛华老师的《荷塘月色》一课的课堂导入，则呈现出不一样的美。薛华老师以解读漫画的形式进行导入，漫画的"香吻"和"巴掌"本来反映的是中国教育方面的问题，但广州的一位同学却把这种现象与2017年人们对中国足球和中国乒乓球的不同态度联系起来，以及对"APEC蓝"和长征火箭发射的不同态度关联起来，异中见同，发人之所未见，令人击节称赞。这一段落写作的成功归因于比较思维的灵活运用。在比较的过程中我们可以去洞见事物的本质，由此导入新课。

高一语文科组刘卫平老师的《沁园春·长沙》一课，对原文本进行挖空改动，让学生对改动后的文章猜一猜，填补回相关内容，还原文本的语序。引领学生揣摩诗词的言语形式，分析其表达技巧（灵动的语序、精巧的遣词和别致的活用），水到渠成地引出相关的文体知识（诗词的押韵特点、字数要求）。这不仅激发了学生投入课堂的兴趣，助推学生的思考力，如此课堂引领，美不胜收。

二、互动和谐之美

美的课堂，不是老师的一枝独秀，是师生与教材合奏的华丽交响曲。而奏响这一华丽交响曲的指挥棒，则是一节课的"教学立意"。"教学立意"是一节课的"灵魂"，其如一根精巧的丝线，穿起老师、学生、教材，穿起整节课。一节课，如何奏响这一华丽的交响曲，离不开教师对教学立意的匠心独运，更得益于教师深厚的教学功底与教学底蕴。

高一语文科组刘卫平老师的《沁园春·长沙》一课，巧设教学立意"对秋天的解读"，秋天是一个美丽多情的季节，自古文人墨客，从不吝赞美之词，刘老师紧扣教学立意，将群文阅读落到实处，引入同样描写秋天的文章《八声甘州》，将柳永这首词与本首词进行对比，采用对比阅读的方法，既丰富学生的阅读面，也深化本文的主题，挖掘本文非同寻常的亮点，探寻本文的教学价值。从传统的文化意识中走出来，发掘秋天的雄劲和气势，突出价值点。师生互动，教学相长。

高二语文科组刘宝剑老师的公开课《陈情表》，宝剑老师紧扣教学立意"情"，分析"情"，洞察"情"，揣摩"情"，学会表达"情"，整节课，师生围绕"情"，对话、沟通、合作，互动和谐之美，美得让人感叹。

三、生成智慧之美

布卢姆说过："没有预料不到的成果，教学也就不成为一种艺术了。""动态生成"是指课堂中生出新的超出预设的教学流程与成果。动态生成的课堂流光溢彩、姹紫嫣红，是课堂教学追求的最高境界。动态生成的教学既注重师生间、生生间的对话、沟通、合作，更需要老师深厚的专业素养与教学功底。高二语文科组刘宝剑老师的公开课《陈情表》，课前三备：

1. 备教材。一是了解作者情况及处境，明了作者情感；二是知晓课文文言知识点，明白重点难点。

2. 备学情。小部分学生之前曾经自学过《陈情表》，大部分学生不知道不了解。

3. 备课型。小组合作学习。项目教学、目标驱动，落实细化教学目标。

课中四步：

1. 引，从学生日常"请假条"引入，引发学生思考李密的"请假条"为何能得到皇帝的许可，甚至赞赏？

2. 议，给小组发放"学习任务卡"，根据难易度把"学习任务卡"分为"学习任务一""学习任务二"。其中用"学习任务一"热身，用"学习任务二"贯彻落实教学目标。小组在预习的基础上讨论"学习任务卡"上的内容，并写给出小组讨论的结果。

3. 述，请一个小组上台展示"学习任务卡"，其他小组做补充。

4. 评，老师适时点评。此外，在"议"这一过程中，老师要观察、提醒甚至参与小组的讨论，让小组讨论更集中、更高效。整节课下来，学生不仅有效实现了刘老师预设的目标，更是于无声处掌握了语言、沟通的技巧。

高一语文科组薛华老师的《荷塘月色》一课，匠心独具，为了帮助同学们突破阅读的障碍，特意为同学们提供两个支架：一是学会寻找比较点，二是散文阅读的知识支架，比如对"表达方式""表现手法""风格"等概念的理解，精心设计问题链，层层设问，学生在欣赏、阅读散文的同时，更是领略到散文的美，并激发学生创作散文美的动机与潜力。动态生成之美，美到极致。

从关注课堂入手，勾画课堂的美，让学生感受美，发现美，从而创造美。

从"云端"回归地面，教学该如何有效衔接

伴随着新冠疫情的相对缓和，教育终于得以回归正常，日常教学也得以从"云端"降落至地面。而看似平常简单的回归与降落，承载着丰富的教育信息，既关乎学生是否平安降落与回归，同时也关看着重新回归后教学的再一次"新"出发，而教师该如何从学科教学方面科学巧妙地加以衔接，以期能够有效保障学生的平安回归，同时以回归为起点与契机，推动教学与教育的新发展？笔者结合教学实际，试做浅论。

一、做好心理调适，平安回归

新冠疫情的肆虐及网上不实消息的报道与侵蚀，本来就已经让不少学生遭受一定程度的创伤。加之线上教学所要求的学生较强的自主学习能力，也给学习基础较弱且自学能力欠强的学生带来一定的冲击。从"云端"回归地面，对于舒适、自由的居家生活的留恋；对规范、严格且相对枯燥的学校生活的排斥；与周围同学之间差距引起的焦虑，等等。这一切，如果得不到有效的疏导和缓解，将在很大程度上影响学生的平安回归。虽然学校层面会重视并采取合理措施对此进行调适，但毋庸置疑的是，此种调整往往略显空泛，且理论性较强，难以达到理想的效果，而学科教师以班级为单位，以课程为载体进行疏导，明显具有更强的针对性与更大的优势。在复学之初，教师不妨依托学科丰富的课程知识，以古代历史上曾经发生的疫情为例，帮助学生理性掌握科学的疫情防控知识，做好相应的防护；感受古代疫情防控中优秀人物的优秀品质，引导学生接纳自己的负面情绪，保持积极乐观的态度。在此基础上，进一步合理安排时间，制定

复学后学习计划和目标，培养优良品质，树立远大志向，增强抗逆能力。做好心理调适，为学生平安回归奠定坚实的基础。

二、强化主动学习，惯性滑行

从早已习以为常的传统学校教育模式到紧急应对的居家学习进而网络学习，中小学生的自我管理能力面临着前所未有的多重挑战。居家学习和网络学习没有了老师的督促与指导，没有了有序交互的课堂教学，没有了同学间的及时互动，没有了学校的学习节奏，在有限的空间和人际关系间，学生需要学会时间的自我管理，需要学会面对充满诱惑、纷繁复杂自控能力，居家学习的效果，在很大程度上取决于学生应对这些挑战的自我管理能力。而近两个月的居家学习，学生在适应、摸索、探究的过程中，实际上在原有的基础上自我控制能力与主动学习的能力在一定程度上得到了很大的提高。复学之后，教师如果对此没有充分的认识，而只是简单地按部就班进行复学，实际上将错失重要的教育良机。正确的做法则是在复学之后，在常规的线下教学中，精心设计教学，强化学生的主体地位，强化主动学习的能力，惯性滑行，以新起点助推新发展。

三、落实分层教学，关注差异

线上教学借助先进的信息技术让教育打破了时空的藩篱，并且为优质资源的集中应用提供了可能，但不可否认的是，相比常规的线下教学，"云端"教学因学生个体自我控制能力、居家环境等多种因素影响，实际上加剧了学生在学习过程中的不均衡，从而导致学生之间的差异进一步拉大。从"云端"回归地面，看似相同起跑点的表象下却是参差不齐的脚步，而回归地面之后的常规教学日常采用的班级授课制也一度强化了此种表象，不公平的教育起点和不公平的教育过程必然加剧教育的不公平，因此，复学后课堂教学关注差异尤为重要，而关注差异比较行之有效的措施是在教学中落实分层教学。以历史学科教学为例，历史学科核心素养包括：唯物史观、时空观念、史料实证、历史解释、家国情怀，根据新版《课程标准》，每一个核心素养都依据学生个体差异与高考选拔要求分成四个水平层次，如时空观念素养水平1—4具体表述：水平1A.能够辨识历史叙述中不同的时间与空间表达方式；B.能够理解它们的意义；C.在叙述个别史事时能够运用恰当的时间和空间表达方式。水平2A.能够将某一史事定位在特定的时间和空间框架下；B.能够利用历史年表、历史地图等方式对相关史事加以描述；C.能够认识事物发生的来龙去脉，理解空间和环境因素对认识历史与现实的重要性。水平3能够把握相关史事的时间、空间联系，并用特定的时间和空间术语对较长时段的史事加以概括和说明。水平4A.在对历史和现实问题进行独立探究的过程中，能将其置于具体的时空框架下；B.能够选择恰当的时空尺度对其进行分析、综合、比较，在此基础上做出合理的论述。在平时的教学中，教师根据学生实际的认知水平，在备课时将学生分成隐形的四个小组，将课堂教学的内容按层级设置四个不同层次的梯度，在组织教学时要求不同水平的学生掌握相应层级水平的教学内容，分层教学，让差异真正得到关注，让教育真正发生。

四、科学多元评价，激励发展

完整的课堂教学离不开有效的教学评价。而传统以教师为主体的单一维度的教学评价显然不利于激励学生，因此，构建科学多元的教学评价，既是完善教学的需要，也是学生发展的需要。复学后的课堂教学评价，笔者除了采取常规的以教师为主导的教学评价外，采用小组合作的方式，学生与学生相互进行评价，此种教学评价既可以让学生进一步了解自身以外的同学，同时也能让学生掌握评价技巧，并通过对其他同学的了解和评价技巧的掌握，从横向与纵向的维度加深对教学内容的理解。同时采用学生自评的方式，学生自评方式不是简单地流于形式，学生的自评不仅止步于学生的认知层面，而且可以通过对自己的评价，让思考真正发生，让反思真正实现，使评价如一面镜子，关照着学生自己的学习，关照着学生的真实状况。科学多元的评价方式，激励着学生，让教育真正发生。

转变教育理念，创新教师角色

——中学线上教学的有效实施路径

随着信息科技的普及，各级学校及企业教育训练机构大量采用计算机及网络来进行教学，从 20 世纪 60 年代最早的计算机辅助教学，到 80 年代后期的多媒体教学光盘片、计算机中介沟通，再到 90 年代网际网络兴起，促成网络教学的热潮，到 21 世纪的今天，网络线上教学在各级各类大学几乎已经普及，但中学阶段受其教学任务及教学条件等多方面因素的综合影响，线上教学依然是凤毛麟角，传统的线下课堂教学依然是主体。而 2020 年春因新型冠状病毒感染产生的疫情影响，全国各地中小学被迫推迟开学、延长假期，使中学线上教学不得不提上日程，仓皇上阵。但综观下来，我们明显发现，在线上教学中，依然存在不少问题，引人深思。

一、中学线上教学存在的突出问题

（一）教学理念陈旧，"满堂灌"抹杀学生的学习积极性

不少教师对线上教学没做认真思考与探究，缺乏对学生耐心细致的了解。在实践过程中简单地将"传统的课堂"搬至线上，执着地采取"满堂灌"的形式。殊不知，线上教学的空间已然乾坤大挪移，学生虽然还是那些学生，但他们已经逃离了我们的视线，在我们的"粉笔头"扔不到的地方，我们无法像传统课堂那样用"眼神"去震慑他，也无法拿着点名册去一一点到。而忽视学情的"满堂灌"导致的后果也许是教师一个人在线上上演"独角戏"，无法吸引并凝聚学生的线上教学，实效大打折扣。

（二）讨论氛围偏重权威，线上合作无法真正形成

线上教学的优势毋庸置疑，可以整合各方资源，使学生在老师的协助、指导下，通过生生、师生之间的合作，开展对学习内容的思考、讨论、整合。这一学习过程既是对教师精选学习内容的有效学习，同时，也呼应了新时代公民素质的要求，能有效培养学生的合作意识。但不少教师在线上教学过程中仍然片面地凸显教师的主体地位，讨论问题结果和答案呈现封闭性，从而使得学习呈现线性的单维度方向，线上合作无法真正形成。

（三）学习主题设置不够规范，讨论"跑偏"现象严重

线上教学因学生无法统一集中到同一空间上，空间的分散性对学习主题的明确，科学性要求显然更高。只有明确的学习主题，才能第一时间吸引学生的注意力，激发学生的求知热情，但不少教师主题设置不够规范，忽视了学情和教情，逻辑不够严密，从而使线上教学过程中，师生讨论、生生讨论过程中，出现讨论"跑偏"的现象，无法达到预期的教学效果。

（四）整理信息不够全面，自主构建知识流于形式

与传统的课堂教学相比，线上教学其显著的优点就是，可以最大限度地提供给学生学习资源，在教师的有效引导下，师生、生生进行合作，探讨论证，进一步产生新的信息与资源，而学生的自主构建则很大程度上依赖于资源的有效整合。但不少教师忽视了在线上教学过程中对信息的全面搜集并科学整理，从而导致学生无法顺理成章自主构建知识，学习目标无法有效完成。

二、中学线上教学的实施路径

（一）转变教学理念，科学设置线上教材

线上教学与传统的线下课堂教学相比，不仅是教学空间的变化，其教学过程中对"人"的凸显尤为显著。只有转变教学理念，真正落实以"人"为主体，方能初显成效。而要真正落实以"人"为主体，则要做到以下几点：首先，科学设置线上教材。我们总以为线上教学的全部内涵就是师生视频互动对话，而将线上教材简单地理解为教材的电子版本，殊不知，简单的教材电子版本带有普遍性，忽视了对学情与教情的了解，所以，教师只有在认真研究学生的认知基础，仔细探讨教学内容的基础上，对即将展开的教学内容进行分类整理，有效整合，条理化，目标化，情境化，才能形成适切的线上教材。其次，线上教材应能最大限度激发学生的学习兴趣。只有激发学生的学习兴趣，调动学生的学习热情，

才能保障线上教学的有序顺利进行。再次，线上教材的设置应遵循学生的认知逻辑和教材的知识逻辑，没有逻辑的知识无法形成认知，而缺乏学生认知逻辑的知识，无法真正触动学生。

（二）静心倾听，设置民主的线上讨论氛围

众所周知，线上教学的起点是吸引学生上线并能有效管理学生。海量的信息充斥着线上教学的空间，线上教学过程中，学生所受到的外界诱惑远远超过线下的课堂教学。传统的线下课堂教学里，课堂一定程度上人为地阻隔掉了很多学习的干扰因素，将学生有效安置到一方清净的课堂，为课堂教学的顺利开展提供了极为有利的保障。但线上教学则失去了这一有效的屏障，蜂拥而至的海量信息时时刻刻地干扰着学生的有效学习，除线上教材的科学设置外，线上教学的民主讨论氛围是吸引住学生、保障教学顺利展开的重要因素。民主教学氛围的设置，需要教师转变角色，走下神坛，摒弃权威，放下身段，静心倾听。只有静下心来倾听，教师才能捕捉到学生的学习状态、学习障碍，而学生对教师的倾听，则能敏锐地感知到教者的引领，激发积极的探讨。学生之间的相互倾听，则能于思维的碰撞之中产生宝贵的思维之火。古人云："知止而后有定，定而后能静，静而后能安，安而后能虑，虑而后能得。"静心倾听，设置民主的线上讨论氛围，方能让学生摒弃外界诱惑，静心思考，推动教学的顺利开展。

（三）任务驱动，紧扣讨论主题

毫无疑问，线上教学的场所具有开放性，无法排除其社交功能。但不少学生因惯性使然，在线上教学过程中会在线上课堂中传播社交领域的相关信息，如果教师设置的讨论主题不鲜明，讨论往往会出现"跑偏"的现象。因此，教师在设置讨论主题时，不但要与进度内的学科内容相关，而且要范围适中并能引发相当的争议讨论。范围太大会失焦，范围太小又不易引发思考，有的议题已有明确的结论，也不会有太大的刺激反思的机会。因此，教师在决定议题时，要事先仔细考量，并在线上教学的过程中，协助学生抓住讨论的关键，引导学生有效地反思讨论的议题。同时，设置讨论主题时还应根据学生的认知水平，遵循学生的认知规律和客观的教育规律，采取任务驱动的模式，并将学生在线上按照一定的标准分成若干个学习小组，有序开展讨论与学习。明确的学习目标与任务，能充分吸引并调动学生参与学习的热情，而符合学生认知规律并遵循逻辑关系的主题，也能为学生顺利参与讨论学习提供保障。

（四）全面整理线上信息，让自主构建真正实现

有效学习的真正发生体现于学生对所学知识自主构建的真正实现，而不是简单地识记获了解现成的知识或能力，这一过程是学生在老师的协助下，通过与同伴的合作、探究，在已有的认知基础上，对所学知识自主构建。而知识的自主构建需要对学习过程中所交流、合作、探讨的信息进行全面搜集与整理，摒弃无效信息，并将有效信息以一定的逻辑标准分门别类加以整理，由于受到已有认知基础的限制，加之线上教学过程中学生交流探讨的信息量很大，如果教师不引领学生全面有效整理线上信息，学生对所学知识的自主构建将无法真正实施。

因此，在具体的线上教学实践中，教师应在学习讨论的过程中，以协助者的身份，帮助、引领学生对教学过程中产生的有效信息进行全面搜集与整理，让讨论与合作真正有效，让学生的自主构建真正实现。

科技的迅猛发展为线上教学提供了现实可能，而相较于传统的线下教学，线上对资源的大规模搜集与运用，时空的灵活性等优势，让线上教学在某种程度上也称为一种必然。而作为一线教师，我们无法回避，唯有正面迎接，理性思考，让线上教学在教育教学中发挥出更有效的作用。

民族团结和我校的教育援藏工作

——从我的一节党课说起

2019年，因援藏工作业绩突出，中山市实验中学被授予"全国民族团结进步模范集体"称号，我有幸代表学校参与领奖并现场观摩祖国七十华诞，祖国的盛世气象让我如此真切地感受到这一切源于中国共产党的伟大和正确领导，源于人民的不懈努力。而如何延续这份稳定与繁荣，作为一名中学校长，我觉得责无旁贷，理应在自己的工作岗位上贡献出自己的力量。

众所周知，中国共产党在新中国成立以后，短短几年时间内，迅速建成三大制度，构建起新中国的民主法制框架，同时也彰显出不同于西方代议制的民主特色。而这三大制度中，民族区域自治制度作为一项历史选择与现实智慧的结晶，其在实践过程中已无数次焕发出其本身的魅力，在祖国统一与各民族共同繁荣的道路上，一路高歌，大放异彩。作为一所承担教育援藏任务的学校，如何科学解读这一政策？如何理性实践这一政策？我决定借助党课这一平台，大胆尝试。2020年6月30日，我以"民族团结和我校的教育援藏工作"为主题，主讲了一节党课。在这节党课的流程上，我精心做了如下设计：

一、导入课程别出心裁

一节优秀的党课，必然要对听众有足够的吸引力，同时又要将科学的概念明晰化，精准化。我这节党课涉及的第一个核心概念便是"民族团结"，何为民族团结，这是一个重要的概念，但也是一个比较复杂的概念，如果用常规的讲法，我至少得先从"民族"这个概念入手，再上升至"民族团结"这一概念。但如此一来，滔滔不绝，既费时间，对于听众也缺乏足够的吸引力。因此我大胆创新，采用听众耳熟能详的概念进行组合，如民族团结就是黄河、雅鲁藏布江、长江，如此，用具化的事务解释抽象的概念，通俗易懂，同时有意采取排比句形式，在讲课时配备相应的语气，营造出震撼、大气的场景，彰显党课本色。

二、巧用历史，活用故事

（一）巧用历史

新中国的民族政策彰显了中国共产党的大智慧，而这一智慧，源自中华民族几千年文明的凝练，是历史的精华，也是历史的选择。只有在历史中遨游，用历史这面镜子进行关照，"民族团结"的丰富内涵才能充分挖掘，"民族团结"政策的合理性才能引起共鸣。为此，我精心设计了三个历史故事：《彝海结盟》、陆游与《示儿》、《昭君出塞》，这三则故事让镜头由近及远，缓缓拉开，从近代中国中国共产党的大胆创新及成功实践，到盛极一时的宋代的无奈，再到汉代女性在民族团结方面做出的不朽贡献，让听众在历史的长河中关照现实，也让在座的听众尤其是几十位西藏学生深切地感知：家和则兴，分则两败。全国 56 个民族，只有紧紧团结在中国共产党周围，紧紧依偎着祖国母亲的怀抱，才能开出繁荣之花、幸福之花。

（二）活用故事

对于中学生而言，历史往往太过遥远，而单纯的理论又略显枯燥，无法第一时间产生对话，引起共鸣，这也是目前党课所面临的一个现实问题。而将深奥的理论内化于故事之中，以故事的形式呈现出来，故事的细节与曲折不仅能调动听课者的兴趣，同时也能通过故事的情节、故事的人物，让主讲者与听众产生真实的对话，传达真实有效的信息，从而达到党课应有的效果。这节党课我采取的三个故事《彝海结盟》、陆游与《示儿》、《昭君出塞》，各有侧重点。《彝海结盟》距离现实最近，更接近学生的认知，因此我采取对比讲述法，将近代中国太平天国与中国共产党进行对比，前者因为忽视了少数民族的地位与作用，没有采取正确的民族政策，从而在历史上留下遗憾的一幕，而中国共产党凭借敏锐的洞察力与深深植根于血脉之中的人民情怀，采取了各民族一视同仁的民族政策，从而力挽狂澜，化险为夷。强烈的对比产生强烈的思考力：始终将人民放在心中，是党制定政策的有力依据。陆游的一首《示儿》，对于学生而言，耳熟能详，但这节党课上，我以这首诗为支点，将历史的镜头慢慢展开，向学生展示宋代的丰富的画面。宋代是历代王朝中经济最为繁荣的朝代之一，但因为宋代在建立都城时将重点考量放在了经济角度，忽视了国防因素的考虑，众所周知，繁荣的开封市虽然提供了足够的经济支撑，但因其缺乏有效安全的地理形势保障，故而，终其一朝，国防形势一直比较严峻。陆游的《示儿》一方面诠释了宋代的这一困境，另一方面，更为触动我们心灵的是陆游身上所体现出的"士大夫"精神，那种以天下为己任的"为公"精神。这个故事在引发学生思考究竟该如何采取更合适的民族政策才能保障国家繁荣稳定的同时，更是于无声中点燃学生心中的理想与信念，催生学生的"为公"精神。《昭君出塞》作为一个历史故事学生都非常熟悉，但如何挖掘昭君出塞这一行为的深远影响，则是我这节党课所力图达到的目的之一。因为学生对故事太过熟悉，为了寻找新的启发点，我从王安石的《明妃传》讲起，通过诗歌的描述，学生了解到了明妃艳丽的外貌，不屈服权贵的顽强，为顾全大局而从容独赴边疆的可贵品质，昭君出塞牺牲的是个人幸福，却换来了民族的团结，祖国的稳定与繁荣。

借助历史，为今天的政策寻找理论支撑，活用故事，用故事的细节与真挚打动听众，开启对话，激活思考！用历史观照现实，用历史点亮未来

三、回归实践，理论升华

与其他课程相比，党课的一个最突出的特征便是回归实践，用理论指导实践，从实践中升华理论。中山市实验中学作为中山市唯一一所开设内地西藏班的中学，自 2018 年以来，学校以党的民族政策为引领，立足本校实际，始终将促进祖国的稳定西藏的繁荣放在首位，始终将藏区人民的利益放在核心的位置，关心每一个西藏孩子，用心做好每一件有利于藏族同胞的事情，扶贫首在扶智，在扶志，学校以此为基点，将"立德树人"切实落实到每一节课，每一个西藏学生身上。这节课我主要用本学校的具体做法，生动的事例，鲜活的代表，诠释民族帮扶与民族关爱：如何才能找到培养优质藏族学生的理性之道？10 多年的西藏内地班办学实践中，我校逐渐理顺工作思路，提出"政治上高看一眼，情感上厚爱三分，制度上一视同仁"的工作理念，成效显著，得到一致好评。

笔者认为，一堂优质的党课，必然要能触动听众，引发听众的思考，必然要能从实践中来，又能回到实践中去，为我党事业添砖加瓦。

（本节党课获中共中山教育工委"不忘初心、牢记使命"主题党课评选活动一等奖）

如何上好"校庆"这堂公开课

校庆，即学校成立周年纪念，是校园里特有的一项文化活动，主要表现为学校为庆祝周年纪念而举办的各种纪念性、仪式性和教育性活动，蕴含着举办者独有的文化追求。这一文化活动，于学校而言，有利于传承学校历史，提升自豪感；凝练学校文化，提升价值感；延续历史，提升使命感。同时于校友而言，校庆更是寻觅一段青春，感怀一段美好。因此，校庆是一道绕不开的风景，一堂极富挑战的"公开课"。既是校友的要求，更是学校发展的需要。校庆庆典作为一堂公开课，其实也包含着三维目标：基础知识：通过校庆，让校友了解一所学校的校史、校情；基本能力：通过校庆，让校友通过了解校史、校情，了解学校、支持学校；情感态度与价值观：通过校庆，在校友中间，尤其是在在校师生之间掀起热爱学校的情感高潮。

究竟如何上好校庆这堂"公开课"？结合本次学校105周年校庆庆典，笔者认为应该厘清以下几点：

一、校庆"庆什么"：让历史告诉未来

（一）通过筹建校史馆，重温历史，感受历史的荣耀，增加在校师生与校友的自豪感与自信心；

（二）升华历史，在传承学校历史的过程中，升华、凝练学校独具特色的文化，彰显价值；

（三）延续历史，增加在校师生续写历史的使命感和责任感。

二、校庆"由谁来庆"：

（一）校长：（主导作用）

笔者认为，在"校庆"这堂公开课中，毋庸置疑，校长是主导地位，核心人物，主要要做好以下几项工作：

定基调（如本次学校 105 周年庆典中，主要做到：不铺张浪费；不私用财政资金；不请领导；不设主席台；不在校友中摊派收费）；

出创意（本次学校 105 周年庆典中，亮点频出，尤其是历任校长传递火炬，象征薪火传承；校友方阵队的设置，让校友们真正找到了存在感与归属感）；

整合资源（如校友资源、社会资源、家长资源）；总协调。

（二）校友：（主体作用）

校庆更大程度上是校友们的一次分别后的再聚首，是对美好青春的无限怀念，是对过往温情岁月的一次重新触碰。在这堂"公开课"中，校友们是主角，是主体。

（三）在校教师、学生：（服务作用）

在校教师、学生们既是明天的校友，也是今天学校的主人，举校欢腾的热闹日子里，需要主人们热情的招待。

（四）领导、嘉宾：（协助作用）

校庆如同一首交响曲，主旋律以外，我们也需要动听的和声，那就是领导嘉宾们从百忙之中抽出时间，热心参与。

三、校庆"怎么庆"

笔者认为，校庆要有三感：

（一）活动要有仪式感

校庆作为一种特殊的组织文化活动，其特殊性在于它的"仪式性"，高雅清新的校庆是增强学校组织成员凝聚力的重要载体，是促进学校与社会外界之间信息交流的平台，是展现办学成就、彰显价值导向的最佳媒介。正如有专家所言，"缺少对人文精神的追寻和总结的校庆是缺少深度的"。本次学校 105 周年校庆，通过火炬传承、文艺晚会等，体现思想内涵。

（二）活动突出存在感

校友是校庆庆典的主人，是主体，如何让校友找到存在感，真实、切实地重温美好岁月，是校庆这堂"公开课"的难点与重点。在本次校庆庆典中，学校通过多项庆祝活动，凸显了三个"主"：校友在校园里是主宾客；校友在典礼中是主角；校友在经费筹措上是主力。

（三）活动呈现喜乐感

"庆典即欢乐的仪式"，很明显，校庆是一种欢乐的仪式。一堂成功的校庆"公开课"，一定是祥和喜乐的呈现。本次学校105周年校庆，有中山石歧传统的舞狮和腰鼓表演，场景喜人，而真正的喜乐感，绝不止简单的场景喜人，更在于丰富多彩的嘉年华活动。校庆成为一场盛会，一次节日，在隆重的节日喜庆气氛中，这堂"公开课"被推向高潮。

作为一堂完整的"公开课"，校庆庆典结束后，要及时做好总结。笔者将其总结为算好"三笔账"：

算一笔政治账：是否提升了学校形象，是否凝练了学校文化；算一笔感情账：增强了师生凝聚力，是否凝聚了历届校友；算一笔教育账：于在校的师生而言，校庆是一次珍贵的爱校教育机会，在校庆庆典中，白发苍苍的校友们对母校的热爱，在校学生尽览眼底，代际教育，"随风潜入夜，润物细无声"。

目前诸多校庆中，不少存在"异化"现象：如将"校庆日"变成"募捐日"；将"校庆日"异化成学校领导的"表功会"；将"校庆日"异化成对地方领导的歌功颂德的聚会日等。无疑，这都不是合格与理想的公开课。作为学校管理者，应该努力提升"校庆"的文化元素，服务于学校的发展与建设。

桂香槐黄，东浙潮来

——考试文化建设

"下笔千言正桂子香时槐花黄后，出门笑看西湖月满东浙潮来。"古时贡院门口这一副著名的对联，折射出"考试"作为人们人生中的一种常态及其所显示出的重要性。从小到大，考试总是如影相随，伴我们左右，可以说，基本上我们人生身份的每一次转变都一定程度借助考试来衡量。而中学阶段作为基础教育中最重要的一环，中考、高考这两大被社会给予高度关注与重视的考试，不仅关乎考生的成长，同时也辐射到千家万户，关系到国家与民族的复兴。如何创建科学、健康的教育考试文化，确保考试的公平公正，以期服务于考生，服务于学校、家庭、社会的发展，为党和国家培养和选拔出优秀人才？蒋晓敏省名校长工作室一直在努力与探索。

一、完善考试物质文化建设，敲出教育考试文化的重音

良好的考试物态文化建设，是考试顺利并高质量完成的基本保障。高考和中考前，笔者召开并亲自会议，细致分工，具体安排，比如建设与考试相关的先进设施与设备，如考场的标准化；"考试网上巡查系统"，对考试过程进行实时监控和即时录像；"考场内外信息阻断子系统"，有效阻止考生与考场外之间的通信联系。

二、精雕考试观念文化，奏响教育考试文化的强音

第一，突破考试的功利性，让考生认识到考试是一场良性的竞争

考试因其固有的选拔性功能，而错误地被功利性所遮蔽，充满功利性的追求是考生考试紧张，从而导致发挥失常的重要因素之一。不少考生因家庭、社会等因素的综合影响，过分看重考试功利性的一面，感受不到考试带来的快乐，

过分紧张与担忧，并且导致这种不良情绪在同伴中传染。为此，在每年高考和中考前夕，我都会精心组织召开考前动员大会，大会上精心准备发言，激情澎湃的考前动员大会，精心的发言，让每一位考生真切地感知到考试给人带来的热情与鼓舞，而不仅是功利性的束缚。

第二，化解考前焦虑，让考生感知到考试是一曲大合唱

比较大型的考试尤其是高考，因为背负着考生、家庭、社会太多的期望，从而被过度神秘化，经过了长时期准备的考生，在考试面前往往会焦虑、不安，而这一时期最有效的做法便是伸出温暖的双臂，让学生感知到他不是在孤军奋战，一分温暖，焕发出的将是无限的激情与动力。每年高考前夕，我都会不顾身体劳累，将预示着吉祥与顺利的王老吉和红苹果，挨个送到每一位考生手里，1000多位考生，整整一个上午的时间，虽然辛苦，但从校长手中传递出去的，是温度，是激情，奏响的是临考前的大合唱。

第三，加强沟通与理解，感受到考试背后的温度

考试是一项艰辛且复杂，且具有系统性的工程，其始终是一个双维度的过程，既有考生的考，也有监考老师的监考，而监考老师的情绪与态度，在整个考试过程中显然不容小觑。如果监考老师有不恰当的情绪与态度，将直接影响到考生的情绪，从而影响考试的正常发挥。因此，考前监考老师的会议不能走过场，讲形式，得认真准备：如今年的高考考前培训会议上，蒋晓敏校长别出心裁，精心编写了一段顺口溜："高考事关重大，影响千万人家，全凭高考两天，中大还是清华，题目看得眼花，脑袋似乎变傻，十年寒窗苦读，仅看解题作答。考生要求无他，只求秉公执法，态度和蔼友善，成绩再差不怕。监考可怜巴巴，静得像个哑巴。手机不能随身，随时按时检查，为了人才选拔，牢骚还是少发。维护公平正义，祖国兴旺发达。"风趣幽默的顺口溜，使监考员觉得监考工作是一份责任与信任，而不是一种束缚和担心。监考老师的认真与细致，考生自然会感到老师的监考是一次帮助与服务，而不是监视与干扰。监考老师与考生在和谐温暖的考场中，耕耘快乐，收获成长。

三、丰富考试行为文化，唱响教育考试文化的高音

考试不仅是对考生过去的检测与总结，更大意义在指向未来，提高考生的综合素质，促进考生的发展。我坚持认为，每一次考试，尤其是高考、中考等大型考试，是培养学生良好行为习惯的契机。每次考试前，学校会精心做好以

下几件事：

第一，诚信考试，做最真的自己

每年高考，实验中学最亮丽的风景莫过于那如凤凰花般鲜红艳丽的一簇红，那是老师们在送考，蒋晓敏校长和老师们一起，穿上精心购买的红衣服，在考生走向考场的过道上，和学生拥抱，给学生送上最诚挚的祝福，而每拥抱一位学生，校长都会反复叮咛，诚信考试，做最真的自己。

第二，努力拼搏，做最强的自己

考试考察的不仅是知识，更是对心理素质、身体素质的一项综合考量，考试的过程，既是考生之间的拼搏较量，同时也是考生挑战自己，与自己倾情对话并较量的一个过程，不轻易言败，努力拼搏，大到教学楼，小至每一间课室，学校采取对联、横幅等形式，向学生宣传、浸润这种精神。

第三，帮助他人，做最美的自己

高考不是高中生活的终点站。不少考生错误地以为高考是高中生活的句号。往年很多考生高考一结束就迫不及待地收拾行李回家，蒋晓敏校长敏锐地洞察到教育契机，他认为高考不能简单地作为考生高中求学阶段的终点，而应该让考生以此为基点，对自己高中求学阶段理性总结，完美升华。每年高考结束，学校会有条不紊地安排考生回到自己的宿舍与课室，打扫干净自己的宿舍与课室，同时精选自己的留言，写在黑板上，留给下一届的学弟学妹，有的是自己的学习经验，有的是对学弟学妹的祝福。高考没有匆匆地画上句号，高考后也没有感情的肆意宣泄，只有理性的总结，温暖的回味，在下一站路口，开出最美的花。

无疑，考试作为中学教育基础且重要的一环，对学生的成长、学校的教育作用不容小觑，充分挖掘考试的内涵，精心建构考试文化，让考试促力学生成长，促进学校发展，我们在努力。

附：学校考试文化建设报道：

倒计时 3 天! 实中送出"上上签"，鼓励考生轻松自信应考!
中山市实验中学 2020 年 7 月 4 日

十年磨一剑，一朝试锋芒。2020 届学子就要怀揣自己的梦想走向考场，拿起青春的笔，饱蘸自信，即将为自己描绘出美好的未来画卷。

在这决战前的时刻，校长蒋晓敏代表学校送来了三份特殊大礼，每人一瓶红牛饮料，一个大红苹果，每个班一支"上上签"，鼓励考生们"疫情之下不忘初心，不失方寸，自信应考！"。

"送你一支'上上签'。"

"愿你旗开得胜，金榜题名。"

蒋晓敏校长今年还特地准备了几十张励志小纸条，装在幸运瓶里，每到一个班，都由班长来抽出专属于本班的"上上签"。

"生于非典，考于新冠，这场有些'特殊'的高考，就是你们18岁的成人礼，你们这一届注定不平凡！祝福你们，牛气冲天！"

"绝处逢生真猛士，临门一脚定乾坤。娃娃们，加油！"

"看似容易的题一定要谨慎，万不可想当然。你难别人也难，不求每题都做，但求做一题对一题，千万记住要把你会的题一分不丢。哈哈，等着喝你们的庆功酒啊！"

读着校长送上的轻松幽默但又振奋人心的祝福语，让大家疫情下长久备考带来的压力一扫而光，同学们的心情一下子被调动了起来，雀跃不已。

"一只又大又红的苹果。"

"祝福你高考平安顺利！"

这已经是蒋晓敏第五个年头给学生祝考了。他表示，高考备考到了这个时候，同学们知识学习得差不多了，但容易紧张，出现急躁情绪，所以，他代表学校给高考学生送来大礼，一是送来开心，让大家放松开开心心；二是送来爱心，学校会一直支持和鼓励他们；三是送来信心，祝学子高考大捷！

"一罐能量加倍的红牛。"

"加油啊，你们这些牛人！"

"同学们，请相信你自己，相信你们的老师！"

"相信天生我材必有用。"

"相信你的能量超乎你的想象！"

"祝2020届实中学子都能超常发挥、金榜题名、梦想高飞！！加油！"

自信方可走远，奋斗才会成功

——开学第一讲

众所周知，教学是学校的核心领域，教学领导是校长开展教育领导的核心维度。前苏联著名教育家苏霍姆林斯基曾经说过："校长是教师的教师，一个校长如果不走近教师，不关注教学，其对学校的教育领导必将失去应有的意义。"笔者认为，高中阶段是基础教育向高等教育发展的衔接关键时期，是学生这个亚公民群体的人格塑型、人文精神培育和发展核心素养的重要节点。因此，校长不仅应走近教师，同时也应该走近学生，走进课堂。为此，2019 年 8 月 22 日晚，笔者给 2019 级高一新生呈现了一堂用心的开学第一讲："自信方可走远，奋斗才会成功。"

一、巧设情境，破解初高中衔接难解命题

高一新生带着无限的期盼与热忱，憧憬与向往即将到来的高中新生活，但横亘在美好与希望面前的第一道关卡便是：初高中的有效衔接问题。如何处理好这一问题？笔者别出心裁，巧设情境，用同学们耳熟能详且极富兴趣的足球比赛做比喻，笔者认为，中学就像一场足球赛，初中是上半场，高中是下半场。同时提出自己的四个观点：1. 精彩更在下半场。不能只为上半场流泪，更要为下半场流汗；不要只沉浸在上半场的掌声中，更要奔跑在下半场的哨声中；不要一味惧怕退让对手，更要研究围攻对手。2. 团队合作很重要。3. 要有规则意识。4. "原冠军队"并没什么了不起。以足球赛作为情境，极大地激发了学生的兴趣与认同感，学生们听得非常认真，也非常认同校长的观点。初高中衔接的难解命题，也初现曙光。

二、精解逻辑，为新生描绘美好蓝图

国学大师王国维说过："诗人对宇宙人生，须入乎其内，又须出乎其外。……入乎其内，故有生气，出乎其外。故有高致。"作诗如此，教育亦然，如果说巧设情境，破解初高中衔接难解命题，以达到"入乎其内"，那么，紧接着，笔者通过精解"自信"与"奋斗"的逻辑关系，让学生看到美好未来，以达"出乎其外"。同时向学生强调，自信胜过黄金，自信方能走远。中山市实验中学是一所百年名校，校园风景如画，深厚的文化底蕴，不仅有利于学生的身心成长，同时也是学生们成才的理想摇篮。学校师资力量雄厚，办学经验丰富，学风优良，能够凭借自己的实力跨入实验中学，是同学们实力的彰显，这既是同学们自信的坚实基础，也将是同学们展翅高飞的肥沃土壤。同时，笔者尝试从哲学的角度解读自信与奋斗的逻辑关系，自信是前提、基础、力量，但真正实现梦想，走向成功，最终得借助于努力奋斗。

三、脚踏实地，做美丽实中人

中山市实验中学的育人目标是：培养"心中有理想、肩上有责任、头脑有智慧、脸上有笑容、嘴里有歌声"的新时代公民。做美丽实中人，做美丽中国人。为此，笔者建议同学们在开学初不妨做好四个一：走一遍校园；学一遍规章；写一篇反思（自己的优势、劣势）；树一个目标。

开学第一课，笔者尝试以缜密的设计、精巧的构思、智慧的流程、幽默的语言，向高一新生们诠释美丽实中，给新生们描绘高中三年的美好蓝图，从而扬起自信的风帆，开启奋斗的篇章！

高考延期后高考备考工作的新策略

　　毋庸置疑，高考延期是众望所归，也是特殊时期的科学之举，不仅为疫情防控赢得一个月的"窗口期"，更回应了社会各界，尤其是考生和家长的关切，确保了考生的生命健康和安全。然而，但随着高考延期"尘埃落定"，如何让考生保持良好状态，充分利用好延长的一个月，更好地进行最后冲刺等一系列问题的良好解决，既是对学校管理者领导力的一次考验，同时也是教育者智慧的集中体现。

　　一、理性规划，化解焦虑

　　突如其来的疫情对于今年的高考学子来说，无疑是一次特殊的人生经历。课堂从教室搬至云端，体验着前所未有的云备考，还得面临上网课后无法及时与老师、同学进行面对面交流，在家复习效率不高等负面影响。备考环境的改变，面对"新高考"的困惑，本就让一些考生深感"压力山大"，而高考延期的尘埃落定，于考生而言，将不得不面临一些新问题：比如如何调整之前制订的学习计划？如何充分利用好新增加的一个月？新问题的出现势必会引起焦虑的情绪。为此，学校采取措施，召开学生大会，对高考备考计划进行调整，并将调整后的高考备考计划通过各科教师传达给学生。学校备考计划的及时且宏观的调整，及时地稳定了学生，一定程度上缓和了考生因计划被打乱而焦躁的情绪，使考生以良好心态应对变化了的高考。

　　二、凝练课堂，夯实基础

　　依托于信息技术的"线上教学"又被形象地称为"云"教学，但"云"字只能是从外观与表层对线上教学简单描摹，真正意义层面的"线上教学"技术只是手段，"人"的情感与温度技术始终无法取代，因此，"线上教学"效率的提高依然离不开优秀的教师。为此，学校教科室分别采取聘请专家指导、教师自我探索等多元途径，提高教师线上教学的教育及管理能力。学校教科室先后开展两期优秀示范课例评比活动，通过课例评比活动，不仅充分调动了教师参与线上教学探索的积极性，同时，也通过优秀课例以示范的形式，比较大面积地提高教师线上教学的水平与能力。线上教学从空间上分离了教师与学生，因而，教学过程管理的重要性尤其凸显，如何加强对学生的管理？比较有效的途径就是保证教学内容的高质量，要求教师在教学内容的设计上，从"精"字上下功夫，既要能充分吸引学生，又要促进学生有效思考，让学生乐学、勤思，真正实现教育的目的。

三、理论引领，提升实效

教育部考试中心研究构建的具有中国特色的高考评价体系的构建，对高考内容改革具有全局性的指导意义。线上教学期间，学校组织教师以年级为单位研究新高考评价体系，并分科学习国家考试中心发表的各科指导性文件，学校教科室采取主题论文比赛的形式助推教师开展深入细致的研究，同时组织教师开展原创命题比赛，将对高考方向的研究落到实处，并将高考研究与实际教学结合起来，把准方向，避开弯路，利用好每一分每一秒，提升备考实效。

四、家校合作，助力保障

疫情将家庭变成了学生的主要生活、学习场地。这一转变，客观上也使得家长在学生日常学习生活中的角色悄然发生了变化，家长不仅是以前单纯的大后方的支援和保障者，当教师不得不从"地面"升至"云端"，地面的家长实际上已身兼数职，以往教师的诸多职能也落到了家长身上。而客观上，不少家长因多方面因素的综合影响，一时手足无措，无法适应这一角色与身份的转变，从而很大程度上影响学生的备考。因此，着力帮助家长适应这一改变，家校亲密合作，是高考备考的重要保障。为此，学校通过家长学校，聘请专家或富有教育经验的教师，对家长进行具体指导，比如，如何营造温馨和谐的家庭氛围，缓解考生的焦虑情绪；如何实行高质量的陪伴，让监督化于无形；亲子共同阅读，营造积极向上的家庭氛围，等等。同时，学校定期召开线上家长会，密切和家长的沟通，及时了解学生居家学习和备考情况，以及学生备考情绪，发现问题，及时解决。

　　高考延期，给高考备考既带来了机遇，也面临着挑战，作为学校管理者，理应抓住机遇，科学应对。

（本文发表于《中小学教育》2020年第12期）

复课后的第一课，该和学生谈些什么

亲爱的同学们，2020年，曾一度让我们期盼与憧憬，我们原想着短暂的寒假过后，我们会很快相聚在美丽的校园，开启2020浪漫温馨的篇章。但冠状病毒再一次改头换面，残忍地肆虐了中华大地，无情地拉长了冬的寒冷。而我们，则被无奈地定格在家里，以家为中心，以小区为半径，一天一天画着单调焦躁的同心圆。曾经朝夕相处的同学、亲爱的老师、美丽的校园，一度让我们魂牵梦绕。今天，感恩我们的党和政府的英明决策与领导，感恩无数个医护人员无私的大爱和无畏的美丽逆行，我们终于得以顺利地返回校园，开启我们正常的学习生活。我们在欣喜与激动的同时，应该做到以下几点：

一、理性防疫，做校园的守护者

病毒的狡猾隐匿与疫情的凶猛及高速度传播，让我们每一个凡夫俗子都深感理性防御的必要性。我们校园的美丽，不仅源自湖光山色，楼台亭影子，更来自于师生健康的和谐共生。同学们，理性、适度合理的防疫，既是对师生生命和健康的守护，也是对我们美丽校园的守护，既是对自己生命的呵护，也是对别人生命的珍视域尊重。人是社会性的，我们都不是单个的孤立存在，所谓牵一发而动全身，是对人社会性的最精彩诠释，做好每一个精彩的自己，理性防疫，做校园的守护者。

二、强身健体，做生命的捍卫者

据科学家称，我们普通的感冒有一半源自鼻冠病毒，而另一部分，经过科学家艰辛的探索，发现就来自一种有包膜的 RNA 病毒，也就是这次疫情的罪魁祸首。冠状病毒平时似乎微不足道，其一度麻痹了广大的科研工作者，让我们对其掉以轻心，而它第一次露出狰狞面貌是在 2002 年 11 月末在广东出现随后肆意扩展的非典，而这一次，它再一次改头换面，潜入人群，疯狂攻击，毁掉了我们中国人最重要的节日姑且不论，还无情地夺走了一个个鲜活的生命，让人民的生命财产和健康受到了严重的威胁。在这种病毒面前，抗生素几乎无能为力，专家认为最有效的是我们自身的免疫力。所以，同学们，学习之余，我们一定要注意锻炼身体，唯有强身健体，我们才能做自己生命的捍卫者。

三、潜心求知，做生活的导航者

早在公元前 5 世纪，普罗泰戈拉就发出强有力的呼声："人是万物的尺度！"再至伏尔泰、孟德斯鸠，将人的主体地位推崇至至高无上，致使我们一度认为，作为人类，我们可以驾驭一切，包括大自然。但这一次疫情，让我们深刻感知到了人生命的脆弱与无助。唯有潜心求知，从科学技术中寻找助力的因子，将先进的科学技术作为我们的工具，作为我们伸长的手臂，我们方能更好地掌控我们自己的生活。

四、涵养德行，做心灵的呵护者

如果要问在这一次抗击疫情之战当中，最感动人的是什么，无疑是那一群白衣天使。基辛格在《论中国》中有一句名言："中国人总是被他们之中最勇敢的人保护得很好。"而这一次，最勇敢的人，是这群白衣天使们。为了 14 亿国人安危，3.2 万白衣逆行而上，在看不见敌人的战场上，用血肉筑起生命防线。他们放弃的是和家人的团聚，是温馨的节假日，甚至是自己的生命。老子说："上德不德，是以有德，下德不失德，是以无德。"真正的德，是超越功利性，不被各种外在的名利所束缚的美德，而这群白衣天使给我们诠释的就是这样一种美德。同学们，做真正有德行的人，才能呵护自己的心灵，身体与灵魂才能比翼双飞。

（二）德育行走

创新德育常规管理，提升中学德育实效

　　中山市实验中学以习近平新时代中国特色社会主义思想为指引，坚持贯彻落实国家教育方针，围绕"立德树人"教育根本任务，全面推行"致远德育"，秉承"为每一个孩子的健康成长导航，为每一个孩子的幸福未来奠基"的教育理念，采取"校本化德育、体验式德育、全员化德育"的德育方法和途径，实现"志存高远，心怀天下"的德育目标，培养心中有理想、肩上有责任、头脑有智慧、脸上有笑容、嘴里有歌声的文明、自信、大气、阳光的实中人。

　　德育常规管理是德育的基础，是构建学校德育大厦的基石。一方面，抓好德育常规管理，对学生进行养成教育，可以规范学生的行为习惯，培养学生的规则意识，为学生的全面发展奠定基础；另一方面，抓好德育常规管理，建设规范化班级，可以规范班级的管理，引导班级的发展，为班级的特色发展奠定基础。班级是德育管理的前沿阵地，班级是学校落实教育教学理念的'最后一米"，将德育常规管理融入班级建设之中，以实现德育资源的整合，提升管理的效率是一条高效的路径选择。为此，中山市实验中学以创建文明作为德育常规管理的抓手，抓实抓好德育常规管理。

　　一、"两精两全"，创新德育常规管理的理念

　　德育常规管理具有任务重、难度大、日常化的特点，是各个学校德育的重点工作及难点工作。根据德育常规管理的特点，中山市实验中学在德育常规管理中坚持"两精两全"的原则。

（一）精细：量化管理、化繁为简

德育常规管理涉及学生在校学习和生活的方方面面，所以管理过程中要做到精细化。为此，我们采用了量化管理的方式。将学生的常规管理进行条目化，并赋予其相应的分值。通过加扣分的管理，实现管理的化繁为简，提高管理的效率。

（二）精准：基于数据、对症下药

德育常规管理，涉及全校近 6000 名学生，涉及繁杂的内容。加扣分不是目的，对学生进行引导规范、教育转化才是目的，泛泛的全体教育的效能比较低，精准到人的教育才能实现最大的教育效果。为此，要进行德育量化管理必须基于大数据，全面记录每一个学生的情况。为教育每一个具体的提供精准的数据，以做到对症下药、有的放矢。

（三）全面：全面评价、面向未来

德育常规管理不能单纯地挑学生的刺，对学生进行简单粗暴地扣分。一要遵循全面化评价的原则，不仅要对学生的违纪行为进行扣分，更要对学生的优秀表现进行加分，不仅要评价学生的行为习惯，还要评价学生的学习表现及思想状况；二是要遵循发展性评价的原则，遵循学生发展的规律，把学生看成发展中的人，而不能"一棍子打死"，扣分是为了引领学生更好地发展。

（四）全员：全员参与、立体协同

教育的根本任务是立德树人，每一个教育工作者的根本任务就是要为国家和人民培养担当民族复兴大任的时代新人。教育德育为先，每一个教育工作者要把育人工作作为自己的主业。因此,进行德育工作是每一个教育工作者的任务，全员德育已成为当今教育界的共识。我们学校提出了"全员参与、立体协同"的理念。所谓全员参与就是，要动员每一位科任教师、每一位学校管理人员、每一个学校的员工（包括保安、校医、厨工）都参与到德育工作中来，树立人人都是德育工作者的观念，形成人人抓德育、时时抓德育、处处抓德育的新局面，全面引导教职工全员育人、全程育人、全方位育人,让全员德育真正落地。所谓"立体协同"就是整合各方面的力量，发挥最大的教育合力，实现班主任的精准个别教育，年级的整体协调，德育处的宏观引导，学校的顶层设计。

二、致远德育管理平台，创新德育常规管理的路径

为了实现"两精两全"的德育常规管理理念，提升量化管理的效率，推动文明班的建设，让全员德育真正落地，中山市实验中学创新德育管理的手段，将互联网与德育管理相结合，通过创设"致远德育管理平台"，将德育常规管理、教师教育、学生评价等多项工作有机地整合起来，形成了一个环环相扣、高效运行的生态系统。

（一）致远德育管理平台的建设遵循的理念

一是实用性。该系统完全为自主开发，根据我校德育管理中的实际需要而量身定做。没有多余花哨的功能，完全都是实打实的精华功能，保证本系统的实用性。二是简易性。该系统开发的目的就是为了减轻班主任、德育管理人员以及科任老师的负担，提高工作的效率，所以系统设计就要便于操作，能一键完成的事绝不分两步。本系统较好地实现了零基础上手，傻瓜式操作；三是科学性。该系统源于实践的需要，在实践中不断地改进和完善，最终更好地为实践服务。本系统自开发出原始版本以来，一天一小改，一周一大改，一月更新一个版本，不断地完善和改进就是为了实现管理的科学性。

（二）致远德育管理平台的特点

一是与学校的钉钉平台整合，实现一键式登录。免去了安装 APP、小程序等步骤，让本系统推广的便利性大大增加，同时手机端和电脑端同步推出，保证本系统在全校教职工中迅速普及，奠定了全员德育的基础。二是实现了对学生的快速定位，保证了德育管理的效率。本管理系统支持拼音首字母模糊查找，关键字查找，教室座位定位查找；同时更是支持手机扫码精准定位，扫一扫学生校园卡迅速在系统中找到学生。三是实现了班级及学生数据的即时性、动态化、可视化的呈现。班级和学生积分的变化，班主任打开手机第一时间就能知道，便于迅速地进行处理。班级和学生的数据和排名是实时更新的，班主任能及时掌握动态，调整治班的策略。年级部管理人员、学校行政管理人员通过一部手机便能把全年级及全校的德育状态掌握得清清楚楚。四是实现了个人积分与班级积分的联动，提升了德育管理的效能。本系统将个人的德育积分与文明班的评比相关联，一方面增强了学生的集体观念，有效规范了学生的行为，一方面让老师的效能感可视化，调动了老师参与德育管理的积极性。

三、多元评价，构建德育常规管理体系

中山市实验中学将文明班评比作为德育常规管理的抓手，围绕着文明班评比建立了一系列制度和活动体系。

（一）建章立制、顶层设计

为配合文明班的创建工作，中山市实验中学首先制订了《中山市实验中学文明班评比方案》，确定了文明班评比的必备条件、评选项目、评选过程等，让全校同学都明确班级奋斗的目标，共同构建良好的班级愿景。同时为了明确和规范加扣分的要求，制定了《中山市实验中学德育量化管理细则》，通过类似法律条文的样式，让同学们对校规校纪有更加清楚的认识。此外，还制定了《中山市实验中学优秀班级评选规定》以及《中山市实验中学学生评优评先规定》，就集体评优和个人评优进行了规定，进一步确定了文明班分数、个人德育分数的重要性。总之，通过以上的规章制度，为德育常规管理提供了良好的制度保障。

（二）奖罚分明、引导规范

以德育常规管理的量化分数为依据，中山市实验中学制定了奖罚分明的评价及反馈制度。在集体评价方面，量化分靠前或达到一定标准的班级将被评为校文明班级，并颁发荣誉牌匾，每年的优秀班集体等荣誉也以文明分数为重要的评比依据。在个人评价方面，学生的个人德育得分是学生评优评先的重要依据，如果个人德育扣分过多，将会在评优评先中被一票否决。另外对于德育扣分过多的学生将按照学校规定进行相应的处分，当然每月积分靠前的学生，也将得到一项重磅的奖励——与校长共进午餐等。我们通过这种奖罚明晰的制度，有效规范了学生的行为，激发了学生积极向上的动力。

四、致德致远、育人为本

所有的教育管理最终指向的一个目的就是立德树人，因此我们不能为了常规管理而进行常规管理，应该以教育学生、促进学生成长为目的。中山市实验中学创新性地开设了"致远修身成长班"。从命名上看，之所以不用"培训班""教育班""反思班"这样的名称，是因为我们想让学生看到，犯了错并不可怕，可怕的是对自己放松要求，不愿意进步和成长。我们想通过这样的班达到以下几个目的：一是熟悉校规校纪；二是敬畏规则和约定；三是理解自由与规则；四是激发向善向好的内在动力。真正的教育是激励、鼓舞和唤醒，因为我们的每一个孩子身上都蕴藏着宝藏。所以，我们的常规教育遵循的理念就是"着眼长远、重在教育"。

校长眼中的学生青春期

"原来挺乖的孩子怎么一下子变得这么不听话？""一回家就关上门不理我们，问什么都是回答两个字'还行'，一边写作业一边玩手机，一说就跟我急！""如今的孩子，怎么越来越不好管了，女儿自上了中学，就和我们没话说了，还常常一脸心事的样子，你问她，她张口就说：'别管我，说了您也不懂。'""一直觉得女儿活泼开朗，父女亲密无间，如同朋友，可就在女儿读初一下学期时，她好像突然变了个人，沉默、封闭、叛逆，爱把自己关在房子里，不愿意与我们交流，起初我以为是因为学习紧张，慢慢地，我发现，并非如此。我主动与她沟通，但没说几句话就沉默了。也没什么表情，说多了她还烦。我苦恼、迷茫，不知所措。"如果你小孩出现了上述现象，恭喜你，孩子已进入了青春期! 青春期指以生殖器发育成熟，第二性征开始发育为标志的时期，是儿童逐渐发育成为成年人的过渡时期。关于青春期的界定，世界卫生组织规定为10—20岁。有人说，青春是一朵云、一行诗，是人生中最美好的充满诗意的时期。也有人说，青春期是一场疾风，一团烈火，是最麻烦、动荡不安的时期。面对青春期，学生无心向学，家长无可奈何，教师无计可施。孩子进入青春期并不可怕，可怕的是孩子青春期期间家庭教育的缺位，可怕的是在此期间家庭教育的失衡。孩子出现叛逆并不要紧，要紧的是家长对此的熟视无睹，要紧的是家长对此的我行我素。

一、当下家庭教育的无奈与尴尬：

（一）压在家长肩上的"三座大山"

背负巨大的压力（不要让孩子输在起跑线上）；承受过重的负担（经济负担，

参加各种兴趣班）；面对叛逆的"无奈"。

（二）家庭教育存在"本末倒置"的行为

第一，以小孩为中心，夫妻关系位于其次。

在一个家庭里，夫妻关系永远是第一重要，千万不要把孩子放在第一位，凡把孩子放在第一位的，其结果往往并不完美。在一个家庭，地位最高的是老人，父母其次，最后是宝宝。

第二，百般呵护身体，漠视精神成长。

中国人的传统，以为身体发肤受之父母，所以充满对身体崇拜，而对决定生活质量和心理的精神，却很少关心，在家长眼里，身体受伤与精神受伤享受的是完全两种截然不同的待遇。

第三，童年为升学战斗，升学后又回到童年。

中国的孩子，从妈妈肚子里开始胎教，出生以后层层加码，金色的童年变成了灰色的童年，灰色的童年又变成了黑色的童年！这种褪去了"人"的底色的教育，使得小孩一旦上了大学，第一件事，就是要把失去的找回来，把睡觉的时间补回来，把打牌时间、打游戏的时间补回来。

二、亲子关系面临的三大挑战

（一）亲情的鸿沟明显增大

第一，网络技术拉大鸿沟。

据调查统计，半数以上中小学生网民以为自己用网水平比父母高，以为比妈妈高的占 60.1%，以为比爸爸高的占 50.8%。另据调查发现，小孩 10 岁以前上网的超 6 成，近 3 成在 7 岁以前开始接触网络。

第二，网络拉大情感鸿沟。

与家庭近距离相处相比，网络聊天显然具有以下优势：因为彼此不认识，距离遥远；更方便满足宣泄、陪伴的需要；同时可以讨论一些有共同爱好、关心的话题。

（二）媒介的影响增加了教育的难度

网络媒体模糊了儿童世界与成人世界的界限，成人不再是知识的拥有者、主宰者；网络媒体模糊了现实世界与虚拟世界的界限；"网络问题现实化"，"现实问题网络化"，以游戏的心态对待生活。同时，孩子的有些网络语言让人听不懂，如度娘（百度）、好方（好烦）等。

三、家校共绘青春期

做一个"聪"明的家长：聪：耳寓意为会听话，学会倾听，两点代表眼睛，学会观察，口寓意为多引导，少唠叨，心寓意多交心，有爱心。

（一）学会倾听

第一，听什么？

倾听孩子的欲望与要求：学生在教育生活中的欲望和要求，很少是通过他们的行为，而是通过他们的声音表达出来。它可以是一段叙说、一个句子、一个感叹词、一声呼喊或哭泣。

倾听孩子的情感：从发生中听出喜、怒、哀、乐。倾听孩子的思想（三观）；倾听孩子的疾病：抑郁、孤独、痛苦、恐惧等。倾听孩子与他人的关系。

第二，怎么听：接纳与平等；专注与警觉；鉴赏与学习；执着与冷静；参与与体验。

第三，用爱心听：爱心前提：尊重；爱的途径：沟通。放低身段、平等交流；爱的智慧：鉴赏。寻找闪亮点；爱的艺术：宽容。容人之错、容人之过、容人反复。

（二）慎用"惩罚"

家长惩罚孩子的适用范围：适用惩罚：遵守公共秩序；个人能力，爱好，水平；过错行为；道德问题等。不适用惩罚；糟糕结果；心理疾病等。

家长惩罚孩子的界限：惩罚不等于体罚，拒绝任何暴力性惩罚；惩罚必须尊重孩子的人格。

（三）多点榜样示范，多点家庭温暖

母性之爱：德行礼仪，品格气质，母亲在孩子婴、幼、少儿阶段影响最大。

父性之爱：方向性引领和理性行为，伟大的父亲，一定是孩子的引路人、思想的奠基人。

规律：孩子成长需要的母性之爱呈递减趋势。父性之爱呈递增趋势。孩子进入高中应由以母爱为主转向以父爱为主。

人人都有天赋，个个都能成才，人的潜能是巨大的！学校不是工厂，学生不是产品，需要的是因材施教、个性培养！

爱，在家访的路上延伸

伴随着网络媒介的发达，电话家访、微信家访、视频家访等家访形式接踵而至，传统的入户式家访似乎显得过时。然而，走进学生家中，直面了解学生家庭情况，与家长面对面地沟通等传统家访的优势，却是其他家访形式无法取代的。

一、创新家访内容

日前，中山市实验中学党委激活传统家访的育人效能，组建了一支由100名党员教师、部分班主任、任课教师等构成的家访队伍，深入全市24个镇区百余户农村学生家庭，为学生和家长送关心、送成长、送指导、送发展，以实际行动践行"不忘初心、牢记使命"主题教育。

欧阳煦是一个阳光开朗、积极上进、品学兼优的学生，临近高考，作为校长，笔者为了给他一份持久的精神动力，送给他一本《习近平的七年知青岁月》，鼓励他向习总书记学习，不忘初心，志存高远，在实现理想的道路上坚定前行。同时，在笔者看来，鼓励实中学生重温总书记的青春岁月，能够从青年习近平身上汲取榜样力量，就能激发奋进潜力，青春岁月就不会像无舵之舟漂泊不定。在家访中，笔者与家长共同探讨了欧阳煦的学业成绩和素质提升，从学习生活、就业前景到未来规划，均提出了诚恳的建议和指导。由于我的到访，欧阳煦同学显得十分振奋，家长更是激动地说："孩子选择实中，能够受到校长登门指导，我们家长太感动了。我们以后一定督促孩子好好求学，不辜负学校的培养！"

当薛华老师和杨绍海老师一行来到学生（阿秀）小榄家里的时候，阿秀放学还没有回到家。经过交谈了解到，阿秀的父亲中风，失去劳动能力，一家人的生活来源主要依靠母亲经营一家小店，每月 2000 多元的收入，扣去房租水电所剩无几，但是阿秀自强不息，学习勤奋刻苦，品质优良，学习成绩位居年级前 50 名。薛华老师、杨绍海老师勉励学生家长以阳光的心态面对生活，给孩子提供精神支撑，指导学生家长给孩子减压。18 班所有的学生和老师一定会竭尽所能，帮助阿秀完成高中学业。也希望阿秀能继续高扬"让父母过上好日子的旗帜"，争取通过自己的努力改变家庭的状况。薛华老师还代表班级家委会送上了 2000 元慰问金。家长饱含热泪向两位家访老师表达感谢："我们娃娃赶上了好时代，考上了好学校、遇上了好老师。"

黄炳荣老师、吴学峰老师来到高三（9）班的周怡琳同学家，为她送上满满的祝福和鼓励。听闻老师来访，家长周先生又惊喜又感动，"没想到高中老师那么远专门来看我们"。周同学是班上的生活委员，品学兼优、吃苦耐劳，积极乐观，艰苦朴素，是同学们学习的好榜样。她表示，十分感谢老师的来访，很激动收到如此有意义的礼物——《习近平的七年知青岁月》，自己将会利用时间好好阅读，将以习近平总书记为榜样，不断修养历练，培养优秀品格，让生命在拼搏中焕发出更加绚丽的青春光彩。

李燕同学生活在乡镇，平时比较文静，学习信心动力不足。家访期间，胡作佳主任、于用水老师代表学校党组织赠送了《习近平的七年知青岁月》一书及笔记本，并与孩子的爸妈进行深入的交流，了解家庭的孩子情况及表现，共同探讨孩子学习困惑与解决办法，建议孩子努力抓好有效时间，提高效率，确立目标大学，明确努力方向。胡作佳主任临走时，给予这位同学重要寄托：要牢记习总书记的一句话，幸福是奋斗出来的，要做一个有理想、有责任、有担当的社会青年。

中山市实验中学党委牢固坚持"立德树人"的根本任务，常态化推进"两学一做"学习教育，深入开展"不忘初心，牢记使命"主题教育，广泛征集社会意见，促进教育政风行风建设，办好"让社会满意，师生自豪"的示范性、辐射性和现代化实验中学。此次活动以农村学生为主要对象，通过上门走访的形式，深入了解学生的实际成长环境，开展有针对性的指导，打通育人"最后一公里"。

二、创新走访形式

家访过程中，学校要求每位家访教师认真记录《中山市实验中学百名党员教师下农村慰问家访活动记录表》，记录学生家庭和个人情况，认真分析家庭教育对学生成长的影响。学校和年级针对教师收集到的意见和建议进行专门研究，拿出改进意见，采取切实可行的改进措施。

三、赠送《习近平的七年知青岁月》

为每一位受访学生赠送一本《习近平的七年知青岁月》，鼓励青年学生树立远大理想，做奋斗者和追梦人。

不忘初心，牢记使命。百名党员教师奔赴百余家庭，他们用车轮和脚步丈量育人之路的光荣使命，他们用实际言行传承着实中立德树人的初心。

原来心理健康工作可以这样做

——"自主发展心育"的特色与实践

心理健康教育是加强和改进中小学德育工作、全面推进素质教育的重要组成部分。为了深入贯彻党的十九大精神，落实《中共中央国务院关于进一步加强和改进未成年人思想道德建设的若干意见》和《国家中长期教育改革和发展规划纲要（2010—2020 年）》要求，通过多年的实践探索，中山市实验中学的心理健康教育围绕着培养学生自主发展这一目标，形成了自主发展的心育特色，并取得了丰硕的成果。

让我们来看一幕中山市实验中学心理健康教育的品牌活动的活动现场。

3000 多名学生庄严且坚定的集体宣誓："在生命的每一天，我们要永远珍爱生命，尊重生命，欣赏生命；热爱生活，珍惜生活，创造生活，无论发生何种困难，永不放弃生的希望。在短暂的人生路上，保持乐观的态度。去奋斗！去拼搏！努力创造人生的辉煌，享受人生的幸福！"活动结束，数千名学子对生命许下的铮铮誓言还在久久地回荡，有力地展示着傲然风姿和不懈追求。

除了集体宣誓，"心灵大舞台"还有各种各样丰富多彩的活动。高二传媒生倾情演出的《幸福之殇》心理剧鲜活传神、引人深思。该剧引导学生遇到家庭问题时，要学会合理宣泄，学会体谅不合格父母，给他们时间或帮助他们成为合格的父母。主角们撕裂的内心挣扎让在场的观众无不动容。心理知识问答环节由王海岩老师主持，同学们踊跃参与，气氛热烈，知识与趣味并存，学生轻松愉悦地学习和掌握了心理健康知识和自我调适方法。《热爱生命，逆流而上》诗歌朗诵，向在场观众传递了积极向上的力量和对美好生活的无限展望等。

据了解，心灵大舞台活动只是中山市实验中学一年一度的"5·25心理健康周"活动系列活动之一，截至今日，这一活动已经坚持了12年。从创办之初就坚持由学生自编自导自演，真正做到了把成长的舞台还给学生，把成长的空间还给学生，把成长的过程还给学生，在活动中达到了教育人、影响人、激励人、鼓舞人的教育目的。近年来开展了如师生笑脸墙、健康心语、心理健康情景剧大赛、心理漫画大赛和墙报比赛等，用学生喜闻乐见的形式，春风化雨般地对孩子们进行心灵洗礼，寓教于乐，让学生受益匪浅。2019年的心灵大舞台继续从心出发，融入生命教育这个话题，激发同学们对宝贵生命的认真审视。

以上报道是中山市实验中学创新性地开展心理健康教育活动的一个缩影。

中山市实验中学的前身是创建于1913年的中山师范学校。2000年，应国家大力发展普高教育的大趋势大潮流，学校转制为中山市实验高级中学。2008成功申报广东省首批国家级示范性普通高中。学校因为心理健康教育工作成绩突出，第一批被评为广东省心理教育特色学校、广东省心理教育示范学校。2013年因扩招初中班，再次更名为中山市实验中学。学校开展心理健康教育实践有较长的历史，1993年12月就设立了心理咨询室，成为中山市第一所设有心理咨询室的学校。转制为普通高中后，学校在师范心理健康教育厚实的基础上，不断探索以活动为主综合多种教育途径实施心育，坚持自主发展心育的工作理念，通过多年的实践和探索，逐渐形成自主发展心育特色。

一、不断完善管理体制和运行机制

以促进学生自主发展为目标的自主发展心育特色的形成，得益于建立合理的管理体制和科学的运行机制。在管理体制上，成立由校长任组长、德育副校长为副组长，德育主任、主管心理健康教育的德育副主任、年级主任和心理老师为成员的心理健康教育领导小组，制订学校心理健康教育发展规划，统筹全校的心理健康教育工作。在运行机制上，心理教师既"合"又"分"，即四位专职心理教师既"合"在一起面向全校开展工作，又"分"到各年级驻点，直接为学生提供相应的心理健康教育。此外，专兼职心理教师与班级健康委员相互配合，一方面心理老师指导健康委员开展朋辈辅导，另一方面，健康委员关注同学的心理状态，把有需要的同伴引导到心理健康教育中心接受心理老师的专业辅导。

二、高度重视心理健康教育工作及教师专业成长

学校各个层面高度重视心理健康教育工作及教师自身的专业成长。学校为心理健康工作提供了专门的场地、相应的设施设备、固定的课时保障，并拨发专项工作经费以推进心理健康工作的持续开展。学校注重教师心育能力的培养与建设，针对专兼职心理健康教师，大力支持教师参加各类在职培训及研修，促进心理教师的自我成长及专业提升。针对学校的其他教师，学校积极开展教师的心理健康教育培训，不断提高广大教师的心理健康教育能力。至目前为止，全校共有17人获广东省心理健康教育"A"证，44人获"B"证，300人获"C"证。同时，我们会不定期地为全体教师开展各类心理健康知识讲座及活动，促进教师的心理健康教育理论和能力的不断提高。

三、全员参与、多渠道实施自主发展心育

学校坚持全员参与、多渠道实施自主发展心育的模式。心理健康教育课注重学生的自主探索、合作交流、迁移拓展，重视师生之间、学生之间的真诚、亲密、尊重、理解、信任、支持和彼此之间的内心感受。心理健康教育主题班会是班级教育渗透自主发展心育的重要举措，主题班会除了年级根据学校整体规划统一规定的内容外，更多的是由各班学生根据本班的实情自行确定，体现出较强的自主性。学科教学强调通过挖掘学科教学内容的自主发展心育要素渗透心理健康教育。在个别和团体心理辅导中，重视引导学生认识自我，激发和运用自身能量，积极主动地调整自己，解决成长过程中遇到的问题，助人自助。班级设立心理委员（现改为健康委员），开展朋辈心理辅导，培养学生的自主服务意识。在心理教师指导下，以学生为主体开展的丰富多彩的课外活动，如心理社团、心理健康活动周、网站、刊物、广播等，为学生自主发展提供了广阔的平台。

四、以研促教，科研兴校

科研课题研究与自主发展心育实践相结合在构建自主发展心育的过程中发挥着重要的作用。多年来，我校多个国家、省、市级立项课题，如《高中生精神成长与拓展身心潜能的研究》《高中生心理健康教育校本课程研究》《"内地西藏班"初中生自我意识水平与学校适应行为研究》《初一新生应对方式与学校适应的关系及干预研究》《内地高一西藏散插生学校适应性校本课程开发及实践》等，有力地推进了我校自主发展心育特色逐渐形成和发展。学校致力于在心理健康教育中发现问题，通过开展课题研究进行深入的思考，并将科研成果应用在心理健康教育工作中，更好地解决学生成长中的实际问题。

五、以多样化的德育活动为载体推进心理健康教育工作

学校开展多样化的德育活动，以推进心理健康教育工作的发展，促进学生个性得到充分的发展。学校通过各类社团活动、学生志愿服务活动、足球赛、班服大赛、艺术节等各类文体活动，以多样化的德育活动载体推进心理健康教育工作。例如学生社团活动，近年来，我校学生社团蓬勃发展，截至2019年6月正式注册学生社团将近70个，社团以学生兴趣为导向，学生自主组建、自主规划、自主活动，主导社团活动的全过程，充分发挥学生的积极性和主动性。可以说，丰富多彩的社团活动对培养学生特长、提升交往和情绪管理能力以及促进个性发展、丰富校园文化起到了积极作用。例如2010届校友苏妙玲参加湖南卫视2011年快乐女声全国总决赛，获得第四名；2011届校友徐晋参加第十届南方新丝路模特大赛，获季军，参加第十九届新丝路中国模特大赛总决赛，获潮模组亚军；2011届校友梁晓彤参加国家新闻总署和广东省人民政府主办的第四届中国国际漫画节，获OACC第8届金龙奖最佳漫画新人奖和最佳少女漫画奖作品提名奖。这些成绩的取得，自主发展心育在其中发挥了积极的作用。

通过多年的实践探索，学校的心理健康教育围绕着培养学生自主发展这一目标，初步构建了与之相应的心理健康教育目标体系、内容体系、实施策略和途径，并在心理健康教育科研上取得了丰硕的成绩，在今后的心育工作实践中，我们将继续深化自主发展心育模式，加强心理健康教育工作，争取学生素质的全面提升。

香山也绽格桑红

——广东省中山市实验中学教育援藏叙事

中山市实验中学是中山市唯一一所承担国家教育援藏任务的学校。2002 年开始接收西藏高中散插生，2009 年开始接收内地西藏初中班。在省市各级政府，特别是上级教育主管部门的关心和支持下，认真贯彻落实（国办发〔2004〕6 号）《关于进一步做好教育援藏工作的意见》等有关文件精神，全校教职员工心系藏族学子，情牵民族团结，致力探索符合国家长远发展与学生终生发展要求的育人模式，教育教学取得显著成果。

一、政治上高看一眼，铸牢建设中华民族共同体的高远志向

内地西藏班是党和国家为了援助西藏教育发展，充分利用内地优质的教育资源，在内地各省市的发达城市设立班级或学校，专门招收藏区初高中学生的一种办学形式。中共中央第四次西藏工作座谈会和《中共中央国务院关于做好新世纪初西藏发展稳定工作的意见》提出：西藏的发展和藏族同胞的命运，历来与祖国和中华民族的命运紧紧联系在一起。全党同志必须站在党和国家工作大局的战略高度，扎扎实实地做好新世纪的西藏工作。实施"科教兴藏"战略，大力培养各类人才，大力推动科技进步和创新，努力采用先进适用的技术，使现代科学技术在经济发展中发挥更大的作用。习近平总书记在参加十二届全国人大一次会议西藏代表团审议时，再一次明确提出了"治国必治边、治边先稳藏"的重要战略思想，为西藏工作提供了必须遵循的理论指导。党和国家的高度重视，对内地西藏班教育提出了更高、更严的要求，中山市实验中学承担教育援藏近20 个年头里，在学校领导的带领下，坚持不断增强政治意识、忧患意识、大局

意识、责任意识，统一思想，深刻认识做好教育支援西藏工作的重要性，坚定地按照党中央、国务院"全国支援西藏"的要求，将新世纪教育援藏工作作为全国教育战线的一项重要的政治任务加以认真落实。

第一，健全机制，落实责任。

学校专设有西藏部，成立以校长为书记、分管副校长为副书记的西藏部党支部，设置专门的学校行政人员负责西藏学生学习和生活，并成立专门的西藏部党员实践服务团，以党建指导并促进西藏部的建设。将西藏学生的招生及各项具体事宜放在学校工作的首位，思想上高度重视。在教育教学工作中，西藏部密切关注西藏形势，认真学习民族政策，采取多项措施了解西藏民俗、习惯、文化等，教育工作贴近学生实际，让学生有亲近感。

第二，精挑细选，教师团队精良化。

学校在初中部和高中部分别挑选业务素质拔尖、有爱心、爱学习、经验丰富、对西藏生的教学有强烈兴趣的老师组成内地西藏班的教师队伍，并遴选出特别优秀的老师担任班主任。学校会定期组织论文评比、教学竞赛等活动，以科研促教学，并设立专门的奖项对老师们进行鼓励，成效显著。我校钟泽伦老师参加西藏自治州举行的公开课比赛，获国家级二等奖；罗天成老师在 2018 年西藏自治区全区高中教师教学竞赛中荣获化学学科一等奖第一名；宋彩霞老师在 2019 年西藏自治区全区初中教师教学竞赛中荣获生物组一等奖。

第三，内外践行，民族团结日常化。

学校以寓教于乐的方式，开展丰富多彩的活动，在活动中渗透民族团结的主题。如在校内，学校组织学生进行"热爱伟大祖国，认识美好西藏"的知识竞赛、观看纪录片《西藏》等活动；校外，学校组织学生参观孙中山故居、中山影视城，开展冬季游学活动，还连续 9 年组织学生参加中山市一年一度的慈善万人行活动等。中山市实验中学把爱国主义教育、民族大团结教育、乡土教育等元素融入到日常教育教学中，增强了学生对伟大祖国和民族的认同感，也坚定了学生拥护中国共产党的领导、维护祖国统一和民族团结的理想信念。

二、情感上厚爱三分，涵养建设新西藏的综合素质

西藏独特的地理环境对其建设人才提出了更高层面的要求：那就是"缺氧不缺精神、艰苦不怕吃苦、海拔高境界更高，在工作中不断增强责任感、使命感、增强能力、锤炼作风"。而这些素质的综合涵养，离不开平时教育教学的点点滴滴，离不开学校与教师的精心教育。西藏孩子初来中山，会面临以下困难：首先是远离父母带来的情感的缺失；其次是语言、生活习惯的不适应；再次是学习基础的差异而引发的学习问题。而克服这些困难的过程，其实就是学生逐渐成长的过程，是学生综合素质得到涵养的一个过程。这个过程离不开学校及老师们的和谐沟通，携手并进。

第一，实行"一帮一"活动，带着情感办西藏班

来内地求学的西藏学生有一部分家庭环境比较好，在家深得父母宠爱，对情感的需求比较高。针对这个情况，学校实行"一帮一"的活动，征集有爱心、家住中山城区的家长志愿者，和家长们反复就具体细节问题协商，节假日期间让西藏孩子到本地孩子家里，和本地小伙伴共同学习生活，享受父母的关爱，一起去公园、去海边，感受大自然的美！西藏孩子们一开始还有点腼腆，慢慢地，孩子们在本地家长的面前也露出了活泼可爱的天性，孩子们脸上的忧郁不见了，取而代之的是开心的笑容。

第二，倾听学生，加强文化交融

西藏学生的教育环境实际上是一个多民族的教育环境。西藏学生大部分是来自以藏族为主的不同少数民族，而学校教师大部分来自内地的汉族。因此，学生在接受教育的过程中，会不可避免出现较多文化适应的问题。

为了尽可能缩短适应期，每年7—8月，学校会专门选派西藏部的老师赶赴西藏，对即将入学内地班的学生们宣传汉族文化、介绍汉族风情及中山特有的地理人文环境等。同时，学校还会组织这批教师较为深入地了解藏族文化的特点及藏区孩子的日常生活习惯、宗教信仰、文化特征等，为即将到来的开学做好准备。对于已经入学的学生，每年7—8月，学校也会选派老师护送学生返藏，并借此机会在西藏召开别开生面的家长会，或是集中家访，面对面地向家长交流学生在校的学习和生活情况，交流学校的管理和关爱，交流中山的风土人情等。

同时，为了让西藏生们更好地了解汉族的文化及日常生活，老师或本地优秀学生都会利用节假日邀请西藏生们回家，让他们感受家庭的温情，体验汉族文化，加速对汉族文化的理解与认同。

第三，开展积极的心理健康教育

心理健康教育是目前学校教育中的一项重要内容，对内地西藏中学生的心理健康教育更是必不可少，特别是新来到内地的初一、高一学生，脱离了原有的文

化环境，除了气候及日常生活的不适应外，在心理上会产生孤独感、自卑感、紧张、焦虑不安、想家，自信心不足等现象。这些小孩大多处在16—20岁之间，这个时期学生正处于人生观、世界观、价值观形成的关键时期，也是学生心理品质培养和行为习惯养成的最佳时期。如果学校不采取有效措施疏导与应对，将会产生无法估量的影响。为此，学校精心挑选专业的，有着丰富经验的心理老师，定期对学生进行心理健康教育讲座。学校每周在各班分别开设一节心理健康教育课，心理老师认真备课，精心准备丰富多彩的活动环节，针对西藏学生特殊、具体的心理问题，精心授课，不仅让学生了解一般的心理健康知识，还有针对性地宣传各种心理援助措施，让学生学会遇到问题后主动探求解决问题的办法。学校主管部门会定期进行检查，并参与听课。

三、制度上一视同仁，夯实建设新西藏的专业素养

习近平总书记在《中共中央第七次西藏工作座谈会》中强调：要培养更多理工农医等紧缺人才，着眼经济社会发展和未来市场需求办好职业教育，科学设置学科，提高层次和水平，培养更多专业技能型实用人才。中学教育作为连接基础教育与高等教育的关键环节，其重要使命之一便是帮助学生养成良好的学习习惯，夯实必备知识基础，形成关键能力，涵养核心素养与价值。为此，学校在平时的教育教学中，坚持制度上一视同仁，加强对西藏学生的学科专业素养培养。

我校高中部的西藏学生来自全国各地，这些学生在不同的地区和城市经历了三年的初中住校生活，远离父母，家庭教育存在一定程度的缺失，从而在学习和生活习惯方面，不可避免地存在不同程度的问题，而这些问题，不仅制约着学生学习的良性发展，更将有可能影响学生的健康成长，因此，学校采取规范严格的制度，集学校教育与家庭教育一身，努力提升学生的专业素养。

第一，量身定制，实施个性化的教学活动

西藏学生的文化基础相对比较薄弱，学习习惯也存在一定的问题，加上家庭教育的缺失，他们在文化学习上会比较吃力，如果不想办法解决，久而久之，他们会失去自信心，从而丧失对学习的兴趣。为此，学校加强了对西藏学生实行个性化、差别化的教学活动。

首先，精心挑选文化课教师，加强教学科研研究。

精心挑选对西藏生教学有强烈兴趣、公正、有爱心、经验丰富且爱学习的老师们组成教师队伍。将西藏孩子的家庭、学习等具体情况打印成纸质文档，

分发给各科任老师。加强对西藏孩子的了解，做到因材施教，有的放矢。

其次，提倡有意义教学，打造"高校课堂"。

教学的生命线在课堂，只有深化课堂改革，才能推动教学的发展。为此，学校专门针对西藏孩子的特殊情况，召开班级科任老师会议，深入探讨课堂教学改革的问题。课堂教学改革集中在两个方向，一是找准学情，根据西藏学生学习基础薄弱的特点，降低教学难度，同时考虑到孩子们学习行为习惯的特殊性，教学过程中就如何提高学生的学习积极性进行重点探索；二是改变传统的教学模式与方法，探索多种形式、灵活多样的教学模式，给教学注入符合学生发展的民族因素、科学因素，促进孩子们健康、多元化的发展。

第二，科学管理，细化落实

在西藏生的教育工作上，班主任负责工作日学生的思想品德的管理、考核、评价、处理，班主任要做好学生的跟踪教育记录，特别是对那些学习目标不明确、学习积极性不高、学习态度不端正、严重违纪、屡教不改的学生，做好跟踪教育，并建立重点学生档案。重点学生档案包括且不限于：（1）违纪事实——情况说明书、检讨书、保证书；（2）证词；（3）教育的过程和效果记录；（4）班级或宿舍同学评议、任课老师的评价。各年级部还须认真落实西藏生导师制度，由年级部统筹，负责分配西藏班任课老师担任西藏生的人生导师，结队帮扶西藏生。人生导师在思想教育、学业辅导、课余生活方面给予西藏生帮助和指导，促使师生间情感相通、人心相融。西藏生人生导师每月至少要和学生谈话一次，提倡进行创新、高效的交流方式，并做好记录。班主任、人生导师需要时刻掌握学生的思想动态，特别是对政治问题和民族问题要敏感，善于发现苗头，做好谈话教育记录。对于重点学生，要反复谈话，耐心教育，并告知家长。

一分耕耘，一分收获！学校带着荣誉办西藏班，进一步激励学校的办学信心与办学智慧。截至 2020 年 9 月，我校共招收 564 名西藏高中散插生（其中包含 2020 年 9 月计划招生的 45 人，但因高一正式录取还没有结束，准确数据还没有拿到），已经毕业 419 人，高中散插生绝大多数同学考入全国重点大学，其中 2009 届明玛丹增同学以当年民族毕业生最高分考入北京大学，2011 届鹿杨同学考入清华大学。截至 2020 年 9 月，我校共招收 648 名西藏初中生（其中包含 2020 年 9 月计划招生的 40 人及 5 名工布江达县的委培生，但因为初一正式录取还没有结束，准确数据还没有拿到），已经毕业的 512 人，其中 98% 以上同学升入内地西藏班继续高中学业，并且85%以上被录入内地散插重点高中。学校于2019年荣获"民族团结进步模范集体集体"称号，校长本人代表学校赴北京出席表彰大会；2019年，中山市实验中学初中部西藏工会小组被评为2019年度"广东省教科文工会模范职工小家"；"汉藏一家亲"重点课题获科研立项并荣获科研成果一等奖；唐满意老师荣获2019年度西藏自治区优秀教师称号；舒乾标老师被西藏教育厅评为2018年度西藏自治区内地西藏班办学先进个人；黄金柱老师先后于2006年、2010年被广东省授予"民族团结模范个人"等荣誉称号；彭联生老师2016年9月被西藏教育厅评为西藏自治区优秀教育援藏工作者。内地西藏班的教育工作虽然难度大、过程辛苦，但令人欣慰的是，我们已从管理、行为、课程、物质上探索，实践了适合西藏学生成长的有效途径，积淀了学校文化，创出了学校的民族教育特色，在中山这块热土上，绽放出了鲜艳夺目的格桑花。

（本文发表于2021年1月27日《中国教师报》第12版"教育家周刊"栏目）

民族团结一家亲，18年教育援藏结硕果

——中山市实验中学内地西藏班教育理念及实践总结

内地西藏（中学）班是国家为了援助西藏教育发展，充分利用内地优质的教育资源，在内地各省市发达地区设立班级或学校，专门招收藏区初高中学生的一种办学形式。这是一项具有战略意义的重要决策。

一、内地西藏班的教育管理硕果

中山市实验中学是中山市唯一承担国家教育援藏任务的学校，自 2002 年开始接收西藏高中散插生，2009 年开始开设内地西藏初中班。中山市实验中学承担教育援藏工作已经 18 个年头，在学校领导和全体教师精诚合作、奋力拼搏下，西藏学生的教育教学取得了飞跃性的进步。

（一）教学业绩

截至 2020 年 9 月，我校共招收 564 名西藏高中散插生（其中包含 2020 年 9 月计划招生的 45 人，但因高一正式录取还没有结束，准确数据还没有拿到），已经毕业 419 人，高中散插生绝大多数同学考入全国重点大学，其中 2009 届明玛丹增同学以当年民族毕业生最高分考入北京大学，2011 届鹿杨同学考入清华大学。

截至 2020 年 9 月，我校共招收 648 名西藏初中生（其中包含 2020 年 9 月计划招生的 40 人及 5 名工布江达县的委培生，但因为初一正式录取还没有结束，准确数据还没有拿到），已经毕业的 512 人，其中 98% 以上同学升入内地西藏班继续高中学业，并且 85% 以上被录入内地散插重点高中。

（二）工作荣誉

在省市各级政府特别是教育主管部门的关心和支持下，中山市实验中学先后获"中山市民族团结模范单位""广东省民族团结进步模范社区创建工作先进单位""全国民族团结进步创建活动示范单位""全国民族团结进步模范集体"等一系列荣誉。另外，黄金柱同志在 2006 年获得中山市民族团结模范个人荣誉称号，2010 年被广东省授予"民族团结模范个人"的荣誉称号，2012 年评为南粤优秀教师；彭联生同志在 2016 年 9 月被西藏教育厅评为西藏自治区优秀教育援藏工作者；舒乾标同志 2018 年 9 月被西藏教育厅评为西藏自治区内地西藏班办学先进个人；唐满意老师 2019 年荣获"西藏自治区优秀教师"称号。

（三）教研成果

2017 年 4 月，由我主持的省级德育课题"内地高中西藏散插生学校适应性校本课程开发及实践"通过广东省教育厅立项；李海文老师主持的"内地西藏班初中生自我意识水平与学校适应性行为研究"，专注于初中西藏生的生理、心理和学校适应性的研究，针对性强、效果显著；课题"内地西藏生混班混宿适应性校本课程研究"，专题研究西藏生们混班、混宿所面临的问题，及解决的思路和策略等。部分老师撰写的论文《汉藏一家亲》荣获教育部民族教育司全国内地班（校）教育教学论文一等奖，教育部重点科研课题立项一项及其科研成果一等奖、广东省基础教育教学科研成果一等奖。

二、内地西藏班的教育理念

中山市实验中学以"政治上高看一眼"作为援藏工作的底色，以"情感上厚爱三分"作为沟通你我的红绳，以"制度上一视同仁"作为安全管理的尺子，反复强调民族团结的重要性。

（一）态度：政治上高看一眼

"民族问题无小事，援藏工作是事关民族团结的千秋大计。"自中山市实验中学 2002 年招收西藏高中散插生以及 2009 年开始开设内地西藏初中班以来，先后有广东省民宗委党组副书记李秀英、原广东省教育厅厅长罗伟奇、原中山市委书记陈旭东等四套班子领导来校调研，看望慰问西藏生，为西藏部教育教学指明了方向，注入了动力。

在学生层面，学校通过设立青年团校，加强对各类学生思想政治教育，鼓励西藏学生积极向团组织和党组织靠拢。另外，学校不仅在各年级成立了西藏生团支部，还普及了"以团建团""以团管团"的管理模式。在教师层面，学校还聘请李黎等一批党员教师作为西藏生的人生导师，以指引他们在人生道路上的前进，心理科教师也为初中西藏生们做团体心理辅导，为他们健康积极地面对生活与学习，保驾护航。

（二）沟通：情感上厚爱三分

内地西藏班，作为内地中学生中的一个特殊群体，他们从 11 或 12 岁就远离父母，到沿海经济发达的地区求学，进行长达三年甚至更长的时间在内地学习，缺乏亲情的呵护，需要独立面对学习与生活，而这一系列的变化与挑战又恰逢"动荡不安"的青少年期，这无疑给内地西藏班的学生身心都带来了巨大的挑战。这就要求内地西藏班的教师团队既要学会当好老师，更要学会当好"父母"。老师要有意识地引导帮助他们建立一个倾诉成长烦恼的有效通道，给予他们更多的关爱，为学生身心和人格的发展保驾护航。

（三）管理：制度上一视同仁

根据《教育部关于进一步办好内地西藏新疆班的意见》和《广东省内地民族学生安全教育管理珠海共识》精神，为更好地贯彻落实"三混"（混班、混宿、混餐）工作规定，我校根据多年来的办学经验，制定了《中山市实验中学西藏生"三混"管理办法》。学校单独成立西藏部，专职开展对西藏生的教育管理工作。在"三混"教学管理原则下，教育教学的第一责任人是有西藏生的班主任及科任老师。

在西藏生的教育工作上，班主任负责工作日学生的思想品德的管理、考核、评价、处理，班主任要做好学生的跟踪教育记录，特别是对那些学习目标不明确、学习积极性不高、学习态度不端正、严重违纪、屡教不改的学生，做好跟踪教育，并建立重点学生档案。重点学生档案包括且不限于：（1）违纪事实——情况说明书、检讨书、保证书；（2）证词；（3）教育的过程和效果记录；（4）班级或宿舍同学评议、任课老师的评价。各年级部还须认真落实西藏生导师制度，由年级部统筹，负责分配西藏班任课老师担任西藏生的人生导师，结队帮扶西藏生。人生导师在思想教育、学业辅导、课余生活方面给予西藏生帮助和指导，促使师生间情感相通、人心相融。西藏生人生导师每月至少要和学生谈话一次，提倡进行创新、高效的交流方式，并做好记录。班主任、人生导师需要时刻掌握学生的思想动态，特别是对政治问题和民族问题要敏感，善于发现苗头，做好谈话教育记录。对于重点学生，要反复谈话，耐心教育，并告知家长。

在西藏生的教学工作上，科任老师是第一责任人，要关心、爱护西藏生，真诚地帮助、鼓励、督促、检查西藏生的学业。严格落实西藏生成绩分析制度，班主任及科任教师要全面掌握学生学习动态和思想动态，每次月考后要组织学生进行成绩分析。表扬成绩优秀的、进步大的同学，并帮助落后和退步的学生找到问题，并指明改进的方向。

为了更好地促进西藏班学生在散插教学中得到更好的发展，激励学生争优争先，学校也制订了相应的奖励方案。当然，如有学生违纪，学校以教育帮助为主，但是不会因为是西藏生而降低要求，对于严重违纪或屡教不改的学生，根据校级校规严肃处理，具体违纪行为和处理办法在《中山市实验中学西藏生"三混"管理办法》中均有详细说明。

三、内地西藏班的教育实践

（一）集众人之智，架友谊之桥

1. 对口支援，教育帮扶精准化

教师入藏支教是中山市实验中学的传统援藏项目，至今已有杨文辉、甘波、曹荣、程旭东、张冬冬、王艳丽、伍学军等多名教师到西藏林芝市的工布江达县进行对口支援。作为学校的党委书记和校长，我曾三次带队专门前往西藏林芝市的工布江达县中学开展对口支援活动，共筑中山和林芝两城的教育情愫。

2. 远程支教，教育帮扶常态化

除去教师团队送课进藏之外，粤藏两地还进行跨越千里的线上交流研讨活动，两校教师通过同课异构、示范课、精品课以及学科教学研讨活动，进行展示交流，例如在我校举行的粤藏两省区"互联网＋优课"的教研活动等。通过研讨，不仅提升了双方教师运用信息技术增强学科深度融合的能力，更提高了粤藏两地的教育教学质量。

3. 委培学生，教育帮扶项目化

自2017年起，中山市决定每年代培工布江达县五名初一新生，由中山市实验中学负责培养，学费由中山市政府拨款资助。委培项目实施以来，所有学生进步飞速，进一步促进了学校与当地教育部门紧密协作，使得教育援藏向更深层推进。该项目为工布江达县群众办了实事，办了好事。

（二）举全校之力，尽育人之责

1. 内外践行，民族团结日常化

学校通过寓教于乐的方式，开展丰富多彩的活动，在活动中渗透民族团结的主题。在校内，学校组织学生进行"热爱伟大祖国，认识美好西藏"的知识竞赛、观看纪录片《西藏》等活动；在校外，学校组织学生参观孙中山故居、中山影视城，开展冬季游学活动，还连续九年组织学生参加慈善万人行等。中山市实验中学把爱国主义教育、民族大团结教育、乡土教育等元素融入到日常教育教学中，增强了学生对伟大祖国和民族的认同感，也坚定了学生拥护中国共产党的领导、维护祖国统一和民族团结的理想信念。

2. 你来我往，文化交融生活化

西藏学生的教育环境实际上是一个多民族的教育环境。西藏学生大部分是来自以藏族为主的不同少数民族，而学校教师大部分来自内地的汉族。因此，学生在接受教育的过程中，会出现较多文化适应的问题。

为了缩短适应期，每年7—8月，学校会专门选派西藏部的老师亲赴西藏，对即将入学内地班的学生们宣传汉族文化、介绍汉族风情及中山特有的地理人文环境等。同时，学校还会组织这批教师较为深入地了解藏族文化的特点及藏区孩子的日常生活习惯、宗教信仰、文化特征等，为即将到来的开学做好准备。对于已经入学的学生，每年7—8月，学校也会选派老师护送学生返藏，借此机会在西藏召开别开生面的家长会，或是集中家长，或是家访，面对面地同家长交流学生在校的学习和生活情况，交流学校的管理和关爱，交流中山的风土人情等。

同时，为了让西藏生们更好地了解汉族的文化及日常生活，平时利用节假日，老师或本地优秀学生都会邀请西藏生们回家，让他们感受家庭的温情，同时体验汉族文化，加速对汉族文化的理解与认同。

3. 精挑细选，教师团队精良化

学校在初中部和高中部分别挑选业务素质拔尖、公正、有爱心、爱学习、经验丰富、对西藏生的教学有强烈兴趣的老师组成内地西藏班的教师队伍，并从中再选出特别优秀的老师担任班主任。学校会定期组织论文评比、教学竞赛等活动，以科研促教学，并设立专门的奖项对老师们进行鼓励，成效显著。我校钟泽伦老师参加西藏自治州举行的公开课比赛，获国家级二等奖；罗天成老师在2018年西藏自治区全区高中教师教学竞赛中荣获化学学科一等奖第一名；

宋彩霞老师在2019年西藏自治区全区初中教师教学竞赛中荣获生物组一等奖。

另外，教务处专门针对西藏内地班的特殊情况，组织领导小组，指导推动西藏内地班的课堂教学改革。课堂教学改革集中在两个方向，一是找准学情，根据西藏学生学习基础薄弱的特点，降低教学难度，同时考虑到学生们学习行为习惯的特殊性，教学过程中就如何提高学生的学习积极性进行重点探索；二是改变传统的教学模式与方法探索多种形式、灵活多样的教学模式，给教学注入符合学生发展的民族因素、科学因素，促进学生健康、多元化的发展。

（三）借他山之石，筑格桑之梦

学校的管理离不开与其他兄弟学校之间的相互交流，内地西藏班的办学形式更是特殊，各个学校都在不停地探索。

在这种情况下，中山市实验中学没有故步自封，自开始接收西藏高中散插生以来，一直积极与其他学校进行经验交流。学校西藏部管理人员及教师多次走出校门，去其他兄弟学校参观学习，包括进行同课异构等形式的教研活动等。2018年，在钟泽伦副主任的带领下，西藏部六位教师到常州西藏民族中学，进行内地西藏初中班同课异构教研活动。2017年，在副校长胡建平和张剑波主任的带领下，西藏部教师不远千里远赴河南郑州参加内地西藏高中散插班"同课异构"教研活动。

同时，学校也邀请其他学校的领导和专家进校门进行指导和交流，在吸取他人办学经验的基础上，完善自我，不断提升学校西藏生的教育与管理水平，成为高原儿女圆梦的摇篮。

四、结束语

中山市实验中学以"政治上高看一眼"作为援藏工作的底色，以"情感上厚爱三分"作为沟通你我的红绳，以"制度上一视同仁"作为安全管理的尺子，在内地西藏班的教育理念和实践上进行了积极探索，集众人之智，架友谊之桥，举全校之力，尽育人之责，借他山之石，筑格桑之梦，为教育援藏及民族团结进步事业做出了较大的贡献，开创了内地教育援藏工作的新局面。

"民族团结和我校的教育援藏工作"
党课实录

党的十八大以来，习近平总书记着眼于新时代民族团结进步事业新发展，创造性地提出筑牢中华民族共同体意识的民族工作重大命题，为新时代民族工作指明了方向。特别是习近平总书记在2009年9月召开的全国民族团结进步表彰大会上发表的重要讲话中明确提出，要以筑牢中华民族共同意识为主线，全面贯彻党的民族理论和民族政策，坚持共同团结奋斗，共同繁荣发展，把民族团结进步事业作为基础性事业抓紧抓好，促进各民族像石榴子一样紧紧拥抱在一起，推动中华民族走向包容性更强、凝聚力更大的命运共同体，为新时代筑牢中华民族共同体意识提供了行动指南。

以下是我做客"薪火讲坛"，为大家讲述民族大团结和我校的教育援藏工作。

什么是民族大团结呢？我说民族大团结，是长江、黄河、鸭绿江，是天山、泰山、喜马拉雅山，是北京故宫、万里长城、布达拉宫，是佛教、道教、天主教，是张骞、文成公主、左宗棠，是四川话、广东话、闽南话，是茅台、五粮液、青稞酒，是西湖龙井、洞庭碧螺春、云南普洱，是刘三姐、大阪城的姑娘，是唇齿相依、守望相助、风雨同舟，是56个民族、56朵花、56个兄弟姐妹是一家。

正如习近平总书记所说，各民族只有把自己的命运同中华民族的命运，紧紧地联系在一起，像石榴子一样紧紧地抱在一起。中华民族才有希望，各民族才有未来，各民族共同的团结奋斗，共同繁荣发展的思想基础才能打得更牢。中华民族的发展史，其实一部各民族之间不断交流融合的历史。

下面我给大家讲三个故事：

第一个故事，彝海结盟。1935年5月，我们工农红军长征渡过了金沙江，进入了四川凉山。蒋介石调动了几十万大军，妄图把红军围堵在大渡河以南，让朱毛红军成为历史上第二个石达开。同学们都知道石达开是太平天国时期的高级将领，又称翼王。当时由于起内讧，他率兵逃走。逃到大渡河，被清军围剿，被一举剿灭在大渡河畔。红军走到大渡口，面对这么严峻的困难、严峻的形势怎么办？第一，国民党军队围追堵截。第二，大渡河激流险滩。第三，少数民族对汉人的不友好，对红军误解太深。在凉山地区主要的少数民族是彝族，彝族当时对汉族是很有意见的。没有少数民族支持，红军不能顺利通过彝族地区。第四最重要的是历史的阴影。红军经过的大渡河旁，是石达开兵败的地方，有个历史阴影，怎么办？当时毛泽东同志总结了石达开失败的原因，其中一个非常重要的原因是，没有处理好与彝族的关系，他鲜明地提出了我党的民族政策。先遣部队刘伯承、聂荣臻按照中央的民族政策决定与彝族同胞结盟。我们知道，刘伯承、聂荣臻是得力干将，新中国成立之后，他们被评为十大元帅。但是这个想法很好，做起来很难。彝族同胞会接受吗？第一，彝族同胞的亲人被国民党军队抓去做人质。第二，国民党把共产党、把红军妖魔化，把红军称为红魔军。在这种情况下，我中央红军又要在非常短的时间之内渡过大渡河，怎么办？当务之急是解救人质，表达诚意，宣传政策，展示红军的形象。刘伯承开展了各项的工作，巧妙地与敌人周旋，并勇敢地救出了人质，终于感动了彝族同胞。头人小叶丹与刘伯承大胆拥抱在一起，彝族兄弟按照当时的风俗抓了一只公鸡，杀掉取血，然后要喝水酒。但当时由于身边没有酒，怎么办？当时就在彝海边，彝海的水很干净、清澈，于是他们当场就把海水舀出来，然后滴了几滴血，当场就喝下，世交友好兄弟。就这样，彝海结盟，使中国共产党的民族政策第一次取得了胜利，为革命胜利之后我们国家的民族政策和民族区域自治制度打下了坚实的基础。这是第一个故事。

第二个故事，昭君出塞。昭君就是王昭君，历史上传说中的四大美女之一。可能大家都知道四大美女有西施、王昭君、貂蝉、杨贵妃。现在留下来的关于王昭君的诗词就有 119 首，其中非常有名的是："绝艳生姝域，芳年入内廷。谁知金屋宠，只是信丹青。"还有对她美貌的形容："面衬桃花白里红，灿烂一笑齿如云。聘聘袅袅凤步摇，冰机玉理细又匀。"王昭君如此之美，怎么去嫁给了匈奴？当时一个外国的首领来求亲，王昭君那么美，皇帝又怎么会同意呢？原来还有个故事。当时王昭君被叫到宫廷里面去之后，宫廷里面美女如云，要被皇帝宠幸的话，必须让他过目看一下。可他怎么一个个地看？没有那么多时间。皇帝就是要看画像选，当时也没有照片，不像现在有照相机、有手机拍摄，马上就传过去了，用微信发给他就可以了。那个时候什么都没有，怎么办？宫廷里面养了帮子人，专门给皇帝和宫女画像的，每招进来一个宫女，他就画一幅像送给皇上。但是那批画像的师傅也搞腐败，谁送钱给他，他就把谁画得更好更漂亮。王昭君不信邪，她说我长得这么漂亮，我才不愿意送钱给你。毛延寿是必须完成任务的，就把她画成一个非常丑的形象送给了皇帝。皇帝看了之后，当然就不满意，因此她没有与皇帝见过面。匈奴有好几支，是非常厉害的一个民族，是马背上的民族，汉族是很怕它们的，历史上匈奴与汉族之间战争打了很多，匈奴一直是汉族的心腹大患。有一次他们兄弟之间打仗，被打败的单于叫呼韩邪单于，投奔了汉朝，他宣布要与汉族和好。他看到汉帝身边美女很多，心想能否能够送一个给他做老婆，于是他提出来。皇帝身边美女如云，送他一个两个无所谓。但他身边这些他不送，要送就送没见过面的比较"丑"的吧。然后他就叫人去宫廷里面征求意见，谁愿意去。王昭君自愿报名，没走多远，皇帝回来就发脾气了，他把毛延寿叫来。历史上有质证，这个家伙把王昭君画丑了，主要是在她脸上点了一个痦子，画得也不像样，皇帝气得要命，当场就把他杀掉了。王昭君嫁给了匈奴之后，过得还是非常不错的。她宣传汉族的有关政策，宣传汉族的有关文化，劝君劝夫不要去与汉族作对，这样一来，王昭君的影响力就很大。据历史上记载，有 60 年时间，匈奴与汉族之间没有发生过矛盾，周边一直相安无事，这是非常了不起的，王昭君做了非常重大的贡献。

第三个故事，就想讲讲陆游的事。我想这首诗大家耳熟能详，"死去元知万事空，但悲不见九州同。王师北定中原日，家祭无忘告乃翁。"陆游，号放翁，南宋著名爱国诗人。这个人是个传奇式的人物，非常值得说一说。传奇表现在什么地方？首先他留下的诗歌之多，有记载的诗歌达 9000 多首。第二，这个人的寿命很长，活到了 85 岁，现在说 85 岁不算什么高龄的，当时 85 岁那是很了不起的。有一句话，人生七十古来稀，能活到 70 岁的就非常少了，更何况他活到了 85 岁。第三个，他 48 岁披甲上战场。像他这种有名望的诗人，48 岁上战场，对照现在的年龄快退休了，他还披挂上战甲上战场，这是了不起的。这有点像历史上的曹操，他快 50 岁的时候，"老骥伏枥志在千里，烈士暮年壮心不已"。你看曹操自己认为 50 来岁就是烈士暮年，那么他 48 岁披战衣上战场，这是他能成为传奇式的人物的一个原因。更重要的是他有两个字，对国家的"忠"和对前妻的"爱"，在历史上是非常有名气的。对祖国的爱，对祖国的忠，就表现在这些诗里面，写得非常好，在他生命的尽头，85 岁高龄的陆游仍然牵挂的是内忧外患中风雨飘摇的国家，在他生命留下了最后一首诗："死去元知万事空，但悲不见九州同。王师北定中原日，家祭无忘告乃翁。"这是陆游的临终遗嘱，也是他的生命绝唱。在生命的最后一刻，他放不下的，是"但悲不见九州同"，国家还没统一，他的理想还没有实现，他仍然在等待。等待什么？"王师北定中原日"，等待朝廷军队打过黄河，收复中原。到那一天，别忘记了告知在九泉之下的自己。

所以说，一条民族政策挽救了工农红军的命运，一次和亲举措带来了边疆的和平稳定，一首爱国诗篇拨动了民族统一的心弦。历史昭示着未来，民族团结是人民的选择、历史的必然，是我党革命的法宝。彝海结盟，民族情深如磐石；昭君出塞，家喻户晓，传佳话；放翁临终不见九州同。不同的故事，相同的情感。然而自古以来少数民族地区由于特殊的地理环境，加之缺少优质教育资源，经济文化长期比较落后，贫困问题突出。如果这个问题不解决好，众多人口就没有脱离贫困境况，少数民族地区实现全面建成小康社会的目标就无从谈起。治国先治边，治边先稳藏，改变藏区面貌，根本要靠教育。对口支援西藏是党和国家做出的重大决策和战略部署，也是推动西藏跨越式发展和长治久安的重要举措。

中山市实验中学响应党和国家的号召，积极投入到教育援藏工作中。从 2002 年开始接收西藏高中生，2009 年开始接收西藏初中班，至今已经有 18 个年头。作为中山市唯一一所承接此项任务的中学，使命光荣，责任重大。可以说西藏未来发展的关键在教育，促进民族团结的基础在教育。中山市实验中学教育教学设备先进，各功能场馆一应俱全，校园错落有致，湖光翠色，石井水榭，鸟语花香，十步一景点，百步一亮点，天天有鲜花，月月有变化，为培养西藏生创造了良好的学习条件。由于教育援藏工作出色，中山市实验中学先后荣获全国民族团结进步模范集体、广东省民族团结进步模范社区创建工作先进单位、中山市民族团结模范单位等荣誉。黄金柱、彭联生、舒乾标等老师多次受到省市表彰。那么中山市实验中学是如何落实教育援藏工作的呢？

像我们这样，因为承担援藏任务的学校有不少，有些校长把这些支教工作当成一个负担。而我校却把它当作一个品牌去打造，以"政治上高看一眼，情感上厚爱三分，制度上一视同仁"为教育援藏的工作理念。政治上高看一眼，是基于以下几个方面进行考虑的。第一，谈到西藏，有许多人就会想到蓝蓝的天空、洁白的羊群，就会想到美丽的布达拉宫、巍峨的珠穆朗玛峰，可谁能想到我们有些西藏生生活环境极端艰苦，生活非常贫困。我们曾经有个学生叫作拉姆的，他一家五口住在一个非常小的不足 50 平方米的房子里面，家里的所有家当加在一起可能不足 2000 块钱，家中唯一的经济来源是牦牛两头。出虫草的季节，他上山挖点虫草。他从家到一个小镇，都要步行三天，他的家族中世世代代中没有出过一个大学生。像拉姆这样的大家庭在西藏还有很多很多。第二，我们有先进的办学理念和管理经验，有日渐完善的基础设施和优良的师资配备，可以为西藏培养更多更好的未来的建设者和接班人。第三，有利于促进汉藏文化的大融合大发展，促进民族大团结。每年除了有 300 多名西藏生在校接受良好的教育之外，还要不定时地选派教师、教育名师、学科带头人前往西藏讲学交流或者阶段性跟岗。像黄文继工作室，像我们现在的副校长杨文辉同志先后到西藏进行支教。

以下是杨文辉同志在西藏一年半工作经历的介绍：

教育援藏一直是我校教育教学工作的重点内容之一，时值广东省首批援藏援疆选派教师，我们学校就积极响应，然后就选派我于 2018 年 8 月远赴林芝市工布江达县进行教育援藏工作。在 3500 多米海拔的公布，江达县确实是高寒缺氧，在那里遇到了很多的困难，身体有很多不适，但是在我们省市各级领导的关怀下，尤其是我们实验中学大后方的关怀和支持下，我们这些援藏老师克服了种种的困难，坚持自己的梦想，在那里顺利地进行了一年半的援藏工作。我们在西藏工布江达县深入到西藏农牧民地区，进行四讲四爱的宣讲活动，我们也和当地的老师一起进行各项的科研活动，我们也进行上课的示范引领，并且利用假期经常深入到西藏比较偏远的各个镇区的家庭去进行家访，我们和西藏的孩子及其家人一起吃，一起住。我还记得我们在杨浦乡时候的事情，杨浦乡应该是很偏远的，开车都要很久，当地语言是很不通的。但是那些家长看到我们去家访，真的是眼里都放着泪光，很感动，真的是与汉藏同胞感情很深。然后我们通过学生翻译跟他们沟通，参观他们以前漏风漏雨的石头茅草房。他们说他们现在有三套房子，第一栋房子就是在村里面的两间很宽敞的房子，还有一栋房子就是在山坡上用来放牧居住的。再还有一种就是在山顶比较高用于放牧的这个房子，也就是说他们的生活条件在党和政府的关怀下，真的是得到了很大的改善。老百姓说得最多的一句话就是，感谢党的好领导好政策，我们现在生活大大地改观了，很幸福了。这是我们在那里感触最深的。然后我们看到孩子们也得到了党和政府无微不至的照顾，都是包吃包住。在那里，我记得我经常去跟孩子们一起吃饭，中餐和晚餐都是 4 菜 1 汤，吃得很好，孩子们也成长得很好，到了初三个子都很高，比我都高很多，所以我们非常开心。在那里，我们实验中学给予了我们援藏老师很大的关心和支持，我们进行网络的教研活动，然后蒋校长也派老师去那边进行指导。2019 年 8 月，蒋校长亲自带领班子成员去工布江达县中学就教学德育、校园文化建设等方面进行指导和交流，对那边的发展起着积极的引领作用，非常好。在广东省第 8 批、第 9 批援藏干部王超刚书记、何立书记，还有刘岩副局长等领导的直接领导下，在那边和当地的县中学县教体局以及同事的支持下，我们在那边不辱使命，顺利地完成了一年半的支教工作，科研成果应该是开花结果，有很丰硕的成果，包括区级的县级的这种课题研究，以及我们其他方面的实验研究，成果丰硕。尤其是在 2019 年的中考取得了辉煌的成绩，成绩应该说是刷新了县中学的历史。我们学生的平均分比上一年平均高出 61 分之多，并且考入内地西藏班的学生比上一年翻了一倍，应该说是交出了一份满意的答卷，这也有赖于我们学校大后方以及我们中山市的大力支持。我就用两句话来总结我的工作，应该说短短一次援藏行，悠悠一世援藏情。粤藏天涯若咫尺，汉藏同胞一家亲。感谢各位。

好一个汉藏同胞一家亲，情感上厚爱三分。西藏自治区远离家乡，父母只身来到这里，克服语言不通、文化不同、环境不适等许多的困难，特别是逢年过节，我们是本地的小孩，当你换上妈妈在商场里买回了新衣服的时候，当你喝着饮料、吃着父母做好的团员年夜饭的时候，当你开心地打开父母给你的压岁钱红包的时候，你可能没想到我们留校的西藏村，他们只能用手机与父母讲讲电话，离不开的是孤独，回不去的是乡愁，心中留下的是想念，眼睛里流出来的是泪水。我们的老师就应该像对待自己的孩子一样，对待西藏生，有些老师做得非常好，把他接到家里，当作自己的小孩一样看待，给他过节过生日，或者在学校开展一些生动活泼的活动。在这方面我们的西藏生可能有很多心里话要讲，下面能不能请两个同学来讲讲？

大家好，我是高一西藏生，次仁吉宗，首先非常感谢学校，感谢蒋校长给了我这次发言的机会。我在初三中考填报志愿的时候填下中山实验中学，就开始已经为能够融入散插生做好了充分的准备。去年9月1号开始上高中的第一节课的时候，不免有一些紧张，甚至有些害怕，后来完全没有想到在短短一周的时间内，能跟这里可爱的本地生们一起玩游戏，一起开开玩笑，这也是学校给我们的机会，然后让我能够跟可爱热情的本地生有这次相遇相知的机会。学校在各个方面给我们西藏生很多照顾，很周到，在学习方面获得了很多帮助，老师在学习方面给我们在周末安排了很多补课，数学、数学、语文、英语都有。很感谢各位老师能够牺牲自己节假日休息时间，为我们做辅导。至于学习，我感觉在这里学习很放心，因为学校环境优美，我常常在教学楼的走廊里看着优美的环境，还有很多汉族的朋友，我想，我真的很开心能够在实验中学读书。我也相信我们在实验中学会越来越好，也祝学校越来越好。

大家好，我是高一西藏生达瓦央宗，在这里很感谢党和学校能给我们这一次机会，让我们能够从遥远的青藏高原来到实验中学学习。在实中里面老师们会给我们各种关怀和关爱，在生活上他们也给予我们无微不至的关怀。在学习上，他们怕我们赶不上本地生，还会给我们补课。在平时的日常生活中，还会在周四、周五给我们西藏生水果和鸡腿，在一个月的时候，还会带我们去学校里的茶餐厅。在平时节假日的时候，学校怕我们在学校里面孤单，还会给我们组织多场活动，让我们自己活跃起来，能够减少想念家里的痛苦。有时还会带我们出去看电影。总之在实中里面我们的生活是丰富多彩的，对家里的怀念也是很少的。最后感谢党和学校给我们的深切关怀，制度上的一视同仁。学校是个大家庭，不分民族，不分年龄，不分性别，只要是实中的学生，就必须遵守学校的各项规章制度。正是因为在制度面前人人平等，也造就了这些西藏孩子懂事、可爱，有责任与担当，也让这些孩子真正明白志存高远、心怀天下的办学精神和饮水思源、宁静致远的校训内涵。

每当凤凰花开的时候，我都会亲自参加西藏生的毕业典礼，给这群可爱的孩子送上临别赠言、谆谆教诲，让他们终生难忘。作为校长，在这分别之际，难免有几分高兴，同时又有几分忧伤。我想在这里送大家三朵花。第一朵花，格桑花，它寓意着平安，希望同学们勇于担当，承担责任。我要送同学们的第二朵花是，木棉花，木棉花又叫英雄花，每到春天它绽放在枝头，笑傲大地，希望同学们像木棉花一样自信。第三朵花，校园里面正在开放的凤凰花，寓意着别离和思念。多年以后，你们来或者不来，母校永远在这里，不离不弃；多年以后，你们见或者不见，我们的心永远在一起，不分不离。你们永远是同学，母校永远是我家，最后祝大家幸福吉祥，扎西德勒。面对团旗团徽庄严宣誓：我志愿加入中国共产主义青年团……西藏班三年读书，生活很快过去，又到了说再见的时候，16 位同学举起右手，对着团体宣誓加入共产主义青年团，恋恋不舍地请师长们签名留念。

我想，讲到这里，我们这堂课就差不多了。最后我自己写了一个顺口溜或者叫段子，各族缔造为中华，守望相助血肉情：

你中有我不分离，文化交融相辉映。
共御外侮赤子心，历史车轮滚向前。
祖国面貌日日新，谱写赞歌感党恩。
携手并肩奔小康，共圆民族复兴梦。

微电影《校园的花样青春》

拍摄背景

为丰富课程载体，进一步促进学生全面发展，中山市实验中学在学校党委领导下，创新教育内容，以丰富的社团活动为抓手，既丰富了学生的课外生活，同时也让学生在做中学，在体验中学，"寓乐于学""寓乐于教"，成果丰富，硕果累累。微电影《校园的花样青春》选取一个社团，以真实的原型再现学校社团活动的精彩。

微电影实录

在学校党委校长室的关心支持下，校团委统筹管理学生社团发展，打造五彩斑斓的阳光花地。中山市实验中学是既有绿化又有美化更有文化，既有风景又有风格更有风范，既有品牌又有品质更有品味的，让全市人民满意、让全校师生自豪的示范性、辐射性现代化学校。

加强学生社团建设，优化育人模式，创新和深化未成年人思想道德建设，异彩纷呈的学生社团成为校园文化一张闪亮的名片，在中山乃至全省有着显著的影响力，这部影片是根据实验中学学生社团的故事改编的。

我叫陈果，外婆最喜欢叫我果果，在实验中学，我感受着老师的关爱和同学的友谊，感受着校园的与众不同，感受着校园的花样青春。我的音乐梦想之路是从进入中山市实验中学开始的，外婆是实验中学退休的音乐老师，我是外婆带大的，外婆教会我好多中国的民歌，我好喜欢。每周末外婆都陪我到实验中学校园练歌，这就是我现在读书的地方。我的爸爸妈妈几年前就移民美国，这次为了我出国读书的事，妈妈一个人回来要带我去美国，我舍不得外婆，更不会放弃把中国民歌唱到全世界的梦想。以前我和妈妈有了矛盾，外婆总是站在我这边的。"我早就跟你们说过，果果不愿意去美国读书，更不愿意移民。你们不听，你们有没有听过果果的选择？难道跟我在一起不好吗？""果果，我们去国外上学，过几天就走。你爸在国外都准备好了。果果妈妈在跟你说话，你有在听吗？""妈，我都跟你说100遍了，我不去美国。""你要是不放心外婆一个人留下，我们带外婆一起去好不好？""我年纪大了，身体不好，坐不了那么长时间的飞机。果果的心愿是要把中国的民歌唱到全世界去。你们有没有听过果果的想法？""妈妈天天说美国，可是我们的祖国是中国，外婆一直叫我唱民歌，你知道中国民歌对全世界影响有多大吗？""很大吗？有多大？""《彩云追月》知道吗？《茉莉花》知道吗？什么都不知道，就知道外国好。"我就知道有一首歌叫《豆沙包》。妈妈的要求，我做不到。我和妈妈的见面不欢而散。

在我初中毕业的时候，外婆鼓励我报考实验中学，为了让我了解学校社团文化，外婆带我去参观学生社团。到了机器人社团，学生在老师指导下做 3D 实验，指导老师还热情地给我介绍机器人。我随外婆进了儒行社，看到很多学生穿着汉服，真好看，我自己也穿了一套。到了健美操 show，我和队员们一起舞动起来，外婆在一旁也忍不住地随着跳起来。我的外婆带我到实验中学女子合唱团，合唱团正在排练享誉世界的中国民歌《茉莉花》。太好听了。音乐给了我勇气和信心，我成为了实验中学女子合唱团的一员，我觉得这就是我要加入的合唱团，这就是我要唱中国民歌的地方。我的妈妈就要回美国了，她还是想带我出国，一直在会客室等我，妈妈不停地在劝我，不停地在说着她的想法，可是我不想去。"妈妈，女儿不能跟你去外国，妈妈，请你理解女儿的心愿。"妈妈一个人回美国去了，而我留在实验中学继续我的音乐梦想。我要在学校坚持唱中国民歌，这是我的梦想开始的地方，也一定会成为我实现梦想的地方。

"我们中山市实验中学学生的培养目标就是心中有理想，肩上有责任，头脑有智慧，脸上有笑容，嘴里有歌声的五有学生。我们的学校应该是五彩斑斓的阳光花地，我们的学生社团更应该是百花齐放，五彩缤纷。"在学校社团嘉年华开幕式上，校长的讲话鼓舞了全场，我更是受到了深深的启发。"我宣布，中山市实验中学青春领航，快乐成长。社团嘉年华开幕，我们跟着校长跳起了祝福实中的快闪舞蹈。"我们拥有一个家名字叫实中，有山有水，花很多，景色很不错……"我要唱好每一首中国民歌，我立志要把家乡的粤语民歌《彩云追月》唱到全国，唱响全世界。通过紧张的初赛和复赛，我来到了中国好民歌广东赛区决赛现场。"请做一下自我介绍。""我叫陈果，来自广东省中山市实验中学高二年级，演唱曲目是我家乡的粤语名歌《彩云追月》。""请开始你的演唱……"现在宣布比赛结果，按得分排序成果最后得分97分获得广东省决赛第二名。根据竞赛奖励规则，审批前三名直接进入中国好民歌年度盛典，并进入中国音乐学院生科系继续深造。

我每天早上都会在校园的林荫路上踩着单车，放松着我的心情，放飞着我的音乐梦想。校园的花样青春在我的读书生活里闪闪发光，在中山市实验中学进行绽放。

微电影《岐江格桑花》

拍摄背景

从 2009 年起，中山市实验中学开始接收内地西藏初中班，并成立了西藏部。十几年的时间，学校西藏教育取得喜人硕果。学校先后获"中山市民族团结模范单位""广东省民族团结进步模范社区创建工作先进单位""全国民族团结进步创建活动示范单位""全国民族团结进步模范集体"等一系列荣誉。另外，黄金柱同志在 2006 年获得"中山市民族团结模范个人"荣誉称号，2010 年被广东省授予"民族团结模范个人"的荣誉称号，2012 年评为南粤优秀教师；彭联生同志在 2016 年 9 月被西藏教育厅评为西藏自治区优秀教育援藏工作者；舒乾标同志 2018 年 9 月被西藏教育厅评为西藏自治区内地西藏班办学先进个人；唐满意老师 2019 年荣获"西藏自治区优秀教师"称号。骄人成绩的背后，是老师们辛勤的付出，微电影《岐江格桑花》旨在感谢为内地西藏班教育倾情奉献的老师们。

微电影实录

从 2009 年起，中山市实验中学开始接收内地西藏初中班，并成立了西藏部。刚刚进校的初中生大多只有 12 岁左右，远离父母，从格桑花盛开的西藏来到伟人孙中山的故里，广东省中山市，一座岐江环绕的全国文明城市，开始了为期三年的读书生活。

藏族学生刚来到班上时大多只有十一二岁，生活自理能力差，不会铺床叠被，不会洗衣服，不会打扫卫生。天热不知减衣，天冷不知加衣。

"今天把你们两个叫来商量个事情。我想星期天就搞一个大食会，就告知一些家长和一些同学，从自己家里带一些特色菜出来，通过这次活动让我们西藏的学生早早地能够融入我们中山的大家庭里面去。"蒋校长，我们西藏部一定会按照你的指示，把本次汉藏学生手拉手活动组织好，我们西藏班的孩子参加这次活动一定会非常开心的。""陈老师，我们来看一下这个活动方案，家长都已经做过动员了吗？""做过了，他们回去准备一下礼物。""中山市实验中学汉藏学生手拉手亲子大食会活动现在开始。""本次活动的重要目的是实现汉藏一家亲，不是亲人胜似亲人。我希望同学们把中山市实验中学当成自己的第二故乡，把这种友谊永远地传承下去。""我们大食会现在正式开始，各位同学、领导、家长开始品尝美食了。"汉藏学生手拉手活动，让汉藏两个班的孩子们都感受到大家庭般的温暖，既让本地孩子们学会了感恩分享和交流，也让西藏孩子感受到了家一般的温暖，既让家长们更深入地认识了自己的孩子，也让家长们加深了对西藏孩子的了解。

随着各项活动的相继开展，同学们对新环境新群体的融入度大大加深了，随之而来的问题又摆在我们面前。全班英语听力第一次测试没有一个及格。"今天我们请来两位同学，一个是班长卓玛。""校长你好。""一个是课代表旺真。这次考试考得比较糟糕，我想听听班长和你的意见。""校长，我们以前是没有英语听力课的，因为中考不考听力的，我这个课代表其实并没有尽到应尽的责任。有个同学跟我说，考试卷子发下来，他从头到尾连一道题都不会做。我很想帮他，可是我真的不知道该怎么做，所以我也很苦恼。""英语不外乎四个字，一个是'听'，一个'说'，一个'读'，一个'写'。'听''说'是很重要的。考得不好，我们要找出原因，对症下药，这样才行。冯老师你是实战部队英语老师，我想听听你有什么高见。""为了提高西藏生的听力和口语水平，我建议对全体西藏生进行人机对话训练。""教学创新，我们学校一直是追求的宗旨，这个建议非常好。我建议第一个组织学生多听广播。第二个，多订一些英语报刊进行阅读。第三，提前进入人机对话。我相信我们一定会闯过学习难关。加油，我们一起努力。""蒋校长非常关心大家，只是我们西藏部要高度重视同学们的英语学习，我相信大家一定会把英语学好。"

"今天我们要进行听说训练，旺真。May I help you？How long 多长时间，多久？Zhang ma，may I help you？ Sore throat ask for leave have a try. Head, egg and sore throat could ask for leave，great. Now let's check the answers who would like to answer the questions who I want to have a try. Want them, please. How long have you been like this for 2 days? Do you have to work today? No, I ask for leave very good because for Wang Zhang."

　　为了排解他们远离家乡的孤独，利用节假日把学生领到家里，为他们做可口的饭菜。人多屋里坐不下，就在门外走廊上摆桌子，让他们感受到家庭的温馨。

　　"生活老师李阿姨，你有什么急事？旺真同学在篮球场打球的时候腿摔伤了。""马上打 120 送元田骨科医院。""旺真，我和彭主任来看你吧。祝你早日康复。""同学们都很关心旺真同学的情况，今天我们请来了西藏部的主任，也是我们班的语文老师彭老师，请他来跟我们说几句。每个同学给旺真写一句鼓励的话，好不好？""希望旺真同学在病魔面前能够坚强，不向它屈服，祝愿你早日康复。"老师，谢谢你。真的。你真的就像妈妈一样。"

　　"这么晚了，你们怎么还不去睡觉？""老师？明天您又要住校，而且我们都知道今天是您的生日，那么大家应该对陈老师说，生日快乐，太爱你们了。"

　　全体起立。奏唱中山市实验中学校歌。"亲爱的西藏班的同学们，上午好。首先我代表学校祝贺你们顺利完成了三年的学业。今天毕业了，你们登上回家参加中考的旅程。祝你们中考取得优异成绩。此时此刻，作为校长，在这分别之际，难免有几分高兴，同时又有几分忧伤。我想在这里送大家三朵花，第一朵花，格桑花，这是西藏人民所喜爱的幸福之花，它寓意着平安，希望同学们勇于担当，承担责任。我要送同学们的第二朵花是，木棉花，木棉花又叫英雄花，每到春天它绽放在枝头，笑傲大地，希望同学们像木棉花一样自信。第三朵花，校园里面正在开放的凤凰花，寓意着别离和思念。多年以后，不管你们来或者不来，母校永远在这里，不离不弃；多年以后你们见或者不见，我们的心永远在一起，不分不离。你们永远是同学，母校永远是我家。最后祝大家幸福吉祥，扎西德勒。"

　　全体同学面对团旗团徽庄严宣誓："我志愿加入中国共产主义青年团……"西藏班三年读书，生活很快过去，又到了说再见的时候，16 位同学举起右手，对着团旗宣誓，加入共产主义青年团，恋恋不舍地请师长们签名留念。

微电影《人间情》

拍摄背景

师生情是教育场域里一道最美丽的风景线。如果说教育是一方美丽的池塘，教师则引领着学生，畅游于这方美丽的池塘。教师是学生知识的引领者、生活的导航者，是学生追逐的灿烂的明天。而学生，则凝聚了教师逝去的青春与活力，教师与学生的温情互动，是风景，亦是情境；是故事，更是割舍不断的深厚情感。

微电影实录

"人间自有真情在。观众朋友们，大家好，欢迎收看大型公益类节目《人间情》。在我们每一个人的生命当中，也许总有那么几个记忆深刻或至关重要的人，而如果有一天你们在人海当中走散，你再也找不到她。别担心，告诉我们，我们愿意汇聚更多的社会力量和你在一起，为缘寻找，为爱坚守，希望在我们生命的站台上重现那些最美好的记忆和人世间的爱。今天是《人间情》节目的第100期，恰逢中山市实验中学105周年校庆，因此我们特别策划了中山市实验中学百年师生情专场，今天我们现场请来了我们实验中学的校长以及老师和学生代表，欢迎你们。我们今天的求助者是一位见证了实验中学三个时期发展的老教师，他就是今年刚刚退休的吴大海老师，他带来了今年刚刚考上清华大学的孙女吴靓，掌声欢迎他们上场。请坐。您辛苦了，见证了实验中学的三个发展时期。您身边的这位是您的孙女吗？""对，我孙女。""吴靓今年刚刚考上了清华大学，您是爷爷的骄傲，更是我们中山实验中学的荣光。我们把掌声送给她。今天吴老师来到我们的节目，您是想找谁呢？""我是来寻找失散40多年的班主任老师，罗燕子老师。""吴靓，您知道爷爷的这段故事吗？""知道，这要从很久以前说起。"
"好的，来给我们讲讲。"

"我爷爷在当老师之前跟我一样，也是实验中学的一名学生。那个时候实验
中学还是一所师范学校，入学要求也很高，但是国家每个月都能够补贴学生饭钱，
爷爷家庭条件很差，想着减轻家里的负担就每日刻苦读书，终于凭着优异的成
绩考入了中山师范。'咦，吴大海，你怎么没翻书？那你来回答老师一个问题，你
能告诉老师你曾经学过鲁迅先生的什么文章吗？上课发呆可不好，你看同学们都
拿出书来了，就你一个人在哪一面都不知道。''大海，干吗不去上体育课？难怪
这几天都没见你笑过了。爸爸摔跤了。所以很想回家看看爸爸。要不周老师陪你
回家看看去。''谢谢老师。''大海大海大海大海大海大海，你怎么啦？''我骨
折了！''大海，你别怕，老师背你去医院，你别说话，我们马上到医院。''老
师给你带了点吃的，慢慢起来'……"

"'这不是大海吗，你怎么回来啦，你不是上大学了吗？''嗯嗯，毕业了，
回来看看老师。''回来看燕子老师的吧，可惜她前几天刚走，报名去支教，
这一去还不知道什么时候回来。'在那个时代，没有手机，交通也不方便，爷
爷曾去问过燕子老师的具体地址，试着写信给她，但最终都石沉大海。后来
爷爷大学毕业，回到了母校，将自己所学的知识、精神传递给学生，他也希望
能够与燕子老师再次重逢，但就这样，40年过去了。""原来吴老师坚守在实
验中学40年，其实最希望等来的一个人，还是自己的燕子老师。我们节目组
知道了吴大海老师这个心愿之后非常感动，我们动用了大量的人力、物力去寻
找燕子老师的消息，那么能找到她的消息吗？接下来我们有请吴老师走到我们的
门铃前去，按响门铃，看看大门能否为你的真情打动而开启。来吧，我们走向门里，
吴大海老师期盼已久的燕子老师。来让我们一起呼喊：燕子、燕子。谢谢。"

"真没想到我还能回到这里，看到大海，谢谢，谢谢你们。当年刚到山区了
解教育情况的时候，我被震惊了，很少有老师，孩子们几乎不识字，几岁就跟着
父母下田干活了，我想让他们都走出大山，看看外面的世界。山区里通信不便，
之前的联系都断了，我也结识了我的丈夫，于是我就扎根在大山里。在支教的日
子里，我始终都关注着这边的生活，特别是大海，我一直牵挂着他。今天看到
他我特别高兴，我也很放心，很知足。"

"40年过去了，吴大海终于在今天等到了他日思夜想的燕子老师，而燕子老

师也终于回到了自己的家。40 年过去了，当初的中山师范已经演变成了今天的实验中学，今天我们实验中学的校长老师和学生都来到了现场。接下来我们掌声有请蒋晓敏校长上台，掌声欢迎。"

"燕子老师你好，刚才听了你非常感人的故事，很受教育，我们为有你这样的老师感到自豪，感到无比的骄傲。今年是学校建校 105 周年校庆，当时有许多校友，你有很多学生都会回母校参加庆典，你一定要来，我也跟大家等待了 40 年，今天终于等来了特别想见的燕子老师，下面我们的吴大海老师要陪着我们亲爱的燕子老师到校园里去走走，看看今天我们的实验中学有多么美，让我们欢送他们。"

第三篇

乐对师生的长情告白

幸福中国，我来守护

亲爱的同学们：

见信安好！今天是庚子年二月初一（农历），漫长而寒冷的一月结束了。我期待与你们在草长莺飞的二月天，在明媚的春光里相逢。漫步实中校园，初春的校园景色如你们在校时一样美。但目光所及，耳之所闻，全是你们见到我时那灿烂的笑容和声声"校长好"。站立在星辉楼、星光楼、星曜楼前，我无法控制地想起了你们——实中最美的风景，你们不在的实中校园，我走着也甚是无趣！于是写下这封信。

今天这封信，我想和你们谈三个词。

第一个词：想念

一个 50 岁的男人和 00 后的你们谈想念，也许你们会觉得矫情，但是"想念"这个词恰恰是我此刻的心情。这个寒假，我和你们一样，有生以来第一次体验到了"隔离"的滋味，我们之间隔着 30 多年的光阴，第一次有了完全相同的经历和感受。和一些老师聊天的时候，他们说你们很想开学，很想念学校、想念老师、想念同学……我和老师们一样也想念着你们。这种彼此间的想念如此真实而真挚。可是，亲爱的同学们，在我们的想念之外，我还读到了这样的想念：

一个 8 岁的小女孩在信中的想念，她说："妈妈，在你飞赴武汉之前剪下的长发，我只是在照片上看到。你现在在哪里？我多想摸摸，更想放在被窝里伴我入眠。"

一位妻子对丈夫的想念："这七天，日子长得像是一年。你走后我开始怪自己，为什么没有多跟你讲讲话，多嘱咐你注意安全？还有我多想亲口告诉你，我多么为你自豪！"

一位母亲隔着家门对儿子的想念："这是家里炖好的汤，你自己一定要保重啊。"

武汉市一名医生对因感染新冠肺炎去世的医院小卖部老板林军的想念："很多像你这样的人，在我们身边不那么起眼，突然没了，我们才发现他们在我们的生命中是多么重要。"

…………

同学们，你是否突然发现：我们现在所拥有的恰恰是别人所想念的呢？想念是拥有的另外一种形式，想念让我们的世界变得更有温度，相信 2020 年这些特殊的想念，会成为"藏品"，珍藏在我们记忆的博物馆。

第二个词：幸福

2020 年最初的这些想念，我给他们取名叫"幸福"：原来能在明媚的春光中自由地呼吸是多么幸福，原来在一起就算是吵架也是一种幸福，原来"三点一线"的校园生活是这么幸福，原来陌生人一个微笑也可以让我感到幸福的，原来山在，大地在，岁月在，我在，你在，这就是幸福……不知道你们是否和我有一样的感受呢？但，亲爱的同学们，当我们感受到幸福的时候，我想提醒你们，提醒幸福的来路。政治家基辛格在《论中国》中说："中国人总是被他们之中最勇敢的人保护得很好。"因为有最勇敢的人在最前线英勇奋斗，有他们的保护，所以此时"宅"在家的我们才成为了最幸福的人。同学们，我们是否可以换一句说，"我们此时的幸福是建立在别人的牺牲之上的呢"？是他们，那最美、最可敬的逆行者们，用尽全力，在护我们周全。这样的幸福，我们当心怀感恩，并奋勇前行；这样的幸福我们当铭记于心，并付之于行。

第三个词：奋斗

"幸福是奋斗出来的""只有奋斗的人生才算得上幸福的人生"。同学们，算算年龄，我也差不多是你们的爷爷一辈了，在此化用毛主席的一句话说，中国是你们的，也是我们的，但是归根结底是你们的，你们是什么样，中国便是什么样，守护幸福中国，你们唯有努力奋斗。打开新闻，你可以看到在抗疫战场上，00后在行动，他们与你们一样稚嫩的脸庞上闪耀着大人一般的坚毅："我请求，愿为战胜疫情随时听候调令到湖北医院一线工作";"希望我身体里的抗体,能够成为战疫的有力武器";"临床医学学生,大二,很想逆行到一线,请求赴武汉支援……不计报酬,无论生死"。还有太多太多的 00 后从象牙塔逆行到"疫线",成为这场战疫中的志愿者,他们用自己的行动告诉我们:我选择英勇奋斗,与祖国共克时艰。亲爱的同学们,那你的选择是什么呢?"志存高远,心怀天下。"实中学子,也自当为 00 后代言,扛起使命的大旗,绝不在奋斗的年纪选择安逸,我期待你们响亮的声音:"幸福中国,我们守护,我奋斗,我幸福。"

亲爱的同学们,此时窗外阳光明媚,时有鸟儿鸣,你们可以足不出户,却不可以闭目塞听;你们可以大门紧闭,却不可以关上心门;此时虽静坐,却可"心事浩茫连广宇"。请记住:无论何时何地,中国都与你休戚相关!愿你的想念中有每一个中国人,愿你的幸福中不再有眼泪,愿你用奋斗谱写不悔的青春!

就此搁笔,愿再见不远!

你们的大朋友:蒋晓敏

离别季，送你三朵花

亲爱的西藏班的同学们：上午好！

　　首先我代表学校祝贺你们顺利完成了三年的学业。今天毕业了，你们登上回家参加中考的旅程。祝你们中考取得优异成绩。此时此刻，作为校长，在这分别之际，难免有几分高兴，同时又有几分忧伤。我想在这里送大家三朵花，第一朵花，格桑花，这是西藏人民所喜爱的幸福之花，它寓意着平安，希望同学们勇于担当，承担责任。我要送同学们的第二朵花是木棉花，木棉花又叫英雄花，每到春天它绽放在枝头，笑傲大地，希望同学们像木棉花一样自信。第三朵花，校园里面正在开放的凤凰花，寓意着别离和思念。多年以后，不管你们来或者不来，母校永远在这里，不离不弃；多年以后你们见或者不见，我们的心永远在一起，不分不离。你们永远是同学，母校永远是我家，最后祝大家幸福吉祥，扎西德勒。

——在西藏班毕业典礼上的讲话

歌声代表我的心

　　感谢市教体局领导的关心和厚爱，谢谢老师们的信任和支持。此时此刻，我最想唱三首歌来表达我履职的心情。

　　第一首歌唱给教体局，歌名《我是一只小小鸟》。

　　它的歌词是这样的："我是一只小小鸟，想要飞呀飞都怎么也飞不高。我寻寻觅觅个温暖的怀抱，这样的要求算不算太高……"

第二首歌唱给老师们听，歌名《敢问路在何方》。

"你挑着担，我牵着马。迎来日出，送走晚霞。踏平坎坷成大道，斗罢艰险又出发，又出发……"

第三首歌唱给自己听，关于工作方面的，歌名《甘心情愿》。

有这么几句："和你相依为命永相随，为你甘心情愿付一生，风风雨雨去共存，陪你走过一程又一程，不后悔！"

——在履职大会上的发言

追梦再出发

"校长不霸道，行政要厚道，教师讲师道，学生守孝道，这样的学校才会被社会所称道。"

行政管理人员要把师生的呼声作为第一信号，把师生的需要作为第一选择，把师生的满意度作为第一需求。

分级德育：高一年级学规范，高二年级做示范，高三年级成模范。

"学生管理看操场，教师管理看会场。"

一台成功毕业典礼晚会应体现"三年师生同窗情感再聚焦，追梦再出发，教育再起航"。

实中是培养"低进高出，高进优出，偏进特出"的人才摇篮。

——在 2016 年度新学年全体行政人员扩大会议上的讲话

高考事关重大

高考事关重大，影响千万人家，全凭高考两天，中大还是清华。题目看得眼花，脑袋似乎变傻，十年寒窗苦读，仅看解题作答。考生要求无他，只求秉公执法。态度和蔼友善，成绩再差不怕，监考可怜巴巴，静得像个哑巴。手机不能随身，随时接受检查。为了人才选拔，牢骚还是少发，维护公平正义，祖国兴旺发达。

——在高考监考培训会上的讲话

三年的时光，让我闻到了花开的芬芳

——在 2019 届高考冲刺动员大会上的讲话

老师们、同学们：

大家好！今天是 6 月 4 日，距离高考还有 2 天。鏖战在即，分别在即，我们在此为高三同学们壮行，向即将走进高考考场的高三学子致以亲切的问候和美好的祝愿！祝你们马到成功、金榜题名！

三年前，一群很萌的"小萝莉""小正太"，怀揣梦想，带着对知识的渴望和对未来的憧憬来到实中，你们用朝气和豪情让校园沸腾；你们用青春和热情让花季绚烂；你们用勤奋和智慧编织着高中生活的温馨与坚强、希望与梦想；你们用拼搏和奋斗谱写着人生的最美篇章！

三年的时光，让我闻到了花开的芬芳

2019 届高三是很出彩的。音乐美术联考成绩催人奋进，24 班陈晓琪同学考取 261 分摘得中山市美术术科状元桂冠；23 班黎煜棋考取 256 分，摘得中山市音乐术科状元桂冠；24 班田宇辰、19 班李惠如、24 班李茜玥 3 人高分通过中央美术学院专业考试；23 班郭杏子同学已高分通过中央音乐学院专业考试；19 班李思施顺利通过中国传媒大学专业考试；30 班郜文琪顺利通过北京电影学院专业考试。此外，生物竞赛身手大显，1 班梁雨彤、郑子龙、张婉睿同学获得全国生物奥林匹克竞赛省二等奖。科技创新名不虚传，1 班的郑子龙、吴昊荣获全国第 17 届青少年机器人大赛金奖。英语竞赛战果辉煌，21 班谢晓莉斩获全国金奖、26 班程阳中、19 班郑靖欣荣获银奖，18 班陈俊龙、22 班严煜扬、19 班谢慧淇荣获银奖。高考未考，捷报回传：31 班足球特长生国家一级运动员梁振杰、羽毛球特长生国家一级运动员王寒婷被华南师范大学录取；31班足球特长生国家二级运动员曹昊铭，21班羽毛球特长生国家二级运动员王竞梵、凌雪儿被武汉体育学院录取。音乐班23郑伟维同学已提前被全球排名前五的莫斯科音乐学院录取。26班岑靖仪同学被评为广东省优秀学生干部。高三以来，四校联考、广一模、广二模，你们的成绩进步飞快，芝麻开花节节高，一次比一次考得好。三年来，你们用自己的智慧和汗水谱写着自己学生时代的荣光，让我闻到了花开的芬芳，在这里，请让我们把最骄傲自豪的掌声献给高三的同学们！

三年的时光，让我看到了你们成长的模样

2019届高三是有情怀的。现在的你们尽管还是最初的自己，却不是来时的模样，无论是内在还是外形，都进行了最好的塑造。三年来，你们携梦想以自励，怀壮志而长行。从少年走向了成年，从懵懂走向了成熟，从无知走向了理智，从浅薄走向了厚实。三年来，你们模范地遵守学校的各项制度，为学弟学妹们做出良好的表率。名人堂诚信考场，让我们看到很多同学在收获学业进步的同时，更是养成了诚实、自律、负责的品质。"音为爱响"慈善晚会，让我们看到一群有特长有梦想有大爱情怀实中学子，汇聚起知善、向善、行善的强大正能量。美丽班级展示，共画最美同心圆，让我们看到良好的班风和进取的精神面貌。经典咏流传，让我们看到国学经典和传统美德根植于同学们的心灵，成为你们每一个人的诗和远方。激情跑操、街舞课间操……许多生动的细节、精彩的片断久久铭刻在我的记忆里，我很高兴也倍感欣慰，同学们，这些财富，必将成为你们人生的基点，指引你们走好以后人生的每一步，打造属于自己的精彩人生。让我们把最骄傲自豪的掌声献给高三的同学们！

三年的时光，让我触摸到你们心跳的力量

2019届高三是勇担当的。前程似锦，勇攀书山甘洒汗水放飞心中梦想。志存高远、泛游学海、竞逐群雄、一朝金榜题名。这是百日誓师大会上，你们喊出的热血宣言，更是铮铮的青春誓言。还有你们每个班级个性化的成长宣言视频，让我看到勇于担当的责任与力量。你们当中的很多同学，抓住一切可能时间，顽强拼搏，勤奋学习。每天晚修后的自习室，都是灯火通明，座无虚席，听说有些同学没有座位，坚持整晚站着看书做题。还记得十一放假，寒暑假，很多同学自愿留校学习。辛勤付出的背后是不甘落后，绽放自我的决心，是奋发向上不断进取的恒心，是不放弃不松懈勇往直前的信心。你们学会了学习，学会了适应，也学会了敬畏，更学会了如何在拼搏中爆发生命的潜力。让我们把最骄傲自豪的掌声献给高三的同学们！

再过两天，你们就要奔赴高考战场了。在这里，我要叮嘱你们。

一、高考考场，是一个表演喜剧的剧场

同学们不要紧张，正常发挥，根据以往情况，我们同学95%以上都能上本科，几乎人人都能上大学，更何况我们这一届是历届最优秀的一届，纵然个别科目、个别题目发挥不好，也不要太在乎，要知道你就是出色的喜剧演员。你的力量就是不一般，你的能量超乎你想象！祝福你们，期待着你们！春风得意马蹄疾，最是金榜题名时。让我们一起斗志昂扬，倾注热情，决战高考，创造辉煌！

出场就是出彩，出手就是高手！高考，我们来啦！

二、高考考场，是一个没有硝烟的战场

要谋划、要冷静、要用心分析题目中的"陷阱"。第一，谋划分配好每道题的时间。时间分配这个技巧，说起来是一件非常微小的事情，却是很多人打赢高考这场战争的关键。在规定时间内完成各题，超时后如果没有思路，要坚决果断放弃，等到会做的都做完了再过来思考。第二，务必保持冷静。尽人事，听天命。题目难易对谁都一样，不要一看题目太难就紧张，也不要因题目熟悉而轻视，要沉着冷静用心分析题目中的各个"陷阱"，一一击破。总之，不要大悲、不要大喜，要静下心来仔细把会做的题目做对。第三，一定做到战术上重视，每一道题都要认真对待，题要一道一道去做，分要一分一分去拿，谨慎、小心、认真、负责地做好每一道题。会做的题不丢分，不会做的题尽力碰点分。

沙场秋点兵，我们博一回！高考，我们拼啦！

三、高考考场，是一个竞争激烈的赛场

同学们，此番出征一定要充满信心，相信我能行，我不行谁行！不管你现在是成绩拔尖，还是跟别人有一定差距，千万别忘了每天都带着信心出发。有的同学基础扎实根底深，不论高考如何变，都能游刃有余；有的同学思维灵活敏捷，有一定的创新思维，理解能力强，对考创新的活题尤为适应；有的同学阅读面广，视野开阔，心理素质好，抗挫能力强，善于超水平发挥。不管怎样，在高考前夕，对于自己的缺点和不足不要过多自我责备，要多看、多想、多忆自己的长处和潜力，激发自信心。

信心孕育着成功，信心能使你创造奇迹。拿破仑说："在我的字典里没有不可能这一字眼。"正是这种自信激发了他无比的智慧与潜能，使他成为横扫欧洲的一代名将。汉代政治家晁错曾有一句激励汉武帝的话："非常时期需要非常之人，非常之人需要非常的信心和勇气！"高考是非常时期，就需要同学们的非常信心和勇气。相信天生我材必有用，要有刘备"终非池中物，乘雷上青天"的豪气，要有毛泽东"敢教日月换新天""会当击水三千尺，自信人生二百年""数风流人物，还看今朝"的霸气，要有"海到尽头天作岸，山登绝顶我为峰"的勇气。我大实中的学生，还怕谁？首先我们要在气势上战胜对手。高考期间我们每一位校长、班主任、老师都陪在你们身边，不管你们是在考场内还是在考场外，我们永远和你们在一起，为你们撑腰、为你们壮胆，为你们加油！

"仰天大笑出门去，我辈岂是蓬蒿人！"高考，我们笑啦！

在这里我也要寄语初三的同学们，在实中读书的宝贵三年时光，马上也到了真正接受考验的时刻了，我希望每一个人都能以良好心态，以优异的成绩回报自己、老师、父母和所有爱你们的人。而西藏班的同学们，你们当中有很大一部分人将会到全国各地去就读高中，请大家一定牢记，无论是谁，哪怕你在实中上了一天学，都永远是实中人，都会被实中人牵挂，将来无论在哪里读书，也需要始终记得我们实中人身上的使命与责任，追求和梦想！初三西藏班的同学，你们明天就要启程回去参加中考，让我们以热烈的掌声为他们送别，为他们祝福！

还有高二和初二的同学们，很快你们将面临学业水平测试，这些测试对你们也非常重要。我希望你们一定要以精益求精的态度，争分夺秒，以高标准、严要求做好复习准备，同时也为自己以后的高考、中考打下坚实的基础。高一、初一的同学们，高考、中考离你们虽然还有一段时间，时间不舍昼夜转瞬即逝，请你们从现在做起，珍惜分秒，脚踏实地学习科学技术，同时创新开拓，举一反三，用知识武装头脑，用运动锻炼身体，努力成为新时代中国梦的领军者！

同学们，高考，是高中三年学习的一次大检阅；高考，是人生道路上一次大抉择。冲锋的号角已经吹响，万马即将奔腾，在这最后冲锋的时刻，多一分坚持就多一分勇气，多一分坚持就多一分希望。我相信，我们的同学考上理想大学的目标一定会实现！我相信，我们同学的人生一定会出彩！

你是母校手心里的宝

——在中山市实验中学 2018 届高三毕业典礼上的讲话

尊敬的家长，敬爱的老师，亲爱的同学们：

大家上午好！

此时此刻，我们怀着无比激动的心情，参加 2018 届高三毕业典礼。在此，我谨代表学校向顺利完成高中学业的高三同学表示热烈的祝贺！向为同学们的成长倾注了辛勤汗水和智慧的老师们表示衷心的感谢！向为你们健康成长付出无限心血的家长们表示深深的敬意！

光阴似箭，日月如梭，同学们紧张而有意义的高中生活即将成为过去。离别如期而至，感觉却是如此匆匆，高中三年，1000 多个难忘的日子，太多美好而难忘的回忆！

难忘同学们那多姿多彩的身影。课堂上你们聚精会神，全神贯注；考场中你们一丝不苟，挥洒自如；赛场上你们摩拳擦掌，龙腾虎跃；艺术节上你们载歌载舞，吹拉弹唱；科技节上你们创意无限，各显神通；演讲台上你们意气风发，滔滔不绝；晨曦中你们步履匆匆，夜色中你们掩卷夜归。

难忘同学们在老师心中的那份牵挂。实中三年的朝夕相处，你们的一举一动、一颦一笑无不牵动老师的心。你们的每一点成绩、每一个进步，都会让老师感到莫大的欣慰。也许老师曾错怪过你，误解过你，现在请原谅他们！原谅他们"盼铁成钢"的善良，原谅他们"欲栽大木"的急切，原谅他们精益求精的执着！若干年后你们脑海中偶尔闪过的记忆碎片，定会呈现他们的可爱可敬！

难忘你们在实中三年成长的点点滴滴。三年来，你们携手并肩，一路走来。

你们感受了学习的乐趣，也体验了求知的艰辛；你们有过成功的喜悦，也偶有失意的泪水，这些造就了你们战胜困难的智慧和勇气。你们从懵懂少年到书生意气，从不识庐山真面目到一览众山小，你们变得懂事了，你们真的长大了。在学校举行的废品回收义卖、义务献血、各种志愿者工作、为贫困山区捐款捐物、为有困难的学生捐款，你们总是冲在最前面，你们以亲身行动诠释了当代青年良好的品格，你们是好样的，我为你们骄傲！

三年前，你们怀揣着希望和梦想，在实中这片深情的沃土上生根发芽，开始了人生美好而又难忘的旅程。

三年来，你们执着地追求，辛勤地付出，顽强地拼搏，真诚地交际，快乐地生活。回首往昔，当你们伫立在相思树下，"实中人"文化石前，实中是你们最坚实最有力的靠山，是你们同呼吸、共命运的精神家园，无论你们何时归来，她永远都敞开温暖的怀抱。当你仰望祥云火炬这个地标性建筑时，他预示着，你们无论走到哪里，无论在什么岗位上，都要争当火炬手、点亮希望、传递梦想、引领创新、开拓进取、赢得出彩的人生。当你走到第二教学楼下那个绿色草坪大时钟前，嘀嗒嘀嗒的声音时刻提醒着你们时间正在悄悄地流逝，此生不学，等待何时！把握生命中的每一分钟，全力以赴我们的梦，让你们养成珍惜时间、用好时间的好习惯。当你漫步洒满紫荆花花瓣的紫荆校道时，对面的校训坡上的"饮水思源，宁静致远"映入眼帘，这不仅是校训，更应该成为每一位实中人生命血液里的精神特质，心存感恩，懂得付出，勇于承担，专心致志，有所作为。也暗示着你们要注重自己的德行、修养和内在品格的塑造，不要被眼前的名利虚妄所蒙蔽，守护内心的净土，在不断修身的过程中走向成熟，实现人生的价值。

三年，弹指一挥间，你们跨越了生命长河中的重要阶段。同学们，今天我们欢聚一堂举行毕业典礼，既是庆祝你们这三年的辉煌，更是庆祝崭新的开始。毕业是一个里程碑，但毕业不是结束，而是开始。作为校长，我对同学们的今后有几点期望：

第一，饮水思源，感恩母校师长

"饮水思源"出自北周庾信《征调曲》中的"落其实者思其树，饮其流者怀其源"，讲的是，吃果子的时候要想一想结果的果树，喝水的时候要想一想流水的源头。比喻人在幸福的时候不忘掉幸福的来源。不要忘本，懂得感恩。我们要时常心存感恩，不管时隔多久，都不要忘记母校的培育之恩，不能忘记老师的教育之情，不能忘记同学的纯真友谊。要感谢父母、师长、同学对自己的付出和帮助，感激母校的一草一木、一砖一瓦、一湖一亭。尤其感恩的是老师的无私奉献，从讲台到试卷，生活就只剩下这么一点，多少个日夜星辰，多少个寒来暑往，老师们头顶一片月，心中燃起一把火，办公室里一盏灯，连着的是万家灯火；老师手中一支笔，描绘的是古今春秋。都说感恩是一种生存智慧，是做人的道德体现，是一个人维护自己的内心安全感和提高幸福感必不可少的心理能力。但我认为感恩不仅是一种情感，更是一种行为表现。其实感恩有时只需一句问候，一束鲜花，一个拥抱。同学们，请永远记住这句古训："谁言寸草心，报得三春晖。"

第二，志存高远，树立远大理想

阳明先生说："志不立，天下无可成之事，虽百工技艺，未有不本于志者。"树立远大理想的人，心有所属，目标明确，知行合一。习近平总书记曾殷切寄语广大青年："中国梦是我们的，更是你们青年一代的。中华民族伟大复兴终将在广大青年的接力奋斗中变为现实"，"白日不到处，青春恰自来。苔花如米小，也学牡丹开"，尽管我们个人的能力有限，但只要我们把个人的理想与国家的前途、民族的命运、人民的幸福结合在一起，通过合理设定长远目标、短期目标，直至每一天的具体目标。我相信，我们民族一定会兴旺，我们的国家一定会壮大。

第三，心怀天下，勇于责任担当

"空谈误国，实干兴邦"，大到国家目标的完成，小到个人理想的实现，都不是靠空想、靠等待实现的。在风雨如晦的年代，我们的先驱们心怀天下，铁肩挑重担，怀着中华民族复兴的理想，在枪林弹雨中勇往直前、不畏牺牲，他们用责任担当熔铸了我们今天的新时代。今天，"互联网 +"、云计算、人工智能等新技术的飞速发展，给我们生活带来便利的同时，也带来了很多的挑战，今后同学们难免会遇到一些大事、难事，只要我们勇于担当，就没有解决不了的难题和过不去的险关。也只有责任担当，才能肩负起时代赋予我们的重任，才能开拓出人生的锦绣前程。

亲爱的同学们，今天过后，你们将开启人生新的一页，将拥有人生更加广阔的舞台。我和所有的老师，在场的以及场外的父母亲人，共同见证了你们人生最重要的一次成长。也请同学们记住，母校将永远是你们避风的港湾，是你们温馨舒适的家园。要知道全国有许多实验中学，但有如此漂亮、如此富有内涵的实验中学不多；全国有许多姓蒋的校长，但有如此疼爱自己学生、关爱校友成长的蒋校长也不多。

"对你痴情对你好，你是母校手心里的宝。"

"你是实中的小苹果，怎么爱你都不嫌多。"

祝福你们，我可爱的同学们！

祝福你们，我亲爱的校友们！

母校永远是你们的避风港

——在中山市实验中学 2017 届高三毕业典礼上的讲话

亲爱的各位家长，亲爱的老师们，同学们：

上午好！看到体育馆 LED 大屏幕上"2017 届高三毕业典礼"几个大字，看到同学们互相留言、留声、留影，我知道我们分别的时刻终于来临了。

这一刻，我的眼眶里充满了泪水；

这一刻，我的内心像倒了五味瓶；

这一刻，我的脑海里浮现了同学们在母校的点点滴滴……

三年来，同学们不仅收获了成长过程中的快乐、感悟和优异成绩，也留下了充实和美好的回忆。同学们的成长，是三年来"学习即静心，静心而致远"的阅读习惯和恒心毅力；同学们的成长，是三年来一次比一次优异的统考成绩，更是各种竞赛中表现的卓越能力和水平；同学们的成长，是篮球场上挥洒着汗水的快乐，更是社团活动中个性张扬的自我；同学们的成长，是运动会上为集体拼搏的精神，更是大合唱时，"青春长征不忘初心"的激昂豪情！同学们，高中三年，你们不仅成为"身心健全、行为规范、习惯良好、爱好广泛"的合格实中人，更是成长为"志存高远，心怀天下；本土情怀，国际视野"的优秀实中人！

一路走来，无论是军训时晒黑的脸颊，还是跑操时整齐的队伍；无论是成人礼"十八而志，青春万岁"的激昂宣誓，还是进入高三状态时每个楼层铿锵的口号；无论是高三动员大会上鼓舞的斗志，还是高三百日誓师时的铮铮誓言……大家成长的每个闪光瞬间，都已成为实中历史上不可磨灭的记忆，成为每个实中人人生中的宝贵财富，成为我们圆梦的动力和志展云天的底气。我提议，请同学们以热烈的掌声为自己三年里德才兼进、品学兼优的成长喝彩!

三年来,老师们全心投入,用智慧和爱心,呵护着你们的逐梦之旅,铸就着实中新的辉煌。2017届的教师团队,拥有着严谨认真的工作态度和求真务实的工作作风。三年来,老师们认认真真、兢兢业业地备好每一份教案、上好每一节课、做好每一次的考试分析。他们中有的教师个人结婚、爱人生产、老人生病没请过一天假,个人生病也坚持上班,他们以实际行动向全社会诠释了人民教师的高尚师德,赢得广大师生的尊敬和爱戴。他们牢记责任,无私奉献,以父母般的爱心,不老的激情,以智慧和汗水,以严格和温暖陪伴同学走过了人生最重要的三年。我提议,让我们以最热烈的掌声感谢三年老师们的无私付出和倾情奉献!

三年来,我也看到了家长们点点滴滴的辛苦和付出。三年里,同学们有时可能讨厌父母的唠叨,无意间,你和父母之间产生了隔阂,可是回头看,父母讲的都是金玉良言;三年里,你可能有过挫折和失意,但父母的怀抱从不曾让你失望,家永远都是最温暖的避风港湾。正如前些日子网络上疯转的一篇美文《考好考坏,爸妈都等你回家吃饭》里面写道:"孩子,考试是个点,生命是条线。没有人因考试赢得所有,也没有人因考试输掉一生。考好考坏,爸妈都等你回家吃饭! 孩子,青春不止一条路,何必急于见分晓?只要心中碧空如洗,明天的太阳就会照常升起。考好考坏,爸妈都等你回家吃饭! 孩子,努力了拼搏了,剩下的就是听命了。请相信,如果未能尽如人意,定是上天另有安排。考好考坏,爸妈都等你回家吃饭!""谁言寸草心,报得三春晖。"我提议,让我们以热烈的掌声向2017届实中同学们的家长致敬!

同学们,实中是一个特别的地方,会让每一个在这里学习和生活过的人为之魂牵梦萦,留恋不已。三年前,你们带着稚嫩的面庞,茫然的表情,懵懂地走入实中。刚入校时,有些同学还很不适应,"蓝瘦""香菇",甚至望着天空发呆。有些同学文化基础相当薄弱,薄弱得让人"狗带",看到你们的入学成绩,有老师说"我的内心几乎是崩溃的""真是吓死宝宝了"。但是,实中的老师就是优秀,他们没有对你们失望,没有对你们放弃,还是很有耐心地对你们倍加呵护,悉心指导。同学们也用足了"洪荒之力",三年为实中创造了一个又一个辉煌! 今天你们带着几分骄傲,带着几分幸福,带着几分不舍,就要与母校说再见了。这里的一湖一亭、一草一木、一书一铺、一粥一饭,都是你们致三年青春的不朽回忆。是的，马上你们就要离开了，作为校长，我建议你们再走走转转，驻足停留一会儿，再一次用心去欣赏这个越发精致大气、散发着迷人魅力的校园。其中有四处重要的人文景观，我建议同学们一定要去它前面留个影，感受并记住作为一个实中人应有的家国情怀。

一是到祥云火炬塔前留个影。祥云火炬塔是由学校的老水塔改造而成，高雅华丽、内涵厚重，如今已成为学校的地标建筑。火炬素来有着薪火相传、引领创新、勇立潮头的寓意。今天，你们从这里扬帆起航，聚似一团火，散若满天星，我希望你们今后无论在任何岗位上都要争当火炬手，勇做排头兵，点亮希望，传递梦想，开拓进取，赢得出彩的人生。我期盼，有朝一日，你们都能以薪火相传的努力，将我们挚爱的母校建设成为全国一流的实验学校，让我们的师生、校友，我们的同行、朋友，熟知或不熟知我们的人，一旦听到"实中"两个字时，都能发自内心地肃然起敬。那时，我们再回到这个梦想起航的码头，以这样的圆梦，作为实中人告慰母校、告慰自己的最大成就。

二是在"实中人"文化石前留个影。这块石头说起来很是不简单，首先它的造型似一头大象，伫立在老校门旧址，给我们带来欢乐吉祥的美好寓意。其次，它的旁边依偎着一株相思树。很多人都在问相思树是不是新栽的，其实这棵树生长在这里已有几十年了，树形像极了黄山的迎客松，昭示着母校永远敞开温暖的怀抱，张开双臂欢迎四方学子的归宁。我希望，每一位学子永远都牢记自己是实中人，记住实中的口音，记住实中人身上的使命与责任，追求和梦想！记住，母校永远是你们最坚实、最有力的靠山，是大家同呼吸、共命运的精神家园。

三是到草坪时钟前留个影。这个科学环保的创意景观在全市中小学校园又是首创之举，有人说可以和瑞士的草地钟相媲美。同学们，每个人都是在时间的长河中开始人生的旅途，每个人的生命都是在时间中发展的。谁能够把握时间，谁就会利用时间，谁就最早接近成功的终点。今天从母校离开，我希望你们永远要保持强烈的时间意识，弘扬时不我待、只争朝夕的进取精神，学会管理时间，高效利用好时间来勤奋学习、交流思想、创造价值，并珍惜韶华、珍惜青春、珍惜时间。

四是记得在校训坡前留个影。"饮水思源，宁静致远。"这不仅是我们实中人的校训，也应该是每一个实中人做人的准则！更应该是融入每一个实中人生命血液里的精神特质。学会感恩，懂得付出，承担责任，追求卓越，善待自己，善待他人，善待生活，感激父母，感激师长，感激曾经朝夕共处三年的兄弟姐妹，感激为我们提供和维护优良环境的学校后勤工作人员，感激实中的一草一木、一砖一瓦……我们甚至感谢我们曾经的竞争对手，感恩我们也许感知得不很确切的社会给予我们的各种历练！同时我希望你们也要注重德行的培养和内在品格的塑造，不被眼前的名利虚妄所蒙蔽，守护内心的净土，在不断修身的过程中走向成熟，实现人生价值。

亲爱的同学们，今天过后，你们将开启人生新的一页，将拥有更加广阔的人生舞台，那将是更广阔的空间。我和所有的老师、在场的以及场外的父母亲人，共同见证了你们人生中最重要的一次成长。也请同学们记住，母校将永远是你们避风的港湾，是你们温馨舒适的家园，是一片属于你们自己的精神天地。虽然，生活的风浪是无常的，但你们拥有母校这片不随风浪所移的幸福高地，生活一定会放射出最灿烂的光辉！

又一年盛夏，又一番别离。高高的祥云火炬塔，凝望着一批又一批实中学子，这是深深的祝福，默默的期待。

祝福你们，我可爱的孩子们！祝福你们，我亲爱的校友们！

在鱼缸里也须游出江河气势

　　自信是指人对自己的个性心理与社会角色进行的一种积极评价的结果。它是一种有能力或采用某种有效手段完成某项任务、解决某个问题的信念，是心理健康的重要标志之一，也是一个人取得成功必须要具备的一项心理特质。《墨子·亲士》中指出："虽杂庸民，终无怨心，彼有自信者也。" 西方有位哲人也说过："一个人，从充满自信的那刻起，上帝就在伸出无形的手在帮助他。"这个世界有上帝吗? 有，上帝就是你的自信心!

　　为鼓舞新一届高三学生士气，2020 年 10 月 8 日下午，笔者给全体高三学生作励志演讲:《在鱼缸里也需游出江河气势——中共党史中蕴藏的智慧》。讲座分别从以下三方面进行。

一、什么叫自信

　　"自信就是南昌城头第一声枪响，是黄洋界的隆隆炮声，是四渡赤水的神机妙算，是延安窑洞的灯光，是天安门城楼上的浓厚的湖南口音，也是戈壁滩上的'蘑菇云'，是香港澳门区旗的冉冉升起，是'复兴号'高铁驰骋于祖国大江南北，是抗新冠白衣天使逆行者的身影。"讲座中，为了让学生了解到什么是自信，笔者紧扣学生认知，以排比句形式，向学生阐述自信的含义。"我们这些人，有可能在大海大河湖泊中游过，也可能在游泳池中游过，但我相信，还没有人在鱼缸里游过，不知是个啥滋味儿，要多大鱼缸才能游起来。若没有乘风破浪的气势，就是天天泡在大海里，也只有呛水的份。江河气势，需要自信。"

二、如何提升自信心

江河气势，需要自信；江河气势，需要坚持；江河气势，需要方法。我们除了要有自信，同时我们也需要掌握具备自信的方法：

1. 学会引起老师和同学的注意

比如集会时，我们不要总是躲到某个最不显眼的角落，我们可以尝试着坐在前面，通过自己的行为，证明自己的实力，这是提升自信心的一个不错的做法。

2. 学会用肯定的语气

有些人面对着镜子，当她看到自己的形影或肤色时，忍不住产生某种幸福的感受。相反地，有些人却被自卑感所困扰。虽然彼此的肤色都很黑黝，但自信的人会以为："我的皮肤呈小麦色，几乎可跟黑发相媲美。"而她内心一定暗喜不已。可是，一个缺乏自信的人却因此痛苦不堪地呻吟起来："怎么搞的，我的肤色这么黑！"两种人的心情完全不同。有的人看见镜子就丧失信心，甚至在一气之下，把镜子摔破。由此可见，价值判断的标准是非常主观而又含糊的，只要认为漂亮，看起来就觉得很漂亮，如果认为讨厌，看来看去都觉得不顺眼。尤其，关于自卑感的情况，也常常会受到语言的影响，所以说，否定意味的语言，对于一个人的心理健康有百害而无一利。

3. 学会做自己力所能及的事

做自己做得到的事时，个性会显现出来。重要的是，与其努力恢复自我的形象，不如找出当下可以做的事。知道应该做的事，然后加以实行，就可以从自我的形象中获得解放。总之，要试着记下马上可以做的事，然后加以实践，没有必要非伟大、不平凡的行动不可，只要是自己能力所及的事就足够了。因为我们就是想一步登天，所以才找不到事做。

一个健全的灵魂，会向往自己能够做到的事。心智发育未成熟的人，会不断采取非常强烈的自我中心的态度。这种表现型，以自我中心的人一旦订立目标，一定是立刻吸引众人注意的那个目标，然后，因为执着于那个目标，而迷失了此时此地自己应该做的事，到了最后就是独来独去，标新立异。年轻时候喜欢标新立异的人，老了以后往往抑郁度日，就是这个缘故。年轻时无法克服自我表现、自我中心的个性，到上了年纪，就容易成为忧郁症。

4. 学会让自信培养自信

缺乏自信时更应该做些充满自信的举动，自信会培养自信，一次小成就会为我们带来自信。如果一下就想做伟大、不平凡的事，就会越来越没有自信。

自信就是要喜欢自己，还要不断地鼓励自己。

我们要学会在体验中提升自信心，在替代性经验中提升自信心，让身边的人给你有理由的肯定或常对自己进行自我鼓励、自我肯定和自我暗示，回想自己成功的案例，及时调整自己的生理和情感状态。

我们有的同学入学时以指标生降分录取，基础不咋地，但是他们不怪天，不怪地，只怪自己不努力。争分夺秒，刻苦认真，三年后便从实验中学这个小鱼缸里脱颖而出，考入自己理想的大学。

三、充满自信的积极影响

一个人的气势不倒，自信满满，在哪里都是会生龙活虎，干什么都会叱咤风云。是乘风破浪，还是逆流而上？要想游得自由舒坦、畅快淋漓，还需要方法。随后，笔者结合高三学情，具体给学生讲了几种学习方法：如学生纠错"3+1"模式："3"即总结错因，定时回望，同类对比；"1"即交换审阅，持之以恒。又如面对难题、怪题、偏题，我们可要绕着走，根据自己的学习基础，制定相应的学习计划，因人而异，不能照搬照抄。学习怎样由被动变主动，交给大家三种方法：1.先预学后上课；2.先复习后作业；3.先练习后总结。

这次讲座，笔者尝试以"鱼缸""江河"这一鲜明的对比，鼓励同学们要汲取优秀前辈的力量，扬起自信的风帆，开启奋斗的篇章，一定程度鼓舞了学生斗志，丰富了学生的知识，开拓了学生的视野，提高了学生的精神境界。指导同学们在高考复习备考中，可以通过自我体验、他人的成功经验、身边人的肯定和鼓励、自我暗示、及时调整状态等多种方法、多条途径来提升自信。同时，中山市实验中学拥有优秀的教师队伍，充满潜力的学生，这些都应成为同学们自信的坚实基础，也将是同学们展翅高飞的肥沃土壤。

高原客人，实中主人

——在 2020 年西藏新生座谈会上的讲话

同学们好，欢迎你们的到来！有缘千里来相会，你们从西藏一路辗转奔波到中山，跨越千山万水，踏上南国这方热土开始三年甚至六年的求学寻梦之旅。首先，向你们表示祝贺！从这一刻起，中山就是你们的第二故乡，实中是你们又一个温暖的家！我以大兄长的身份，再次欢迎你们的加入！

为了迎接你们的到来，学校上上下下做了很多准备。在这里，我想先跟大家梳理一个问题，那就是如何快速地和"新家"（新学校）建立起亲密友好的关系。这是初次进入陌生环境的必修课。要解决这个问题，就得从我们现在的双重身份聊起。客人，主人。你们既是高原来的客人，也是实中的主人，客人有做客之道，主人有为主之法，如何做客，如何为主？如何做到主客皆欢，这里面可是大有学问，今天我就和大家聊聊"客人"和"主人"。

一、关于客人

首先，要客随主便

也就是我们常说的入乡随俗，到什么山唱什么歌。从西藏到广东，到中山，到实验中学，我相信各位同学在志愿表上填下"中山市实验中学"之前，一定是对中山、对学校有过一番了解的，这里的生活、饮食习惯、社交礼仪、学校基本情况，基本上是心中有数的。就算"心中无数"，你们也可以从客人的角度"眼观六路，耳听八方"。"客"观情况，先观察，再了解，最后行动，免得搞出大笑话。就拿洗澡这件事，南北方就存在巨大差异，南方洗澡叫冲凉，北方洗澡叫搓澡。南方洗澡，就是淋浴一冲，沐浴露一涂，起起泡再擦几下，最后冲掉泡沫就搞定了；而北方则不同，北方人每次洗澡都要使用搓澡巾狠狠地去搓洗。南方人一天一次澡，北方人一个星期一次澡。这些都是地域造成的差异。你们的学长学姐很多刚来的时候也不适应，但是得入乡随俗啊，现在每个人身上都是干净清爽的。前天我在西藏饭堂看到好几位同学的餐桌前都放着自己买的"老干妈"之类的辣椒酱。当我问他们吃不吃得习惯，合不合口味的时候，都说好吃、好吃。这就说明大家适应得很快，能根据主人家的实际情况快速地对自己以往的生活习惯等做出改变，快速融入到大家庭中来。

其次，要客客气气

客客气气，就是彬彬有礼，有礼具体表现在：仪容仪表整洁大方、言行举止有礼貌，见到老师热情问好，同学之间友好相处。"你好""谢谢"常挂嘴边。在这里，我想讲个趣事，有个高一的西藏生来学校半个月，和本地同学学到两句粤语——"你好""靓女"，于是常把这两个词挂在嘴边，这也是对一个地方语言的兴趣啊。确实是，当年我来广东，也发现"靓女"这个词就是通杀，老少皆宜，对着80多岁的老太太也可以叫"靓女"，叫得对方还很开心。但是对于我们来说，对着一个女性是不是就可以叫靓女呢？这中间还是有个对象和场合的问题，"靓女"一词在广东人交往中就是一个非常平常随意的打招呼用词，就像帅哥一样，用于非正式场合，不是一个能表示礼貌的用词，有时候还带有玩笑戏谑之意，所以在与同学、老师、校园里的其他工作人员或者陌生人打招呼的时候，不要直接称呼"靓女"，还是要用礼貌的称呼以表示对对方的尊敬，也体现出自己的修养。因此，客客气气，彬彬有礼，就是表现在与别人打交道中，不过分、不放肆、有礼有节、有尺有度，与主人客客气气又和和气气。

再次，要恪（客）守纪律

同学们，我们学校对于西藏生的管理一直坚持"政治上高看一眼、情感上厚爱三分、制度上一视同仁"的理念。今天我重点讲讲最后一句"制度上一视同仁"。"制度"涵盖学校对学生的各项管理制度，包括《中学生日常行为规范》《中山市实验中学学生日常行为规范守则》《中山市实验中学日常管理规范"十严禁"》《中山市实验中学西藏部周末及节假日管理制度》等各项管理制度。俗话说"没有规矩，不成方圆"，在规矩制度面前，没有特殊、没有特例，人人平等。特别是作为客人，更要通过遵纪守规强纪律来树立自己的良好形象，遵纪守规要强化"三个意识"：

一是敬畏意识。古人云："畏则不敢肆而德以成，无畏则从其所欲而及于祸"，若对纪律规矩失去了敬畏之心，就会心存侥幸、放纵自我，甚至肆无忌惮、为所欲为，越"雷池"、闯"红灯"、踩"底线"，最终一失足成千古恨，父母多年心血、自己多年努力付诸东流。

二是底线意识。底线是事物变质的分界线，是好与坏、是与非、对与错的分割线，是纪与非纪、法与非法的警戒线。俗话说得好，有底线则江河不泄，无底线则汪洋恣肆。中山市实验中学的"十严禁"就是底线，它不能触碰、不容挑战，绝不可逾越，同学们要时刻记住头上戴的这个"紧箍咒"，做到"从心所欲而不逾矩"。

三是自律意识。元代大臣史弼的《景行录》中有这样一句话"不自重者取辱，不自律者招祸"，意思就是说不自重就会被别人辱灭，不严格要求自己就会有祸端。自重者人恒敬之，自律者必然出众，你的魅力，就表现在你的自律克己中。如何在规矩面前做到自律，我这里有做前三问：我这样做符合规定吗？我这样做会有什么后果？我能承受这样的后果吗？自律的关键在于第一次，第一次守不住，次次都会让步。所以，同学们，我们要果断拒绝"第一次"，坚决克服"下不为例"的侥幸心理，凡事都把规矩放在前，处处约束自己的行为。

同学们，希望你们能恪守纪律，严格约束自己，言有所戒、行有所止；从自我做起，从小事做起，时时自省、自警、自勉，在规矩面前绝不越雷池半步。

我们常说"士为知己者死，女儿悦己者容"，我今天再加一句"主为悦己者欢"。接下来，我讲讲第二个关键词，也就是大家的第二个身份"主人"。

今天大家走进实中的大门，穿上实中的校服，就是实中的主人。这里或许初一的小朋友会疑惑，那我到底是主人还是客人？校长刚才不是说我们是客人吗？这个不矛盾，是从事物的两个角度来说，一个是把"我"与"本地生"区别开来，一个是把"我"和"实中"融为一体。没有区别对比，就没有所谓的政策福利礼遇；没有融为一体，就不会合二为一。如果始终站在客人的角度，就有可能成为旁观者、成为家外人，对学校、对老师、对同学漠不关心；对实中的事是"事不关己，高高挂起"，或能躲则躲、能逃则逃，或消极应付、敷衍了事；捂住耳朵听不见，闭上眼睛看不见，实中荣辱与我无关。所以，你们既是高原来的客人，也是实中的主人，主客一体，要勇于展示主人的担当和作为。

二、关于主人

首先，要有责任担当

就如鲁迅先生所言，"无穷的远方，无数的人们，都和我有关"，要有"人所能负的责任，我必能负；人所不能负的责任我亦能负"的勇气。要积极主动地"挑担子"，只有现在敢于担当，将来才能挑起实现中华民族伟大复兴的重担。主动担当，就是从身边小事做起，一枝一叶总关情，最是"小事"显担当，于细微处见精神，于细微处见品德。"勿以恶小而为之，勿以善小而不为"，捡起地上的垃圾就是爱护环境，随手关灯关水就是节约，不用一次性筷子和塑料袋就是环保，帮助关爱身边同学就是友爱，人后人前夸实中好就是爱校……同学们，希望你们从今天起，成为一个有担当的实中人，知责、负责、尽责。

其次，要主动作为

作为主人就是要挺直脊梁，立定脚跟，敢作为、能作为、有作为。我敢、我能。但是，我们也必须认识到，不是想作为就能有作为的，习总书记曾说过："青年有着大好机遇，关键是要迈稳步子、夯实根基、久久为功。心浮气躁，朝三暮四，学一门丢一门，干一行弃一行，无论为学还是创业，都是最忌讳的。"总书记这段话旨在告诫我们，有作为在于要善做，只有决心无毅力，只有口号无行动、光有一时之行无长久之功，这都是不能有作为的。同学们，要以"锲而不舍，金石可镂"坚定决心、"驽马十驾，功在不舍"的执着坚毅，以"时不我待，只争朝夕"的行动，脚踏实地、埋头骨干、坚定笃行，那一定会如习总书记寄语一样："展望未来，我国青年一代必将大有可为，也必将大有作为。"我也相信：今日你以实中为荣，明日实中一定会以你们为荣。

同学们，最后我想送大家唐朝诗人杜荀鹤的《小松》："自小刺头深草里，而今渐觉出蓬蒿。时人不识凌云木，直待凌云始道高。"现在的你们就是一棵小松树，矮小、无人知也无人识，但只要努力向上，就一定会长成参天大树，长成凌云木，到那时定会"不要人夸好颜色，只有清气满乾坤"。

再次欢迎大家加入实中大家庭，"有朋自远方来，不亦说乎"，愿我们主客尽欢，天天都是高朋满座的好日子！

谢谢大家！

粤港澳大湾区建设的教育使命

——兼谈实中新学期工作思路

建设国际一流湾区和世界级城市群，是我国"十三五"期间绘就的粤港澳大湾区建设蓝图。而今，壮丽蓝图正在一步步变为美好现实。

2019 年 9 月 1 日上午，中山市实验中学召开新学年全体教职工大会。会上，笔者立足当前，着眼长远，以《粤港澳大湾区建设的教育使命——兼谈中山市实验中学新学期工作思路》为主题，进行新学期讲话。

一、粤港澳大湾区的建设背景

笔者首先对粤港澳大湾区的历史背景、现实基础和国际背景等做了介绍，分别指出香港、澳门、深圳、广州、佛山、珠海、东莞、中山、惠州、江门、肇庆9+1+1 城市在大湾区分别扮演的重要角色，进而指出站在粤港澳大湾区新的历史起点上，每一位教师都要更加清醒地认识自身在粤港澳大湾区发展大局中的使命与责任担当，凝聚共识，砥砺奋进。

讲话中笔者强调：中国目前有两大教育枢纽，第一是黄渤地区，第二是长江流域，是中国教育的领航。而粤港澳大湾区，有着逾百所高校、43 个国家重点实验室。尤其是港澳拥有科研实力强大的高校，广东高校产学研合作优势突出，为大湾区发展提供了重要人才支撑，将很快崛起为中国第三教育枢纽。

二、大湾区发展建设的教育使命

笔者首先总结了大湾区教育的现有特征：一是拥有比较成熟健全的教育体系。尤其是香港、澳门的高等教育优势很明显。二是拥有许多世界前列的领头大学。如香港大学、香港科技大学、香港理工大学在世界上非常有影响力。三是基础教育位于世界前列。特别是广州、深圳的基础教育发展十分迅猛。四是有较强的教育研究实力。香港有多家世界级大学，基础研究实力雄厚；澳门在部分领域的科技力量走在国际前列，广州、深圳也有多所国内一流、国际知名的高等院校。

三、大湾区教育面临的问题与挑战

一是全民就业时代的终结。在过去传统工业时代，人们普遍认为，千金在手不如一技傍身，一纸文凭等于幸福来敲门，拿着文凭这块敲门砖，就可以潇洒走天下，端上了金饭碗，从此一劳永逸，一帆风顺，从一而终。

而伴随着大数据时代、人工智能时代的汹涌到来，对下一代，也提出了新的更高要求。一是要主动学习。例如持续学习、深入探究、综合使用、终身学习的能力等。二是要拥有丰富的经历。除了课内的学习，也需要广泛的阅历，多积累工作与生活的体验和磨练。三是要具备创新能力。基于创新驱动发展战略和经济社会发展需求，粤港澳大湾区要培养具有创新精神与国际视野的创新型综合人才、专业人才和领军人才，以推动创新产业的发展和传统产业的转型升级。四是要具有较高外语水平。还有文化差异、价值取向不同以及意识形态工作，都是大湾区教育面临的问题和挑战。

四、我校新学年的工作思路

立足粤港澳大湾区建设的大背景，对照新时代教育的要求，蒋晓敏着重分析了实验中学目前发展面临的严重短板和严峻考验，指出学校的教育教学、管理队伍还存在不少不匹配、不适应的情况，要充分认识到问题和短板所在，上下齐心、共同努力，奋力开创新时代学校改革发展的新局面。

在教师队伍建设方面

笔者客观分析当前实中教师的年龄、性别、学历等结构差异问题，勉励老师们勤练内功，提升素养，与时俱进。青年教师要有初生牛犊不怕虎的冲劲，中年教师要有中流砥柱个个强的精神，老年教师要有老当益壮不言老的豪气。上下一心，凝聚共识，人人都拿出干事创业的激情，学校的发展肯定能再上新台阶。

在德育工作方面

1. 打造党建品牌，大力加强思政工作。

笔者强调，经过多年的探索与实践，党建工作已成为学校的闪亮名片之一。

要通过党建带动团建、学生德育等工作，尤其是要做好"思政"这个大文章，全力贯彻"三全"育人的理念。要在国家发展的高度树立立德树人与使命担当的责任意识，要在学校改革发展的重要阶段践行立德树人与使命担当。做到课程育人重"融入"，文化育人重"熏陶"，活动育人重"导向"，实践育人重"体验"，管理育人重"规范"，协同育人重"联动"。

2．德育工作中的几个重点与应对措施。

一是要重点关注几大群体，例如有心理疾病、暴力倾向等学生。二是重点关注几大行为。有自杀倾向、校园欺凌行为或其他触及道德底线的行为。三是重点关注意识形态。四是应对措施。可以通过举办专题沙龙，集思广益，采取人盯人战术，开展丰富多彩的活动等。

德育工作要眼观六路、耳听八方。

眼观六路：看档案资料、看班级日志、看校园活动、看上课表现、看宿舍内务、看学校监控。

耳听八方：初中小学评价、科任老师评价、家长意见、同学意见、部门意见、领导评价、校园周边评价，以及学生本人的声音。

在教学工作方面

笔者强调，要提升教学质量，教师们要立足加强教学研究，包括研究课标、吃透教材、掌握学情。同时要不断加强和改进教学督导工作，教学管理人员应经常深入教学第一线，把课前准备、听课、评课、课后辅导等作为常规教学督导工作的重要内容之一。最后要做好教学评价的多元化，从学生满意度、同行认可度、领导信任度三个维度去衡量打分。

新学年，新的发言，旨在把握机遇、着眼未来；旨在追求教育教学管理的优化创新。同时又希望能凝聚全体同仁的信心，振奋全体同仁的精神，

新的学年，中山市实验中学必将书写更加灿烂辉煌的篇章！

集结新力量，共筑实中梦

——新教师岗前培训

新入职教师如何上好第一课？如何当好班主任？如何才能快速融入到实中大家庭？……为促进新入职教师队伍的专业化成长，8月26日上午，学校由教科室牵头，启动了为期四天的新教师入职培训工作。

开班仪式由教科室副主任张仁勇主持。九位新入职的老师依次进行自我介绍，谈笑风生中，进一步加深了学校领导及老教师们对新教师们的认识。

作为校长，笔者给参加入职培训的老师赠送三句箴言。

一是"选择你所喜欢的，爱你所选择的"。希望新老师既然选择了实中，就要真正喜欢上这所美丽、充满人文关怀的校园。二是"出场就能出彩，出手就是高手"。蒋晓敏谈到，入职第一年是关键期，要加快适应学校、适应讲台、适应学生的步伐，抓住机遇，实现自我超越。三是"做一个一般情况下别人代替不了的老师"。要成为一个合格的老师，很容易；成为一个优秀的老师，也容易，而成为别人代替不了你的老师，才是最难的。那如何成为别人代替不了的老师呢？就要做到多读书看书；多向有经验的老师请教；多研究多反思。

新教师代表陈燕平：回归母校，圆教师梦，无比荣光。

新教师代表陈燕平老师曾是实中学子，她表示能回归母校实现教师梦，感到无比激动与荣幸。此外，陈老师谈到对此次培训班的期待与学习目标，作为一名新教师，陈老师表示将会用心、踏实、负责地做好今后的教学工作。

教科室主任崔海军详细介绍了学校的基本情况、教师任用方案、"三师"的评价体系以及学校的值班管理制度，并和新老师们进行交流互动，解答新老师提出的问题。

教务处王福山主任做了题为《做有心人》的专题讲座。他结合自己37年的从教经历，以幽默风趣的语言、生动的实例，给青年教师分享了宝贵的从教经验。他指出，一名优秀的教师需要具备四心，即爱心、事业心、好奇心、平常心。他认为教师的爱心体现在六个方面，一是合理定位，具有持久性；二是不要低估眼中的"差生"，要发现他们身上的闪光点和优点；三是学会原谅自己和他人，要有宽容、平和的心态；四是要让学生感知教师的关心；五是不要吝啬赞赏的语言；六是必要的惩罚。事业心要做到面对困难和挫折不断进取，不能退缩。他提出好奇心同样重要，教师要鼓励和培养学生的好奇心，自身也可以学习一些幽默的技巧，并且要具有不断探索的好奇心。他认为做到平常心，就要学会控制自己的情绪，不能让情绪左右言行；不要高估自己的作用，能够在某个方面对学生起到重大影响；积极营造快乐的环境，努力做一名快乐的教师。

刘刚老师从"你是否确定成为一名教师""应如何定位你的教师生涯规划"两个问题引入，分享了教师专业技能成长的要点：首先需要关注课堂，新课优先注重创新，复习课优先注重效率，听课要注重效率最大化；其次要努力命题，鼓励新教师研究，模仿高考题并积极承担命题任务；关注学术圈与勤奋写作也是必不可少的。

关于专业成长，刘付香老师认为要有清晰的职业生涯规划，并分享了自己五年以及十年的生涯规划。课堂教学是教师成长的重心，要虚心向老教师学习，敢于向他人展示自己的课堂并积极反思。教研活动是教师成长的阳光，学会把教学中的问题变成小课题来研究，撰写论文。终身学习是教师成长的源泉。刘付香老师分享了每日读书打卡，主动加入业务交流圈等方式进行学习的经验。

学校省名班主任黄文继老师作精彩发言。他不仅介绍了班主任的专业素养构成，不同风格、不同类型的班主任以及优秀班主任的基本要求，也分享了应该如何协调好班级学生、家长以及科任老师关系的方法。其讲座循循善诱，注重与新教师互动。

刘宝剑老师分享了自己当班主任的三件"法宝"：阅读、实践与反思。结合自身的经验，给出了指导教育教学的10条建议。最后针对新班级，与新教师分享了"开学护照""找呀找朋友""拼图游戏（家）"以及"大声说出谢谢你"四个接地气的班级活动，使学生更快融入新集体，适应新环境。

不少新老师表示，学校领导和老师们倾囊相授，真诚分享，让老师们发掘到了好多教学攻略和智慧，满满的"干货"为自身的教学技术赋能。新教师前进的道路更加明晰了! 脚步也更加坚定了!

把校园足球踢出新花样新水平新境界

——中山市实验中学校园足球发展掠影

中山市实验中学创办于1913年，至今已走过103年的辉煌办学历程。校园地处中山城区，占地面积500亩，地势高低起伏，错落有致，绿茵碧水，湖光山色，十步一景点，百步一亮点，风光秀丽，美不胜收。学校建有为全校学生开展体育教育所需的一批场馆设施。现有标准塑胶田径场2个，非标准田径场1个，计划足球用地面积达50余亩。室内五人制足球场馆1个，篮球场25个，羽毛球场6个，标准游泳池1个，人造沙滩游泳池1个，室内体育馆3个，体操室1个，壁球馆3个，乒乓球台30个，能为不同项目的比赛和训练提供高标准高质量的服务。部分设施场馆向社会免费开放，可容纳4000多观众的新体育馆，经常吸引了国际国内各大体育赛事来此举办，大大提升了学校的知名度和美誉度。

学校足球队于2015年正式组建，乘借全国校园足球发展大好时机，在市委市政府、市教体局的大力扶持指导下，在全体实中师生的共同努力下，在引领时代、示范一方的足球奋斗目标激励下，短短一年多的时间里，我校足球队犹如一匹腾空出世"黑马"，以迅猛强劲之势横扫省市各大重量级赛事。2015年7月首次组队出征第十四届广东省运动会足球赛取得开门红，拿下学校组第二名；刚刚结束的2016年广东省"省长杯"青少年足球联赛，我校足球队更是表现抢眼，获得学校组第三名（第一、第二名分别为广东省体校专业队和恒大足球学校）。同时，校足球队还获得2015年我爱足球广东省五人制足球争霸赛珠海大区冠军，2016年广东省青少年足球锦标赛乙组第五名，2015—2016

"体彩杯"中山市校园足球初中组、高中组冠军。面对这份凝聚了健儿们辛勤汗水的沉甸甸的成绩单，作为校长，我感到十分自豪和欣慰。下面，我从四个方面谈谈我们的一些做法。

一、我们玩的是"快乐足球"

一直以来，学校想方设法让学生们在轻松愉悦的过程中感受足球运动的快乐和魅力，而阿根廷教练的"入驻"更是将"快乐足球"的理念和内涵深深地植根于每个学生球员大脑，让孩子们受益匪浅。作为全国足球特色学校，我校从2016 年开始成为洋教练们驻点的学校，他们利用每天下午的活动课时间，对球员们进行贴身的技术指导。他们的课堂教学坚持趣味性原则，以游戏和娱乐的方式带领学生们开展运球、传球等一系列战术的培训，变着花样练出新意，科学合理的流程设计、自然紧凑的环节过渡，营造出轻松愉快的课堂气氛，让孩子们在快乐中得到足球技能的提升。不少学生表示，阿根廷教练来了以后，他开始更多地感受到快乐足球的内涵，外籍教练的训练方法和足球理念，令他受益匪浅。

二、我们玩的是"文化足球"

加强足球文化建设，丰富校园足球精神内涵。在学生中，大力倡导"团结协作、顽强拼搏、勇争一流"的校园足球精神，并坚持贯穿到教学、训练、比赛中，让"阳光体育、快乐足球"理念深入每一个学生心中，伴随每一个学生幸福成长。2016 年开始的首期校园班级足球联赛成了实中足球文化的最大看点和亮点，吸引了一大批爱好足球的男女学生参加比赛，增强了锻炼身体的意识，感受了足球运动的精神。各班还根据班级文化特色自主设计比赛服装、口号标语等，形成了全员参与、积极向上的校园足球文化氛围，大大提升足球的影响力。校教工足球队 2008 年成立至今，连续多年举行启航杯教工足球联赛，邀请市内兄弟学校参赛，活跃校园足球氛围，扩大了学校的影响力。如今，实中形成了学校足球代表队、教工足球队、班级足球队、足球社团等多个梯队欣欣向荣的局面，在全新的校园足球理念指导下，整个校园呈现出快乐足球、如火如荼的新景象。由于学校拥有坚实物质保障和浓厚的足球氛围，也成为中山市与全国各地足球交流的重要平台。近两年来，连续吸引了"中阿校园足球"教练员培训班、"中英校园足球"合作项目中山市首期培训班，香港明星足球队公益比赛，广东省珠超室内五人制足球联赛等活动一系列培训交流活动的成功举办，积累了丰富的办赛经验，活跃了校园足球文化氛围，提升了学生的足球素养。

三、我们玩的是"大众足球"

为了更好地普及足球运动，学校注册了省级足球社团，成立了年级、班级两个不同层次的足球队，组建了校级男、女足球队，目前学校已经形成了班班有球队、年级有比赛、校际有交流的喜人局面。学校足球队每天坚持规范训练，年级和班级也会利用第二课堂活动组织学生进行训练。为了拓宽足球训练的渠道，学校不仅邀请家长到校参与学生的训练、比赛，还鼓励学生积极参与社区、民间自发组织的各类足球活动、友谊赛等，以此来增加学生的实战。

四、我们玩的是"升学足球"

"让有足球发展潜力的孩子，凭借足球特长进到名牌学校"是我一直坚持的足球特长生培养理念，学校也积极通过多种平台打通初高中优秀足球人才升学通道。2014年中山市开始探索体教结合新模式，将足球项目从中山市体育运动学校下放至我校。2015年开始，全市所有足球特长生都集中在我校学习、训练，改变了传统"重训练、轻学业"的局面。针对一些足球特长生在文化课方面的短板，学校制订了专门的辅导方案，专门为他们"开小灶"等，力争将文化课水平补齐。在2016的高考录取中，足球国家一级运动员彭振华、卢艺锋，分别被西南大学、广州体育学院录取。

由于我校足球队组建时间不长，经验还不够丰富，积淀还不够厚重，与兄弟学校相比还有差距，恳请在座的各位领导、同行在今后的工作中给予我们以指导和帮助！谢谢大家！

挂好奖牌，打造品牌

——在黄文继省名班主任工作室挂牌仪式上的讲话

大家好：

明天就是消费者权益保护日 3 月 15 日，也称为打假日，我们能够在打假日来临之际举行黄文继省名班主任工作室挂牌，这说明我们的工作室是响当当的，是真家伙，是经得起考验的。而且接下来还有省的专家学者亲自挂牌，分量不同凡响，沉甸甸的。那么，既然是挂牌，挂的是什么牌，挂在哪里？我想可以从这几个方面去解读。

首先，我认为挂的是一块奖牌

这块奖牌含金量十足，就是对黄文继老师多年来班主任工作的充分肯定和高度的赞赏，所以我说挂的是奖牌。第二个牌挂的是一个品牌，这个品牌挂出来之后，也意味着学校班主任工作室这么多年来在黄文继老师的指导下越办越好，越来越红火，已经形成学校的一个品牌。纵观学校的品牌很多，其中黄文继老师省名班主任工作室就是很好的品牌，黄文继老师自己本身也是一个品牌。因此，学校要充分利用好、发挥好这个品牌资源的作用，希望将来能在全省乃至全国起到示范、辐射引领的作用。第三个牌挂的是招牌，我们知道，外面的工厂、企业、商店，开张的时候都要挂牌，把牌挂出来的意思就是意味着开张了，可以招兵买马了。相当于对外公布，希望有更多的班主任、青年教师能够加盟。这就是挂牌的第三个意思。

其次，挂在什么地方

我认为，要把它挂在三个地方，第一个地方就是挂在最醒目的墙上。黄文继老师有个专门的办公室，我开玩笑说他那个办公室比我的还大，还豪华。把牌子挂在门口最醒目的地方，一是时时刻刻提醒黄文继老师牢记自己的责任和担当，也是作为一种鞭策和鼓励；第二个是要挂在嘴上。因为班主任工作很多时候需要用语言来表达，要言传，要进行宣传，要进行传帮带，要进行教育，多培养一些年轻老师，多培养一些年轻的班主任，所以要时刻挂在嘴上。第三要挂在心上。要多研究，多指导班主任工作。所以，在我看来，能够把这三个牌挂在这三个位置，挂好它，挂稳它，我相信我们这个工作室一定会人丁兴旺，一定会成果丰硕！谢谢！

满眼风光北固楼

——"跨学科同读一本书"学术沙龙活动

尊敬的何晋中主任，楼卫琴老师，胡兴桥老师以及参加今天活动的各位老师：

下午好！

首先我代表学校对楼卫琴名教师工作室成功举办学术沙龙活动表示热烈祝贺！对前来参与学术活动的各位老师表示热烈欢迎！

接到邀请，说真话，我确实十分高兴，但又诚惶诚恐。说高兴是因为楼卫琴工作室非同小可，里面才子佳人众多。说诚惶诚恐是因为我既不是历史专业，也不是中文专业，是实足的门外汉。由于今天是"跨学科"学术交流，那么我就用跨学科的语言来解读我刚才所说的十分高兴和诚惶诚恐吧！

我刚才说到楼卫琴名教师工作室非同小可，里面才子佳人众多是有依据的。早在宋代辛弃疾就写了一首《北固楼怀古》，其中有一句"何处望神州？满眼风光北固楼"，这里的北固楼不就指的我们的北方姑娘楼卫琴吗？

无独有偶，唐朝诗人白居易在他的《长恨歌》中有，"楼阁玲珑五云起，其中绰约多仙子"（意思是楼阁被五彩云托起，里面有许多风姿绰约的仙女般的姑娘），这里的楼阁指的是楼卫琴工作室，所以到这里来与才子佳人开展学术沙龙能不高兴吗？

那为什么说我诚惶诚恐呢？唐朝诗人李白有诗为证："危楼高百尺，手可摘星辰。不敢高声语，恐惊天上人。"这里的危楼指的是高楼的意思。就是我们楼老师学术水平高不可攀，所以我不敢高声语，恐惊你们这些天上人呀！

好啦，不多讲了，祝大家身体健康，祝工作室更上一层楼！

附　录

散发清香的团队成长

行三真教育，育五有新人

——蒋晓敏省名校长工作室综述

蒋晓敏省名校长工作室自 2018 年 10 月授牌以来，认真落实广东省教育厅名师名校长工作室有关文件要求，践行"行三真教育、育五有新人"的工作室理念，围绕建成成员们释放压力的"OK 厅"，学习理论的"阅览室"，交流经验的"展示台"，实现价值的"孵化室"的目标和定位，以工作室为平台，有序开展各项活动，取得一定的成效。

一、明确目标，丰富理念

（一）工作室目标：高品质学校的建设

省名校长工作室的初衷与目的是通过卓越校长的引领与辐射，将名校长的先进办学理念与治校经验通过工作室这一平台，辐射到其他学校，带领促进更多的学校走向卓越。工作室主持人"高品质学校建设"的实践与思考是这一目标有效实现的根基，而工作室学员"高品质学校建设"则是这一目标的最终归宿。

（二）工作室理念：行三真教育，育五有新人

先进的工作室理念凝聚着工作室全体成员的教育情感，必将引领高品质工作室的建设，指引工作室的发展方向。而工作室理念的凝练，既需要符合工作室成员自身的实际，也要符合教育发展的实际。为此，蒋晓敏省名校长工作室经过工作室全体成员集体讨论，凝练出"行三真教育，育五有新人"的工作室理念。

我国著名教育家陶行知先生说，"千教万教教人求真，千学万学学做真人"。他告诉我们，"真"比一切都重要。一个"真"阐明了现代教育的根本目的，也指明了现代教育最重要最本质的属性。因此，我们要做"真"的教师，办"真"

的学校，培育"真"的人才。为此，工作室明确自己的理念是：对教育有真情，对教师有真心，对学生有真爱；培养心中有理想、肩上有责任、头脑有智慧、脸上有笑容、嘴里有歌声的新时代公民。

二、理论引领，知行合一

（一）理论引领，碰撞升华

问题源于实践，而问题的解决依托于前瞻性的教育理论。工作室成立以来，先后通过聘请专家讲座、探访名校，立足成员所在学校进行现场诊断、现场集中研修等方式，交流办学心得，梳理办学问题，提升办学特色，创新办学研究。

专家讲座：

如何真正有效践行"行三真教育，育五有新人"？（时间）工作室特地聘请前国家教育部副总督学、中国教育学会常务副会长、中国书法家协会委员郭振有先生进行专题讲座。郭振有先生提出教育的根本是"立德树人"，而要使"立德树人"真正有效落地，则离不开高素质的教师队伍建设，因此，新学校得以存在与延续的重要支柱是拥有一支高素质的教师队伍；同时，教育不是安静的湖，教育是源源不断、一直向前流动的河流，而这条河流的源头就是家庭。专家讲座为工作室的发展提供前行的动力，同时，也拨云散雾，为工作室指明前进的方向。

探访名校：

探访名校，既可以于第一现场观摩名校办学特色，也能透过特色参悟先进的办学理念与教育情怀。2020年4月，蒋晓敏工作室成员采取实地探访名校的方式，先后探访了苏州市第五中学、苏州市第六中学、苏州市田家炳实验中学、苏州市第十中学、浙江绍兴一中、宁波一中等多所学校，并就各学校的办学特色进行实地研讨：如苏州市第五中学的戏剧教育；苏州市第六中学的园林文化；苏州市田家炳实验中学的课堂新教改；苏州市第十中学的诗性教育。名校探访让工作室成员收获颇丰。

现场诊断：

高品质学校的建立，现场诊断是不可或缺的重要一环。以名校为参照，以理论做标杆，现场诊断需要俯下身子，与学校对话，工作室学员之间倾情对话。寻找办学过程中的亮点，解决办学过程中的痛点。2019年1月和3月，工作室全体成员在蒋晓敏校长的带领下，分别前往工作室成员文卓彬副校长、中山市黄圃镇中学副校长吴毅强所在学校，进行交流与视导。工作室全体成员采取听课，现场观摩、考察等方式，对学校的校园文化建设、课程建设等方面进行视导，并就学校的"润泽文化体系"进行深入探讨。

现场集中研修：

2018 年 12 月 23 日—12 月 29 日，蒋晓敏广东省名校长工作室入室学员第一次跟岗活动正式启动。为期一周的跟岗学习活动期间，正值广东省中山市实验中学举行 105 周年校庆庆典，跟岗期间，学员们全程参与了校庆庆典（包括筹备、总结阶段），并深入课堂，认真听取每一节对外公开课，参与听课评课环节。

具体研修环节包括：以校为本，提升办学品质；创新办学特色；实践研究；工作室集体互助等。

（二）知行合一，共育"五有新人"

高品质学校的建设无疑既要遵循教育本身的内在规定性，也要呼应社会的发展与挑战。工作室在研究与探讨如何在升学与成才、个体与社会中找到平衡点；如何培养适应未来社会发展的合格人才这些问题时，科学分析，理性应对，并取得一定成效。

1. 精雕致远校园，点燃学生梦想

校园既是学生学习的场所，也是学生生活的主要场地。优美的校园环境以及在此基础上形成的优质校园文化，成为引导学生成长的重要因素。如工作室主持人蒋晓敏所在的中山市实验中学，在校园原有基础上，精心设计，融入文化元素。打造既有绿化，又有美化，更有文化；既有风景，又有风格，更有风范；既有品格，又有品质，更有品味的致远校园。用校园的文化、风范与品质，点燃学生梦想。

2. 构建致远课程，为学生理想奠基

作为基础教育与高等教育连接最为密切的高中教育，升学压力无疑是一张无形的网，无法挣脱。而如果不理性科学地应对，这张网中最大的牺牲品便是学生。学生被当成容器，简单地被灌输，这种教育场里，失去了"人"存在的价值与意义，学习的乐趣被剥夺，思想更是如断线的风筝般没有归依。而如何让学生感受到学习的乐趣，主动学，乐意学，深度学，从而为理想夯实基础？中山市实验中学采取的对策是构建丰富而完整的致远课程体系。致远课程体系具体采取两种方式（必修课程、可选择课程）；包括五大课程领域：至德（德育）、至美（美育）、至善（劳育）、至健（健康体育）、至真（智育）；六大平台（自主管理、自主选择、自主展示、自主提高、自主实践、个性化问题解决）的建设与实施。

3. 打造致远共同体，为学生理想护航

教育大计，教师为本。学校的发展离不开教师的发展，高素质的教师队伍既是学校发展的核心力，同时也是学生成长的领航者。中山市实验中学作为一所百年老校，既有从师范传承下来的优秀老教师，也有学校转制初期从全国各地招聘过来的优秀教师，而学校大部分教师则是近五年从各大师范院校招聘过来的优秀毕业生。教师队伍明显存在活力不足的问题。如：青年教师刚入职称场，往往会出现无力感、失落感，无法找到归属感；骨干教师事业发展遭遇瓶颈期，出现中年危机感；年龄偏大的老教师，无法看到事业的新契机，又因琐碎家务的分心等，从而产生职业倦怠，无法用"心"教学，无法静"心"教学。为此，学校以骨干教师为核心，打造"致远共同体"，提高教师专业素质。

三、教育帮扶，助力公平

工作室的重要使命之一便是以工作室为平台，引领辐射，助力教育公平，提升教育质量。工作室成员文卓彬校长来自潮州凤凰中学，潮州凤凰中学环境优美，师生朴实，但因为生源不足、教师队伍参差不齐等因素的影响，学校亟须借力发展。为此，工作室采取多项措施，实施教育帮扶，助力教育发展。

（一）送教下乡，倾情帮扶

学校教育质量提升的基点在课堂，如何植入先进的课堂教学理念，如何构建高质量、有生命力的课堂，这是学校办学急需要解决的问题。工作室以课堂为切入口，先后于2019年1月15日和2019年12月30日，跋涉近500公里，为潮州凤凰中学送去三堂各具特色的精品课，授讲人为全国教学竞赛第一名获得者，广东省教学竞赛获得者，授课分别选择在高三、高二、初三等三个关键学段。三堂精彩纷呈的授课，不仅送来了优质的课堂教学水平，也传递了先进的教学理念，传达了对教育的情怀与对教育的永葆童真的追求。

（二）跟岗学习，深度交流

工作室作为一个平台最显著的特征是开放性，是双维度的相互沟通与学习。从某个角度讲，"送教下乡"只是单维度的传导，而作为薄弱学校的全方位提升，则更需要双维度的交流，需要双方更深层次的沟通。为此，凤凰中学领导班子经过深度思考并与工作室主持人蒋晓敏校长研究，在蒋晓敏校长的大力支持下，大胆走出教育开放这一步：学校教师分三批赴中山市实验中学跟岗学习。这一举措，也得到了潮州市潮安区教育局的大力支持。

第一批跟岗学员的主体是凤凰中学的全体行政班子成员。研讨的内容主要是学校的全方位管理。此次跟岗学习，历时半个月。通过学习，凤凰中学的学校行政深受启发。比如在如何着手打造美丽校园、优化学校管理结构、提升学校管理水平、凝聚学校文化等方面，第一批跟岗学员都感觉受益匪浅。

2019年11月潮州市潮安区凤凰中学第二批跟岗老师重点深入实验中学高三年级，进行了为期一周的听课、评课、研课的跟岗学习。老师们分别听取了语文、数学、物理、政治、历史等学科，实验中学老师开放的心态、严谨的教学研究、科学高效的教学课堂以及学生在课堂上积极的思考与发言，无一不给跟岗老师们留下深刻的印象。在交流学习中，跟岗老师们也逐渐达成共识：上好高三的复习课，首先要做到"眼里有人"，每一节课都得考虑学情，从学生的实际出发设计课型。其次要做到"题里有像"，每一道题的训练，都应该是高考题的仿真训练；对高考题要深入研究，揣摩高考命题者的思路与方向，然后设计出与高考命题方向大体一致的"高像"训练。唯有如此，才能做到科学高效备考。

四、实践升华，辐射区域

（一）主持人成果

工作室于主持人而言，既是荣誉，更是责任，是发展的驱动器。近三年来，在高度责任感的驱动下，在教育情怀的感召下，工作室主持人蒋晓敏校长取得了显著的成果。

由工作室主持人蒋晓敏校长主编的《真情真心真爱》一书由江苏人民出版社于2020年3月出版；《中国教师报》专版报道蒋晓敏校长的《致远文化，导航学生成长》；蒋晓敏校长主持的课题"内地高一西藏散插学生学校适应性校本课程开发及实践""普通中学学习贯彻十九大精神的创新路径研究——以中山市实验中学为例"分别于2017年5月、2018年2月通过广东省教育厅立项并结题。多篇论文在国家级、省级刊物发表。荣获第十一届"全国科教先进校长称号"，多次荣获中山市优秀工作者，并被评为中山市紧缺适用高层次人才。

（二）工作室学员成果

工作室学员在主持人蒋晓敏校长带领下，潜心研究，深入管理，成效显著，课题研究方面，工作室学员松苑中学周红副校长主持的课题"智能教育应用重构初中软陶校本码课的实践研究"由全国教育信息技术研究课题领导小组办公室通过立项并获中山市创新成果奖三等奖，工作室学员西区中学莫秀红副校长主持的课题"初中生物教学跨学科衔接的问题与对策研究"由中山市教育科研通过立项，工作室学员沙溪中学李松龄副校长主持的国家级课题"学生应供网络学习空间开展初中语文作文互评互改式学习的实践研究"由全国教育信息技术研究课题领导小组办公室通过立项并顺利结题，工作室学员黄圃镇中学吴毅强副校长主持的课题"初中道德与法治生活实践课例研究"由中山市教育科研通过立项。学员们多篇论文在国家级省级刊物发表，所在学校发展呈蔚然之势，多次荣获大奖。

结语：关于省名校长工作室建设的几点思考

（一）既要共研共行，更要自我探索

省名校长工作室既是一个学习研究共同体，同时也是实践创新共同体，示范引领共同体，工作室主持人与工作室成员的关系并非单维度的师徒关系，只有每一个工作室成员都积极自我探索，工作室才能走得更远、飞得更高。

（二）要理论学习，更要实践创新

实践创新研究既要立足工作室成员本校，还要研究他校（尤其是同类名校），以开扩视野，取他人之长补己之短。只有通过实践创新研究，才可以较好地达到成事又成人的作用。

（三）既要策略研究，更要文化构建

学校文化，是学校的精神和灵魂所在，理应受到高度重视，而凝练优秀的学校思想文化，提升学校管理水平，则离不开学习、研究具体的学校管理策略和技术因素，二者相辅相成，缺一不可。如文化理念下的学校组织构建、制度建设、师生关系、课程设置与教学以及学校成员的行为方式与习惯等，最终营造出了独特的校园氛围。

不在云端跳舞，紧贴地面行走

——全国知名专家团贵州"送教行"蒋晓敏讲座报道

万叶吟秋，团团翠深红聚，牂牁国里，金秋十月飘香！承蒙中国教师报吴绍芬主编推荐，受中国教育报刊社邀请，2020 年 10 月 17 日，蒋晓敏省名校长工作室主持人、广东省中山市实验中学蒋晓敏校长，远赴贵州省沿河县，参与中国教育报刊社"宣讲行送教行"大型公益活动活动。

一、组织规格高

中国教育报刊社"宣讲行送教行"是为了积极贯彻落实习近平总书记"学习宣传贯彻党的十九大精神是全党全国当前和今后一个时期的首要政治任务"的号召，推动教育战线进一步学习好、宣传好、贯彻好党的十九大精神，将陈宝生部长要求教育战线把十九大精神"学起来、教起来、传起来、研起来、干起来、实起来"的工作要求落到实处，经向教育部党组报告，中国教育报刊社组织开展沿着总书记足迹、走进国家集中连片特殊困难地区、革命老区、边疆地区、定点扶贫地区的大型公益活动。此项活动邀请教育界十九大代表、知名校长、专家学者，宣讲习近平新时代中国特色社会主义思想，宣讲十九大精神，宣讲全国教育大会精神和教育改革发展形势。本次活动是中国教育报刊社"宣讲行送教行"大型公益活动的第 23 站，此前活动已经先后在总书记视察过的燕山—太行山区、吕梁山区、武陵山区、铜川地区、滇西边境山区、乌蒙山区等地举办，已经聘请过的专家（名校长、名专家）名录分别如下：1. 名校长：李希贵、窦桂梅、李金初、夏志清、柳袁照、王本中、管杰、杨琼英、钟樱、范胜武、朱则光、李有毅、杨瑞清、罗滨、王海霞、许培军、唐江澎、夏青峰、李建文、李建华、杨培明（20位）；2.名专家：吴正宪、汪明、陈如平、朱旭东、王继华、陈志文、陈金芳、杨晓波、管然荣、杨碧君、宋萑（11位）。本次活动于2020年10月17日在52个未摘帽贫困县贵州省铜仁市沿河县举办，邀请的主讲嘉宾分别有：广东中山实验中学校长、党委书记，广东省名校长工作室主持人，中学高级教师蒋晓敏；教育部国培计划中小学教师首批专家库专家、教育部国培计划中小学校长和幼儿园园长专家库专家，浙江师范大学中小学教师专业发展促进中心主任，教授、博士生导师，蔡伟；深圳市劳动模范，深圳市罗湖区教育局副局长，深圳市学科带头人刘荣青。中国教育报刊社党委副书记兼纪委书记连保军、省教育厅宣教中心副主任孟航宇、县人民政府副县长黄其勇、中国教育报徐越主任等出席了活动开幕式。

二、讲座内容实

（一）"活力"与"文化"，一肩挑起"教师专业发展"的重任

教师专业发展是学生发展的根本保障，是教育改革的原动力，是提高教育质量的关键，而如何促进教师专业发展一直是教育界关注的焦点，更是备受中学校长关注的一个现实问题。蒋晓敏校长认为，"活力"是教师专业发展的根本动力，也是激发办学活力的原点与归宿。蒋晓敏校长结合近期由教育部等八部门权威发布的《关于进一步激发中小学办学活力的若干意见》，就文件中的四大举措进行解读，指出"活力"教师的发展需要政策支持、制度保障和文化引领。而优秀的学校文化，则能更为充分地激发教师队伍的活力，促进教师的专业发展，彰显学校的办学活力。

蒋晓敏校长认为：学校文化是在一定的社会历史环境下，学校教职工在教书育人和组织管理生活中，为追求和实现共同目标而逐步创造和形成的观点形态的总和。它包括价值观念、行为准则、道德规范、心理趋向及规章制度、校风校貌、学校精神和形象等。但学校文化的凝练需要智慧与思考。中山市实验中学作为一所百年老校，有着厚重的历史和极为丰富的人文资源，历史是积淀，但同时历史又是火烛，传承好历史，智慧之光将照亮前行之路。学校从校训"饮水思源、宁静致远"中摘取"致远"二字，提炼学校文化。"致远文化"作为一项综合的教育文化系统，其目标明确指向学生，整合时间维度与空间维度：从时间的维度，指向学生的未来，力求长远，为学生的成长导航；从空间的维度，指向学生德智

体美劳的综合平衡发展，为学生打造高远的人生志向。"致远文化"不仅力求创造学生当下的幸福，更为学生未来的幸福导航、奠基。

（二）致远文化，引领教师活力发展

蒋晓敏校长分别从致远校园，涵养教师的人生志向；致远课程，激发教师的求知情趣；致远团队，提升教师的实践智慧等三个方面，结合管理实践，融入对教育的思考，展开本次讲座。

蒋晓敏校长认为：西方国家的教堂，东方国家的寺庙均修得富丽堂皇。那是因为它是人类心灵向往的地方，学校是唤起生命自觉的育人场所，理应建设得富有文化和艺术气息。

1. 学校建筑承载致远文化

学校建筑不能只是简单的物质静态存在，建筑应该是凝固了的文化的外显，方能彰显育人情怀。学校为每一栋建筑、每一条道路精心命名，赋予其文化内涵。比如：学校以建筑"星""月"为主题，凝聚时间元素，彰显长远的文化主题。"星""月"为主题的学校建筑，又象征着宇宙的空旷与高远，文化意蕴为志存高远，心怀天下。看似没有生命的建筑，被赋予丰富的内涵，折射出丰富的文化，承载起育人功能。

2. 园林景观延续致远文化

园林景观于学生而言，是一种美的感悟与体验，既能培养学生感受美、创造美的能力，同时也能净化、洗涤学生的心灵，培养学生向善、向美的良好品质。比如矗立在校道显眼处师范纪念园内的30米高的水塔，如今已无蓄水功能，且陈旧的外观与校道两旁其他景物格格不入，拆掉又甚感可惜。于是，学校用心重构，在塔顶装置"火焰"形状的 LED 状灯笼，塔身雕塑祥云图案，整个水塔被改造成火炬形状。如此矗立在学校校道最显眼处，既成为一道亮丽的景观，同时被赋予深厚的文化意蕴，"薪火相传，生生不息"。又如学校在师范纪念园500米处将旧有的学校围墙改装为"长城"，灰色的城墙不仅将喧嚣挡在校园外，同时也将民族复兴的责任与担当深深镶嵌在一砖一瓦间，踩在校园的每一方土地上。

蒋晓敏校长认为，新高考与新课改下，课程的重要性日益凸显。教师的生命在于拥抱课程；教师的精彩在于开发课程；教师的幸福在于体验课程。学校为教师构建丰富的课程体系：心致远（理想教育课程、责任教育、生源教育、艺术教育）；知致远（科学与人文课程、创意课程、人文课程）；行致远（领导力课程、国际关系课程、志愿服务课程、运动与健康课程）；学校为专长教师提供特色课程：我校教师各自发挥专业所长、兴趣特长，除指导学生参加各种人文社团，教师自己也组建了各种人文联盟，如教师健美操队、教师合唱团、艺术欣赏联盟、传统文化学习联盟等；学校为骨干教师提供精品课程：如青马工程、儒行社志愿服务队、研习社、足球队等。课程的开发与体验，激发了教师的求知情趣，学校适时引导，蒋晓敏校长提出：路径一，善于向书本学；路径二，勤于向现场学，敏于在反思中学。并为教师免费订购有关的书籍，成立专门读书会，定期召开教师读书分享会。

（三）关于"团队"，蒋晓敏校长有自己独到的理解

他认为，团队就是由两个以上相互作用相互依赖的个体，为了特定目标而按照一定规则结合在一起的组织。团队有清晰的目标、恰当的领导、良好的沟通、相互信任、彼此忠诚与合作。团队不是以兄弟相称，而是以兄弟相待；不是迁就对方，而是包容对方；不是给对方补短，而是给对方扬长。

三、反响认同高

本次讲座，蒋晓敏校长突破传统的讲座模式，在讲座过程中以视频的形式呈现学校校园文化建设，讲座即将结束时，就当下的难点与困点与听众双向互动，打破单一的"讲"与"听"的模式，引发了与会者的强烈反响，也获得了与会者的高度认同。本次专家团成员、浙江师范大学中小学教师专业发展促进中心主任蔡伟教授认为，蒋晓敏校长的讲座平实质朴，干货多多。尤其是他们师生合拍的两个视频，令人心动，学校的文化建设值得推广。中国教育报刊社梁丹记者反馈：讲座很精彩，采访时老师们都说感觉您特别务实、有不少启发。蒋晓敏省名校长工作室成员参加了此次活动，听取了专家的智慧讲座，也感受到了沿河一线领导与教师对教育的执着与追求，工作室成员们都表示受益匪浅，不虚此行。

此次"宣讲行送教行"活动，既是一次宣讲政策、传经送宝的指导之旅，也是一次助力脱贫、促进发展的初心之旅。把党的教育方针政策带到扶贫攻坚第一线，把先进的教育理念和科学的教学方法送到了最需要的地方。用善心与智慧，用责任与担当，托举起民族的希望。

致远文化，奏响岭南教育强音

——蒋晓敏校长在全国德育论坛上讲座

"美恶皆在其心，不见其色也。欲一以穷之，舍礼何以哉？"《礼运篇》中孔子的一句经典名言，道出了教育在人成长中极为重要的作用，同时，也指出了教育特有的复杂与艰辛。而中学教育如何在升学与成才、个体与社会中找到平衡点？如何培养适应未来社会发展的合格人才？广东省中山市实验中学通过精心构建"致远文化"，导航学生成长。"致远文化"以其丰富的文化内涵，强烈的社会责任与时代感，赢得教育界广泛关注，深受业界好评：2020年7月8日，中国教师报专版报道《致远文化，导航学生成长》，一石激起千层浪；2020年7月19日，《中国德育》杂志盛情邀请广东省中山市实验中学蒋晓敏校长就《致远文化，导航学生成长》面向全国德育界进行专题讲座。

一、传承历史，照亮未来

蒋晓敏校长认为：学校管理是一项综合系统工程，人管人气死人，制度管人管死人，文化管人成就人。但学校文化的凝练需要智慧与思考。中山市实验中学作为一所百年老校，有着厚重的历史和极为丰富的人文资源，历史是积淀，但同时历史又是火烛，传承好历史，智慧之光将照亮前行之路。学校从校训"饮水思源、宁静致远"中摘取"致远"二字，提炼学校文化。"致远文化"作为一项综合的教育文化系统，其目标明确指向学生，整合时间维度与空间维度：从时间的维度，指向学生的未来，为学生的成长导航，从空间的维度，指向学生德智体美劳的综合平衡发展。"致远文化"不仅力求创造学生当下的幸福，更为学生未来的幸福导航、奠基。

二、湖光翠色，文化校园点燃梦想

蒋晓敏校长认为：学校是学生学习生活的场所，同时，学校又是学生灵魂的诗意栖居地，是唤起生命自觉的育人场所，因此，学校理应建设得富有文化和艺术气息，在原有设施的基础上，学校精心设计，打造文化校园，点燃学生梦想。

（一）学校建筑承载致远文化

学校建筑不能只是简单的物质静态存在，建筑应该是凝固了的文化的外显，方能彰显育人情怀。学校为每一栋建筑、每一条道路精心命名，赋予其文化内涵。比如：学校的主干道被命名为致远大道，学校行政楼被命名为致远大楼。文化意蕴为志存高远，心怀天下。高一高二教学楼被命名为"日臻楼"，文化意蕴为青春活力，蒸蒸日上。高三教学楼被命名为"星光楼"，看似没有生命的建筑，被赋予丰富的内涵，折射出丰富的文化，承载起育人功能。

（二）园林景观延续致远文化

园林景观于学生而言，是一种美的感悟与体验，既能培养学生感受美、创造美的能力，同时也能净化、洗涤学生的心灵，培养学生向善、向美的良好品质。比如矗立在校道显眼处师范纪念园内的30米高的水塔，如今已无蓄水功能，且陈旧的外观与校道两旁其他景物格格不入，拆掉又甚感可惜。于是，学校用心重构，在塔顶装置"火焰"形状的LED状灯笼，塔身雕塑祥云图案，整个水塔被改造成火炬形状。如此矗立在学校校道最显眼处，既成为一道亮丽的景观，同时被赋予深厚的文化意蕴"薪火相传，生生不息"。又如学校在师范纪念园500米处将旧有的学校围墙改装为"长城"，灰色的城墙不仅将喧嚣挡在校园外，同时也将民族复兴的责任与担当深深镶嵌在一砖一瓦间，踩在校园的每一方土地上。

三、龙腾虎跃，智慧团队护航成长

蒋晓敏校长认为：校长是行走在校园内的文化符号。校长要对教育有真情，对教师有真心，对学生有真爱。教师是学生生命成长的引路人，是学生生命的激励者，是学生的学习伙伴，活力、智慧、高品质的教师团队，是学生成长路上的有力护航者。为此，学校多维度提供平台，提高教师专业发展素质，打造智慧团队，护航学生成长。

（一）通过评价多元，打造龙腾虎跃的团队，提高团队的影响力；

（二）扬长避短，打造教育共同体提高团队的凝聚力；

（三）落实责任，打造求真务实的集体，提高团队战斗力。

教师团队的活力智慧，需要依托于求真务实，方能真正发挥其有力的护航作用。学校通过任务驱动、过程监督、追溯评估等方式，化管理于无形，用求真务实承托起活力智慧，教育成效明显。比如学校教师在应对学生心理健康的教育方面，通过团队研究、单兵式疏导、网格式管理等策略，取得很好的成效。

四、精彩纷呈，课程体系助力成长

众所周知，课程既是教师的教学内容、学生的学习内容，同时也是学生活动、体验的场所。著名史学家钱穆先生认为：广义的教育既指向学生个人，也要指向国家与社会。课程设计往往既彰显学校办学智慧，要能够有效整合教育的多维指向，优质育人。因此，学校提出培育"心中有理想、肩上有责任、头脑有智慧、脸上有笑容、嘴里有歌声"的育人目标，紧紧围绕育人目标，根据国家意志、结合学生个体发展需要，整合国家与地方课程，创新校本课程，精心构建课程体系：

心致远（理想教育课程、责任教育、生源教育、艺术教育）；

知致远（科学与人文课程、创意课程、人文课程）；

行致远（领导力课程、国际关系课程、志愿服务课程、运动与健康课程）。

丰富的课程体系，为学生的成长奠定了坚实的基础，插上了腾飞的翅膀。

蒋晓敏校长一个小时的讲座，是语言的讲述，也是生命的执着，讲座内容平实，紧贴现实，听众达到2700多人，且受到与会听众的一致好评，《中国德育》杂志编辑赵庭老师认为讲座很实在、很实用，有实招。值得点赞！

20世纪80年代澳大利亚原未来委员会主席埃利亚德就曾说过："未来不是一个我们要去的地方，而是我们要创造的地方。"无疑，学校要努力面向未来社会培养人。"致远文化"于理性中探索，智慧中表达，用理想与信念、责任与担当，奏响岭南教育强音！

行走在春天里的教育

——苏州研修考察总结

"人间四月芳菲醉,最是一年仲春时。"仲春时节,草长莺飞,2019年4月21日,广东肇庆学院"强师工程"教育考察代表团一行近百人,远赴苏州,于丝绸之都、文化之乡考察学习,于吴音中品教育,于园林中话未来。

一、如沐春风——苏州市教师发展中心畅谈规划

4月22日上午,我们参观了苏州市教师发展中心。苏州市教师发展中心规模不大,但古朴典雅,文化氛围浓厚,尤其是针对苏州市整个教育系统设计的线上教育,让人眼前一亮,该系统利用先进的信息技术,有效整合优质资源,极大程度上实现资源最优化与资源最大化,实现人才与优质资源的融合与共享,是基础教育领域的创新与尝试。随后,苏州市教师发展中心唐爱民主任就校长与教师的培训,给我们做了一场专题讲座《苏州市中小学校(校园长)专业发展培训的理念与实践》。整整一个小时的讲座,唐爱民主任娓娓道来,一个个鲜明具体的数字,让我们感受到了苏州市基础教育的杰出成就与快速发展,而一项一项具体措施,又让我们看到了努力的指南,奋斗的方向。尤其让人深受启发的是苏州市教师发展中心对教师专业发展与校长专业发展培训的精心与用心的研究与实践。在培训原则方面,遵循专业化与标准化相结合、全局性与局部性相结合,时代性和创新性相结合、理论与实践相结合等原则,并针对不同年龄、不同水平阶段的教师与校长,分别进行培训,如对新入职的教师,进行为期一年的集中研修、跟岗学习、展示汇报的专项培训;对青年教师进行学历提升与专项技能提升为主要内容的学习共同体项目培训,对名师、特级教师也分别进行

不同内容的专项培训。唐爱民主任的讲座，让人如沐春风，让我深深感知，教师的专业发展在学校教育的创新与发展中起着很重要的作用，而如何加强对教师专业发展的研究与实践，是摆在每一位校长面前的一项重要命题。

二、春意盎然——苏州五中戏剧教育绽放五色之花

苏州市第五中学创办于1892年，新学百年，弦歌不断，超越百年的办学历史，沉淀了萃英精神与圣光传统。校园古朴典雅，一步一景，萃英精神与圣光传统以四块石碑，与校训"诚、仁、勤、朴"四个大字一起被镌刻在学校庄严古朴的钟楼前，校园风景与文化相渗透，审美与教育相融合。学校领导克服学校占地面积不大、规模小、师资年龄老化、生源不够优质等弊端，重点从以下几个方面进行突破：

第一，以戏剧教育为养

学校充分利用近115年历史的潮州会馆古戏台，以民国礼为物化的平台，集思广益，深入细致地进行探讨与研究，构建起丰富的戏剧校本课程，以戏剧校本课程为抓手，撑起特色学校的大旗。

第二，以科技和国际教育为翼

学校放眼世界，与国际教育接轨，将美国的中学学段生物课程与中国中学学段生物课程连接起来，求同存异，开发科技课程，培养学生的国际视野与科技意识。

第三，构建"三节、四礼、五感、六色"的生命教育课程

生命需要了解，但生命更需要理解、体验与感悟。教育的本质是让生命得到舒展，得到成长。学校通过构建"三节、四礼、五感、六色"的生命教育课程，让学生体验生命、感受生命、热爱生命。

三、春暖花开——苏州六中园林文化催开艺术之花

苏州市第六中学是苏州市唯一一所艺术特色学校，办学特色鲜明，办学成效显著，毕业学生得到优质发展。学校建立在清朝举人许乃钊的旧宅上，既是校园，亦是园林。步行校园，仿佛穿越历史，感受浓浓的文化气息。

第一，借助校园文化，构建人文浸润的品德教育

学校的至善亭、明德楼，教诲明德向善；明清窗花，一步一景，光随景移动，感受时光的瞬息流转，玉兰堂对联：世间数百年旧家无非积德，天下第一件好事还是读书。尽显齐家之风骨。浸润、体验、实践、内化、升华。

第二，创建家校融通教育格局

教育不是安静的湖，是一条不断发展的河。学生的教育之河主阵地在学校，但源头在家庭。离开家庭的单维度的学校教育，往往孤立无援，同时也无法持续发展，家校融通的教育格局既是学生发展的需要，也是民族复兴的强有力保障。

第三，有效建构的课堂教学

学校实行国家课程差异化、艺术教育特色化、校园生活多样化。

学校充分利用特有的园林文化，共开发出四大类共 20 门园林文化课程。丰富多元的校本课程，给学生提供了选择的机会，同时也培养了学生的选择能力，让学生学会选择，让学生乐于选择。

以优美典雅的校园文化，让学生感知美、体验美，进而创造美。

四、桃李春风——田家炳实验中学课堂新教改

苏州市田家炳实验中学是一所有条件通过的三星级学校，生源一般，但加工能力不一般。如何让学生低进高出，高进优出，苏州市田家炳实验中学主要做到以下两点：

第一，加强教师队伍建设

有好教师才有好教育。学校倡导《做追求卓越的教师》，鼓励鞭策教师终身学习，在学习中体道、悟道、得道。精熟技艺，以道御术。

第二，优化课堂教学

国家教育部长陈宝生认为，课堂教学改革首先是观念的更新。我们听取语文老师章建老师的"读懂一篇文章的策略"一课，看似平实普通，但启示良多。首先，教学目标具体化。章老师以"初步读懂文章"作为本节课的教学目标，目标具体，操作性强，切中高考指向，容易激发学生的学习兴趣。其次，教学内容主体化。本节课从阅读的黄金法则入手，层层铺开，既符合学生的认知，又顺应学生思维的逻辑顺序，以学生为主体，引领学生主动参与；再次，教学活动的多样化，整节课下来，既有老师信手拈来的华丽主讲，也有学生积极主动的发言，既有双边互动，也有独立思考。最后，教学评价多元化，本节课老师没有采取单一的纸质练习，而是化问题于双边互动中，既有老师的肯定，周边同学的赞赏，也有学生自身的认可。

五、春风化雨——苏州十中诗性教育领风骚

苏州市第十中学的前身是"振华女中"，由王谢长达女士创办于 1906 年。苏

州十中因其诗性教育实践被称为"最中国的教育"。

第一，诗意校园，这是诗性教育的空间表达

这所学校是苏州织造署旧址，保持了苏州园林的风貌。校园里有灵石、清泉、古井，亭台楼榭多以校史上的人物命名，季玉厅、元培楼、时璋楼、璀廊……被誉为"最中国的学校"。庭院深深、曲径通幽、美石奇崛，景致有限而境界无穷。诗性教育，就是在这样一个空间里展开的。

第二，是诗意的学校文化，这是诗性教育的文化逻辑

这所学校的学校文化，承继着学校百年的历史文化。清朝末年，老校长王谢长达以"进德修业、面向社会、发展个性、培养能力"为理念创办该校。后来，校董蔡元培的"以美育代宗教"，校友费孝通的"文化自觉"，也深刻地影响了学校办学理念。根植于时代土壤，学校又锤炼出新的教育理念，比如，追求"质朴大气，真水无香，倾听天籁"的文化精神；追求"本真、唯美、超然"的教育内涵；秉持"以生命为本"的教育生命观；提倡"以校园的每一天成就每一个师生的本色人生"；倡导"不圈养每一位教师""以诗心化育学生"的师生观等。

第三，是诗性课程和审美课堂，这是诗性教育的主要载体和绽放之地

在学校教育中，课程意味着育人目标的具体实现，意味着基于育人目标的知识及方法选择。课堂是实现育人目标的主阵地。校长柳袁照提出"审美课堂"，就是要教师力求在一种回归自然、返璞归真的状态下教学，学生不知不觉地进入"学习"状态，进入"化境"去探求知识、发现真理、体验愉悦。

教育本真的缺失必然导致人性和精神世界的贫乏。贫乏，可以由诗来丰富。德国哲学家谢林说："不管是在人类的开端还是在人类的目的地，诗都是人的女教师。"

首先，诗性教育张扬情感的价值。

诗性教育与情感教育一样，张扬情感的价值，以情为本。诗歌王国的建构法则是情感，诗歌尽情挥洒情感，引发、调动人的情致、情愫，给人留下深刻的情感性记忆，那里包孕着优美、高尚情操的种子。

其次，诗性教育尊重生命及生命体验，以激发学生的生命活力为旨归。

诗总是具象的，充满画面感，具有诗情画意，引人同感、共鸣。诗讲究节奏，诗的节奏与生命的节律有共振和契合。当诗激发人去体验生活时，人的生命一定是在场的。诗活化、光鲜了人的生命之感，诗涵养生命之源。青少年是做

梦的时期，是生命力最旺盛、最自由、最需要释放的时期，这个时期施以诗性教育，那就是生命情感教育，是青春生命的保护神。

再次，诗性教育激发、涵养着人的想象力和创造力。

想象和情感一样，是诗性王国的建构法则之一。诗的表达手法多种多样，诗人大量运用隐喻、比附、拟人、倒装等，使诗充满浪漫的想象。在古希腊，诗人与创造是同根词，现代脑科学和心理学不断证明着想象与创造之间的关系。钱学森曾谈道，他每一次重要的发现都是先有灵感想象的画面，尔后才有细密的逻辑论证。晚年的"钱学森之问"实际上是对现行学校教育压抑了学生创造性的尖锐批判。

最后，诗性教育是一种超越功利的审美教育。

诗人是时代最敏感的触角。台湾诗人郑愁予说，诗人都有群居的性格，诗人的本质是关怀别人，诗应该为柔弱的人群而写。诗人不会在意自己的名声与利益的增长。

是的，诗性之心超脱日常生活的平庸和委琐，摆脱物质和眼前利益的羁绊，使自己处于一种融入了道德要素的审美境界，呈现出独立不羁的人格状态。因此，诗性教育能成为超越功利的教育、不受利益驱动的审美教育、追求"本真、唯美、超然"的教育。学校教育要还原它原初的使命，即构建好的生活、好的文化，帮助学生建立科学的人生观和价值观，培养他们面对社会、面对生活、面对人生所必要的、超然脱俗的情怀和态度。

让人文与科技齐飞，传承中创新，创新中融合，苏州之行，行走在春天里，行走在教育思考的路上。

品羊城盛宴，书教育新篇

——蒋晓敏省名校长工作室专题报道

2019年6月29日，粤港澳中小学校长论坛暨中国教育培训协同创新联盟成立大会在广州市阳光酒店隆重举行。烈烈夏日，千年古羊城，彰显着文化，扑面而来的却是对教育的无限追求与热忱！粤港澳大湾区中小学名校长、高校、研究院所、国内教育培训企业代表300余人参加了此次会议。本次会议由广东第二师范学院主办，广州创显科教股份有限公司、广州培生教育传媒有限公司承办。出席大会的领导嘉宾有中国产学研合作促进会执行副会长、秘书长王建华，中国教育发展战略学会执行会长、原教育部政策法规司司长孙霄兵，广东省科技厅基础研究与科研条件处黄江康处长，广东省教育厅师资管理处处长傅湘龙，原广东第二师范学院副校长、原广东实验中学校长、现广东实验中学越秀学校校长郑炽钦，广州创显科教股份有限公司董事长张瑜，广州培生教育传媒有限公司董事长周健等。

一、勇立潮头，紧扣时代脉搏

本次论坛以"粤港澳地区高品质教育的创新行动"为主题，原广东实验中学校长郑炽钦、香港路德会西门英才中学校长简加言博士作为本次论坛的特邀嘉宾分别以"高品质学校的创新行动""全人教育的理念与实践"为题进行了分享，郑校长提出"三高四优"的人才培养理念，简校长提出了"全人发展教育就是素质教育，需要以学生为主体、教师为主导"的全人教育观点，两位校长在"高品质教育"这一理念的引领下，着力践行"立德树人"，为国家、民族复兴培养真正合格人才，同时也紧扣时下《粤港澳大湾区发展规划纲要》中提出的"推进粤港澳大湾区建设，打造教育和人才高地"的主旨。国家高度重视"教育强国"，强调教育是国计，教育是民生。好的教育是国家之需、百姓之盼。人民满意的教育必然是有质量的教育、好的教育。教育现代化是社会主义现代化建设的重要组成部分，是实现中华民族伟大复兴的基石。粤港澳中小学校长论坛的举办、中国教育培训协同创新联盟的成立，围绕"高品质教育创新行动"的主题理念，搭建了一个行业交流、资源合作的平台，有助于促进高校、科研院所、中小学校、教育培训机构、教育信息化企业、产业投资及相关服务机构之间的相互赋能，提升中小学教学水平，推动教育培训机构的规范、健康发展，促进产学结合、校内校外协同教育，构建教育行业可持续发展的创新生态，推动中国教育事业和教育产业的高品质、现代化发展。

二、倾心交流，碰撞中升华智慧

"水相荡而生涟漪，石相击而发灵光。"微论坛最大的魅力就在于其思维的即时性，以其在思维碰撞中升华出的熠熠生辉的智慧。下午两时在广州阳光酒店7号会议厅举办的"粤港澳中小学校长论坛"中学组微论坛，与会专家有广东第二师范学院培训与社会服务处处长龚孝华教授、广东第二师范学院网络教育学院院长贾汇亮教授、广东教育杂志副主任黄日暖、来自初高中阶段的港澳名校长、广东省名校长工作室主持人及成员，80余人共同就"高品质学校的创新行动"分享了各自的办学智慧和经验。会议由贾汇亮教授主持。微论坛上，澳门庇道中学潘志明校长、深圳市龙岗区龙城高级中学（教育集团）总校长马锐雄、澳门菜农子弟学校校长王国英、广东番禺中学胡展航校长、珠海市第二中学尹祖荣校长等五位校长分别分享了"澳门庇道中学办学特色""优质高中创新发展案例分享""'小·精·多元'：澳门菜农子弟学校办学特色""不忘初心，做现代教育的践行者""以'文化养人'理念润泽高品质学校"等精彩纷呈的报告，校长们理论引领实践，实践升华理论，让与会者受益匪浅。而最精彩的环节则是接下来的沙龙环节：其他与会校长围绕"高品质学校的创新行动"主题相互交流，共同探讨怎么创建高品质学校：中山市实验中学蒋晓敏校长以敏锐的洞察力对"高品质教育"进行了理性的诠释、冷静的思考：第一，蒋晓敏校长认为"高品质教育"首先表现在高质量，其次是高水平的教师队伍，再次是高品位的优美的校园环境、校园文化；第二，蒋晓敏校长没有一味在理论上进行纠缠，而是很理性地关注到一个很现实的问题：理论上的"高品质教育"与社会对"高品质教育"认识上的偏差以及如何纠正这种偏差，时处自媒体时代，教育部一厢情愿地呼吁变革教育的功利性，其实往往如凿隧入井，收效甚微。功利性社会必然引发社会对教育功利性的过度解读，必然引起社会对"高品质教育"的误读甚至错读，社会往往误认为"高品质教育"就是高考升学率高，就是高考状元多，一些媒体也推波助澜。所以要真正践行"高品质教育"，政府层面需要保驾护航，需要改变对学生、对学校的评价方式，需要正确引导媒体进行宣传。第三，蒋晓敏校长就中山市实验中学近几年在践行"高品质教育"方面的努力进行了简单的汇报，如学校的办学理念、学校的育人目标、学校在"育人"方面的创新举措，如构建十大"党员文明服务实践团"等。

交流中碰撞，碰撞中升华智慧，高品质教育，让每位与会者激情澎湃。

三、知行合一，用现实照亮未来

当今时代，正处于时代关键节点，正确先进的理念，如火炬，指引道路，但一味停留在理论层面，势必会让理想失去应有的光泽。"空谈误国，实干兴邦"，广东教育杂志社黄日暖副主任认为，"高品质教育"固然需要有理念引领，但更需要行动支撑，要用成果显示。广东第二师范学院培训与社会服务处处长龚孝华教授认为：一个优秀的校长，应该心中有理想，有追求，需要有敢于创新的勇气，但是，更需要行动力，需要有过人的高招、绝招，将理论指导行动，让行动更具驱动力。

教育的真正本质在未来，本次论坛，"高品质教育的创新行动"，最终的旨归在"人"，高品质的教育终将成就高素质的人才，而高素质的人才，必然创造更加辉煌的未来！

蒋晓敏省名校长工作室成员西区中学莫秀红副校长、东区松苑中学周红副校长、黄圃镇中学吴毅强副校长、沙溪中学李松龄副校长、潮州凤凰中学文卓彬副校长、工作室助理张冬冬、彭志菲老师等，在工作室主持人、中山市实验中学党委书记、校长蒋晓敏的带领下，参加了本次会议，认真听取会议的各项议程和详细内容。

送教下乡显品质，精准帮扶助公平

——蒋晓敏省名校长工作室报道

　　时代的发展已然将高品质人才的需要提升到了最显著的位置。新时代合格公民的培养已成为一项现实而紧迫的任务。高品质人才离不开高品质教育，而高品质教育则始终绕不开两个主题：教育公平的有效保障与教育质量的精准提升！2019年12月24日，蒋晓敏省名校长工作室成员远赴潮州市潮安区凤凰中学，开展送教下乡活动。

一、深耕课堂，精彩呈现

　　"立德树人"这一时代使命的呼唤，将"核心素养"这一带有国际前瞻性的新理念深植于学校教育之中，而如何让"核心素养"有效落地，让教育真正有"人"，真正为"人"？高品质课堂的构建无疑是解决上述困惑的根本途径之一。基于此，蒋晓敏工作室成员在蒋晓敏校长的带领下，历时近六小时车程，远赴潮州市潮安区凤凰中学，开展送教下乡活动。

　　中山市青年教师曹梅姣，虽然入职不满五年，但凭借其坚实的专业基础、勤奋刻苦的钻研精神，在刚刚降下帷幕的由广东省教育厅主办的省教师技能大赛中，斩获初中化学组金奖。此次赴潮州中学，曹梅姣老师精心准备，多次磨课，为师生们呈现了一堂高品质的初中化学复习课：《自然界的水》。水是孩子们身边最常见的物质，"水"又是我们日常生活中不可或缺的重要物质之一，如何让孩子们通过这节复习课知道"水"，进一步了解"水"，并能够运用与"水"相关的知识解决日常生活中相关的问题，是这节课要有效落实并实现的目的。但初中生已有的关于"水"的认知并不丰富，初中生固有的年龄特征又对课堂内容的有趣性和有效性提出了更高的要求。如何让学生在有限的课堂40分钟内实现这些丰富的教育目标，曹老师对教学环节进行了精心的设计。第一步：精心布置任务，进行任务驱动。曹老师将任务明确到小卡片上，分发到每个学习小组，有了明确具体的学习任务，学生很快在任务的驱动下，进入学习状态。第二步：设置学生熟悉并感兴趣的情景。任务只有在学生熟悉并感兴趣的情景中，才能激发学生的兴趣，点燃学生的热情，让学生在明确的任务驱动下，于感兴趣的情景中，主动探求，实现目标。第三步：学生探究。在熟悉的接近生活的情景中，让学生以小组合作的方式思考、合作，探究任务的实现途径。第四步：成果展示。成果展示的环节既是对知识的总结与概括，也是明确学生知识漏洞，鼓励学生并进一步提高学生信心的重要环节。第五步，成果分享。曹老师通过精心设计的练习题，以有奖竞猜的方式，有效实现成果分享的目标。这一教学环节，既是学生对所学知识具体运用的一个过程，也是一个知识动态生成的过程，对授课老师有着较高的要求，曹老师凭借其对中考的认真研究，设计的练习题紧扣中考热点，重点，又紧密结合学生生活实际，目标实现度高。整节课授课老师教学理念新，紧扣育人目标，教学流程流畅，如行云流水，教师高水平的引领与精心的组织，获得了学生有效的呼应，学生参与度高，课堂气氛和谐，形成了良性的教育场，目标实现度高，让人叹为观止！学生及参与听课的教师们都表示受益匪浅！

如果说科技日发展改变了人类的生活，那么其突出的一个表现便是将"数字"深深镶嵌于我们的生活体系中，我们始终绕不开"数字"的算与运用，这一时代呼唤具备逻辑思维、科学素养、理性与批判精神的新人才，为呼应时代的要求，在刚刚拉开帷幕的新高考改革中，数学学科的重要性得到凸显。这一时代的新要求，使得中学数学学科教学，任务艰巨，责任重大。担任高三数学学科教学、中山市实验中学高三数学理科备课组长蒋海榕老师此次为凤凰中学老师和高三学生呈现的是一节数学老师公认的难度比较高的课"双曲线的定义及其运用"。圆锥曲线是高中数学难度较大的模块，而双曲线又是圆锥曲线里面最难的一部分。如何在高三文科班上好双曲线第一节复习课？一般复习资料都会把双曲线的标准方程当成复习课的第一个内容。考虑到高考题中标准方程通常会和后面的双曲线性质结合出题，所以海榕老师这节课尝试第一课时只以双曲线的定义及其应用为内容，进行探索式复习。课堂用拉链画双曲线的小视频引入双曲线的定义，老师带领学生对定义进行了复习。探究第一部分,针对基本定义中的易错点,老师给出一个探究，两个变式，学生自己进行思考和练习。老师进行讲评，并让学生自己总结，双曲线定义有哪些地方需要注意。探究第二部分，主要针对基本定义在焦点三角形中的应用。老师给出一个例题，两个变式。例题中具备焦点三角形，能够顺利实现双曲线定义的转化。变式一不具备焦点三角形，需要思考如何自己构造焦点三角形。变式二，除了自己构造完整的焦点三角形，还需要利用平面几何知识求最值。由浅入深，层层递进。目的在于引导学生在平时解题过程中学会一步一步寻求突破点。

学生基础较弱，所以课堂上老师与学生间需要做较多的情感交流。老师每提一个问题，都会鼓励学生坚持自己的想法回答。回答不出来的，老师会再次启发，直至学生回答出来。最后基本做到了题题都有学生能答出。

二、深度点评，彰显品质

课后，两校行政和参与听课的老师们围绕两节课进行了热烈的讨论与精彩点评。凤凰中学文卓彬校长非常感谢两位老师对两节课的精心准备，并要求凤凰中学老师们会后要对两节课集体研究，将新的教育理念真正落实到课堂教学当中。中山市实验中学胡建平副校长认为两位授课教师个人素质高，讲练结合，避免了传统教学的满堂灌。题型设置由浅入深，讲解过程注重因材施教。讲解完能够给予学生时间去整理和总结。胡校觉得能够做到因材施教的课就是好课。中山市实验中学校长蒋晓敏校长认为这两节课有思想。老师有乐观的态度，微笑的面容，注重与学生情感交流，能够多方面启发学生，提高学生的自信心，这是人工智能时代无法取代的，授课教师抓住了教育的"魂"。

关于高品质学校的建设，凤凰中学文财源校长认为，核心任务在每一位教师，老师应该用"慈悲"之心践行"立德树人"的时代使命，只有具备"爱"的能力，学生才能真正成为新时代的合格公民。中山市实验中学蒋晓敏校长对此也深有感触，他认为，培养新时代的合格公民，要继续助推教育公平与教育质量的提升，但作为中学校长，不能一味等待国家的教育政策，不能简单地将责任推给社会，应该勇于承担责任，敢于思考与创新新的实施路径，"送教下乡"可以在两校之间有效更新教学理念、精雕教学模式，并在教师之间实行有效沟通与交流等，是助推教育公平、提升学校教育质量的一个不错的实施路径，今后在这方面两校之间还可以进一步沟通与提升。

感谢梅姣老师和海榕老师的辛勤付出与精彩演绎！

送教牵手城乡，共话教学新篇

"桐落井床多槁叶，菊残衫袂尚余香。"时光总是太匆匆，转眼间已近岁末。2019 年 1 月 15—17 日，蒋晓敏广东省名校长工作室成员在名校长工作室主持人广东省中山市实验中学校长、广东省生物特级教师蒋晓敏校长的带领下，远赴潮州凤凰中学，送教下乡。

国民具备怎样的素养，既关系着我国核心竞争力，也关系着我国的国际形象。核心素养离不开学校教育，而学校教育最基本的细胞便是一节一节的课堂。如何让核心素养在一节一节的课堂中落地、生根、发芽，一直是工作室探讨的中心问题。本次送教下乡共安排了两大内容：第一是对课堂的深入探究与研讨，第二是进一步探讨如何发挥校园文化在育人中的作用，做到既有美化，又有绿化，更有文化。

1 月 16 日上午，工作室成员分别观摩了两堂高考一轮复习课：潮州凤凰中学化学科组张楚燕老师主讲的《金属的化学腐蚀与防护》和中山市实验中学彭志菲老师主讲的《曲径探花寻蛱蝶——高三历史备考探微》。

随后，凤凰中学行政、所有听课老师以及工作室成员就两节课展开了热烈的讨论。两位授课老师分别就自己的设想、授课思路详细进行了汇报。凤凰中学张老师认为，高三一轮复习课重在对知识的梳理与建构，加强主干知识的运用，培养学生的知识迁移能力。中山市实验中学彭志菲老师则从高考转型到课堂的转型进行思考与设计，结合历年高考真题，探讨解题方法与解题能力的提高，同时，挖掘高考真题背后蕴含的人文因素与育人价值，找到落实核心素养的抓手，润物细无声。工作室成员西区中学莫秀红副校长、东区松苑中学周红副校长、沙溪中学李松龄副校长，黄圃中学吴毅强副校长、凤凰中学文卓彬副校长分别就两节课进行了精彩点评。最后，工作室主持人蒋晓敏校长做总结性发言。蒋晓敏校长认为：教育的主阵地在学校，学校教育的灵魂在课堂。两节课听下来，深受启发，也引人深思。张楚燕老师具备很好的素质，语言表达清晰准确，课堂建构简单明了，如果用美来形容的话，这节课呈现出来的是一种未经雕琢的原生态的美。彭志菲老师的课，则顺应了高考由能力立意向素养立意转型的趋势，教师大胆地将课堂交给学生，让学生成为课堂的主人，教师则主要做好了三件事：第一，准备了丰富、大量的素材；第二，为学生提供了思维的方向；第三，帮学生克服了思维道路上的障碍。学生积极主动参与课堂，思考、探索，整节课下来，学生收获的不仅是知识、智慧，更是对历史的认识与理解，还有素养。蒋晓敏校长认为，课堂是教师展示才华的舞台，是学生成长的基地，课堂教学的研磨与探讨，将是工作室后续研讨的重要内容。

1月16日下午，工作室成员在凤凰中学校长文卓彬的带领下，参观了凤凰中学的校园，其间，工作室主持人蒋晓敏校长与工作室全体成员就凤凰中学校园文化建设进行了细致入微的现场考察。随后，蒋晓敏校长就校园文化建设方面，提出了一些具体的整改意见：比如，整个校园缺乏体现、象征学校核心文化的植物与建筑；校园升旗场地路面太滑，存在安全隐患；校门口两株夹竹桃虽然美观，但于学生身心发展不太有利；墙壁文化学生的参与度不够，没有让文化活起来。最后蒋晓敏校长强调，校园文化建设需要整体规划，逐步实施，以学生为中心，为学生的成长服务，既要有绿化，又要有美化，更要有文化。

潮州文化源远流长，开放多元的潮州文化，孕育了灿若星辰的杰出人才。丰厚的文化底蕴、云雾缭绕如仙境般的自然环境，让工作室成员收获良多。《国语·郑语》曰："以他平他谓之和，故能生长而万物归之。和实生物，同则不继。"工作室这次潮州之行，不仅是简单的送教下乡，更是文化的碰撞、精神的交流，令人受益良多！

春风十里交流，共话"润泽"教育

"二月风光浓似酒，碧琉璃色映群峰。"忙完紧张的开学工作，3月22日下午，蒋晓敏省名校长工作室全体成员在工作室主持人、中山市实验中学蒋晓敏校长的带领下，前往工作室成员、中山市黄圃镇中学副校长吴毅强所在学校，进行交流与视导。

黄圃镇中学是一所有着悠久历史的镇级初中学校，1945年建校，中途几经历史沿革，沉淀至今，一砖一瓦，全是文化的香味。下午2点，工作室成员观摩了学校组织的"黄圃镇中学第二届润泽课堂教学展示活动"，参与听取了姚碧林老师主讲的中考一轮复习公开课《生物的遗传与变异》，随后，在何彩霞校长的带领下，参观了学校美丽的校园，丰富多彩的功能室，琳琅满目的各项获奖作品，并就学校发展过程中所遇到的各项问题进行了深入交流与探讨。

交流会议上，先是听取了吴毅强副校长对学校近几年发展所做的详细介绍。美丽的何彩霞校长是一位既"脚踏实地，又仰望星空"，对教育饱含热情，极富教育情怀的校长，上任几年来，回归教育本质，从"人"的角度努力打造"润泽生命"的文化体系，构建"生命树"的管理架构，完善"润泽课程体系"的构建。何校长从女性的视角深思初中义务教育，对教师与学生的发展、学校的发展倾注满腔热爱，成效显著。无论是刚刚听取的公开课，还是丰硕的办学成果，与会各位工作室成员都表示受益匪浅，工作室主持人蒋晓敏校长也给予了高度肯定，他认为，姚碧林老师的这节公开课让人眼前一亮，姚老师通过设置教学情境，以问题为支架，以考纲为线，整节课带领学生在比较复杂的生物知识里遨游，学生参与度高，学习效度高。何彩霞校长的"润泽教育"，回归"人"，以"人"作为教育的阵地，呼应了"立德树人"的教育根本目的，符合教育发展规律，也顺应了学生的成长规律，让学生在和谐的校园文化中健康成长，何彩霞校长的办学理念很好。但如果要更高标准考察的话，"润泽"二字可以再做文章，蒋晓敏校长认为："润泽"二字，不仅强调教育的指向是"人"这一原动力与目标，同时也包含教育途径的"润物细无声"，应注意教师的"导"，如姚老师这节课老师还可以从教师的语言、教态、对待学生不同意见智慧处理等细节上，更大程度地体现"润泽"二字，同时，从教学管理层面来讲，学校的校园文化与课程建设，都应紧扣并突出"润泽"二字，使实践从理论来，实践又进一步升华理论。何彩霞校长表示，蒋晓敏校长的点评，让正处于徘徊迷惘状态的她豁然开朗，找到了努力的方向，同时诚挚地表示，希望蒋晓敏校长能对学校的校园文化建设、课程建设等方面多进行视导，并给予宝贵建议，并叮嘱吴毅强副校长要充分利用工作室平台，发展自己，造福学校。

随着工作室各项工作向纵深处全面展开，升华理论、提炼成果也逐渐提上日程，为此，工作室成员于3月23日上午就此项工作进行了整整一个上午的探讨，形成初步框架。

"水相荡而成涟漪，石相击而生灵光"，春风十里，交流无限。一个平台，一个支点，无限希望，我们在努力！

跨越3000多公里传递教育真情
——记中山市实验中学班子成员赴工布江达县开展教育交流活动

2016 年以来,中山市教体局根据中山市委、市政府"援藏先援教,育人惠民生"的工作理念和"高位谋划、多措并举、创新管理、深化交流"的思路,深入推进中山——工布江达县教育合作交流,大力推动教育事业健康发展,双方制订了10+10 校际帮扶计划。按计划,中山市实验中学对口帮扶工布江达县中学。从此,远在 3300 多公里外的西藏工布江达县中学的发展就成了中山市实验中学的牵挂。

2019 年 8 月,应中山市援藏工作组、西藏工布江达县中学和林芝市第一中学之邀请,在顺利落实新高三开学工作后,利用难得的几天假期,中山市实验中学校长蒋晓敏率学校班子全体成员来到了西藏林芝。援藏工作组非常重视此次手拉手帮扶活动,工作组组长、工布江达县常务副书记何立和工布江达县教育局副局长魏颖亲临林芝机场迎接。

蒋晓敏一行很欣喜地发现:在工布江达县委县政府和援藏工作组的共同努力下,依照上次广东省名校长和广东省名班主任工作室成员的建议建设,县中学已经发生了巨大的变化,校园整体规划更加合理、大气,校园建设更加具有文化氛围,彰显良好的育人环境,学生课外活动丰富多彩,学生作品精彩纷呈……

随后的座谈会由工布江达县中学副校长叶中科主持,扎桑校长致欢迎辞。扎校感谢何书记和蒋晓敏一行对学校的关心和帮助。同时也对中山市实验中学杨文辉等 10 位援藏老师的工作表示充分的肯定和感谢。

会上,蒋晓敏谈到中山市实验中学结缘于"中山市和工布江达县的教育援藏项目 10+10 活动"，这是他第三次入藏。他谈道，中山市实验中学和工布江达县中学有共性：两校都处在发展期，且两校都在日趋进步。中山市实验中学今年高考本科上线率达到了 92% 以上，本科优投率提高显著。在中山市实验中学就读的 52 名西藏高考生 100% 上本科，其中 47 人考上全国 211 和 985 学校。今年，中山市实验中学被评为全国民族团结先进单位，今年 9 月，他本人将代表学校去北京人民大会堂领奖。同样，工布江达县中学也发生了翻天覆地的变化。教学质量大幅度提高，学生活动精彩纷呈，学校教育教学成果受到高度赞扬。县中学是"缺氧不缺精神，缺钱不缺关怀"。在工布江达县的援藏干部和县中学的援藏老师精神风貌好，他们全身心地投入到援藏工作中。这些工作组的干部和老师们精神可嘉。同时，蒋晓敏指出，学校的发展进入了深水区，下一步工作难度将更大。还是那句话："缺氧不缺精神，缺钱不缺关怀"。首先，有各级领导的关怀，保障经费，保障人才。有支教老师带动，发挥我们学校的优势。其次，在教育局的大力支持下，注重好中小学的衔接，学校教学质量一定会取得更大的进步。再次，可进一步深化校园文化建设，开展丰富多彩的校园特色文化活动。同时要注重教师队伍建设，多关怀老师的职业发展，减少职业倦怠。学校可通过多元评价机制和多种交流来促进教师队伍建设。

随后分管德育线的李升平副校长、分管总务后勤的钟和生副校长、分管教学的胡建平副校长、分管初中部和西藏部的甘子超副校长和分管艺体工作的工会吴志君主席都对学校提出了各分管方面的宝贵意见和建议。

中山市援藏工作组组长何立书记讲话。他表示，中山市实验中学作为中山的一所重点中学，其校长带领全体班子成员来工布江达县中学交流指导，这是县中学发展的一个难得的机会。我们看到的是根本的和基本的问题，我们还有一些看不到的问题。一、教育对县里每个家庭的影响力非常大，同时，每一个孩子的成功培养带动整个村对教育的认识，甚至对县教育宏观的影响都是极其重大的。二、在西藏地区，先天的语言环境，造成发展教育的难度，因此，取得成绩不容易。县中学这几年教学质量和升学率稳步提升，领导和老师都付出了很多，因此，我们对县中学的老师怀有崇敬之心。三、援藏老师不容易，且成绩明显。要注重积累经验，把经验留下，尽量减少下一届援藏老师的适应期。四、县中学利要用这次契机提升我们的管理。刚刚实验中学班子成员所提的建议，八成以上符合我们的发展，所以我们要非常细致地落到实处，把资源用好，发挥积极的作用。五、县中学的发展和中山的援藏工作要同步推进。

最后，何书记提出宝贵建议。一、实中给予县中学大力支持。二、合作和援助从几方面突破：1. 师生交流。在教学方面，县中学非毕业班的老师到实中初三跟岗三个月到半年时间。学习方面，选拔优秀学生到实中参观学习。2. 发挥空中课堂作用，与实中同步上课，加强交流互动。3. 加强教学研究：在民族地区怎样开展教学研究？实中和县中学可以共同研究，形成课题。

会上，蒋晓敏代表中山市实验中学向工布江达县中学捐赠价值3万元的体育器材。

蒋晓敏热情关怀慰问了在工布江达县中学援藏支教的中山市实验中学杨文辉老师。杨老师和援藏老师一起参与工布江达县中学的初三教学和管理工作。2019年初三毕业考试，县中学打破常局，取得了令人惊喜的成绩：工中超指标完成了工布江达县教育局下达的中考目标，学生中考总分平均分达到了340.83分，比去年（279.61）进步了61.22分，进步排名第二；上内地民族班高中班人数12人，比去年翻一番；上区内重点以上47人；区内普通高中以上上线159人，上线率达到55%，较去年提高了16个百分点，上线率位居全市前列。这些成绩，和米林中学等兄弟学校横向比较，都是非常耀眼的。我们也有信心进一步提高县中学的教学质量，让县里的孩子毫不犹豫地选择我们县中学，圆梦高中名校。

借此机会，在座谈会结束之后，中山市实验中学的校级领导班子探望了在中山市实验中学委培学习的学生。自2017年起，中山市实验中学受中山市教体局和工布江达县教体局委托，每年为工布江达县中学培养5名孩子。到目前为止已经有10名孩子在中山市实验中学就读初一和初二，今年初一又将有5名孩子进入中山市实验中学学习。今天在县教育局魏颖副局长的组织下，孩子们和家长们早早地来到了县中学。我们首先观看了中山市实验中学微电影《岐江格桑花》。短短16分钟的电影展示了西藏孩子在中山市实验中学学习和生活的真实情况，体现了学生和老师之间、学生和学校之间的浓浓深情和依依不舍，很多孩子、家长和领导都感动得流泪。会上，家长和孩子们感谢县政府、援藏队和中山市实验中学为孩子们提供好的学习机会，对中山市实验中学的教学和管理表示了充分的肯定。同时，他们也提出了一些建议和意见，如请求中山市实验中学的老师大胆管理等。针对他们提出的建议和意见，中山市实验中学的领导和县教体局的魏颖副局长都一一做了回复，并将在今后的工作中加以改进和落实，希望真正保障孩子们在实验中学学习进步，生活快乐，健康成长。

翌日，在工布江达县教育局魏颖副局长的陪同下，蒋校率领导班子成员一行到林芝市一中进行参观、访问和交流，受到了林芝市一中党总支书记靳兵建和黄梦华校长等领导的热烈欢迎和盛情接待。两校领导就办学效率、育人环境、教师队伍建设等话题进行了深入的探讨，与会人员都感觉受益颇丰。

随后，蒋晓敏一行和林芝市到实中跟岗交流的陈熠主任、冯伟老师、石德才老师和普尺老师进行了亲切的会面，不是一家人胜似一家情的温馨画面感动着在场的每一位。

此次，中山市实验中学校级领导班子全体成员应邀跨越3300多公里，满怀民族教育情怀，远赴雪域高原，不惧高反，传经送宝，致力于促进西藏教育的发展，共筑中山和林芝两城之教育情缘，共谱民族教育新华章。

做"聪明"校长，行"三真"教育

——蒋晓敏校长肇庆"强师工程"讲座报道

"荷风送清香，凤凰花满城。"五月的古端州，怒放满城鲜艳夺目的凤凰花，迎来肇庆学院"强师工程"——"乡村中小学校长访名校活动"，作为举办方肇庆学院特别邀请的主讲嘉宾、广东省第二师范学院客座教授、广东省名校长工作室主持人、广东省中山市实验中学党委书记、校长蒋晓敏于5月20日上午、下午，分别为中小学校长们做了两场别开生面、内容翔实的讲座——"做一个聪明的校长"。

时值亚洲文明对话大会在北京召开，多彩的亚洲文明如五色彩虹，在每一个人心头闪耀，而如何振兴基础教育，如何发挥基础教育在民族复兴、个人发展中的基础而关键的作用，是每一位校长挥之不去、搁在肩头的沉甸甸的责任。蒋晓敏校长担任校长近20年，并多次被评为国家级生物奥赛金牌教练，有着丰富的从教和管理经验，本次讲座，蒋晓敏校长从"怎么做"讲到"做什么"，层级鲜明、逻辑严密，从实践升华理论，用理论指导实践，彰显教育情怀与教育理想，既有翔实的数据与一线教学与管理实例，也有高屋建瓴的教育理念，将实践与理论完美融合。

一、用"爱"涵养"智慧"——做一个"聪明"的校长

"怎么做"是与会各位校长们最为关注且最迫切想要了解的问题。蒋晓敏校长以丰富的一线经验、幽默风趣的语言，提出自己的观点与做法——做一个"聪明"的校长。中华文明源远流长，而汉字作为表音文字，既有丰富的美感，又不乏丰富深厚的含义。蒋晓敏校长对"聪"字做了独到的诠释：左边的"耳"，

代表"听"；右上角的丶，代表"看"；"居于中心位置的"口"，代表"说"，而右下方的"心"字，在整个聪字当中占了明显的位置。老子认为：从人主的领导政治哲学来讲，官者，犹如人体的官能，而辅助头脑最得力的官能，便是眼目的视力、耳朵的听觉。"聪明"的校长，即耳朵会听，眼睛会看，嘴巴会说。

第一，作为校长，要耳听八方：一听上级，二听师生，三听专家，四听同行，五听前辈，六听家长，七听高校，八听小学。学校作为社会中的一分子，必然与社会有着千丝万缕的联系，妥善梳理并处理好这些关系，是学校正常运转并得以发展的前提和基础，作为学校的管理者，必须第一时间了解相关信息，并具备相应的敏感度，迅速做出回应与处理。坚持做到听上级、听专家、听同行、听前辈、听家长、听高校、听小学，校长就能多渠道、多维度获取信息，了解更多信息以服务于学校管理。众所周知，学校的中心工作在教学、在育人，作为校长，尤其要注重倾听师生：倾听师生的欲望与要求（话中有求），师生在工作学习过程中欲望与要求，很少通过他们的行为，而是通过他们的声音表达出来的。它可能是一段述说，一个句子，一个感叹词，一声呼喊或哭泣；倾听师生的情感（话中有情），从发声中听出喜、怒、哀、乐；倾听师生的思想（话中有道）；倾听师生的疾病（话中有因）抑郁、孤独、病苦、恐惧等；倾听师生与他人之间的关系（话中有话）。通过接纳与平等、专注与警觉、鉴赏与学习、执着与冷静、参与与体验地听，了解师生，读懂师生，走近师生，让自己成为师生中的一员，让自己更了解师生，为自己的管理工作打下坚实的基础。

第二，校长要眼观六路：一看天，二看地，三看交通与消防，四看路灯亮不亮，五看校园和饭堂，六看师生拥有的饭堂。作为校长，首先要仰望星空，时刻关注时代的发展，关注时代对教育的新诉求，同时，作为校长，又得脚踏实地，密切关注和了解学校的发展动态，一砖一瓦，既有脚踏实地的实践，又要有教育情怀和理想。在平时的实践工作中，用良好的心情、充满活力的激情，去贴近学生的实情，用关爱学生的深情，调动师生主动参与的热情。

第三，校长要善于讲话（善说）。黑格尔曾经说过：语言有一种神秘的魔力，能够把事情颠倒过来，让普遍的东西凌驾于个别具体的东西之上。可见，校长管理的过程，离不开语言的艺术与语言的科学运用。在平时的学校管理中，蒋晓敏校长提出：一要有格局地说。作为学校管理者，语言不仅要高雅、严密，语言更要符合国家意志，体现教育意义，因此要有格局地说。二要有情感地说。只有走进学生心灵的语言，才是有效的语言。三是有创意的语言。重复单调的语言，总是吸引不了学生，只有冷静思考，认真分析，让语言创意无穷，才能打动学生，吸引老师。让语言走近师生，让语言发挥应有的功效。

第四，也是最为关键的内容，用"整个的心，做整个的校长"。著名教育家陶行知认为：国家把整个学校交给你，你要用整个的心做整个的校长。儒家学者子思认为："百心不可以得一人，一心可以得百人。"作为学校的管理者，校长的用"心"，尤为重要。

首先，要做到心中有数，作为校长，对于学校的整体情况和自己的工作职责要做到"心中有数"。国家教育部党组书记、部长陈宝生在出席 2017 年 6 月 15 日于新疆乌鲁木齐召开的全国乡村队伍建设暨万名教师支教工作会议上指出：基础教育是中国教育的基础，教师是基础的基础。立德树人是教育的根本任务，培养教师是根本的根本。如何打造并建设一支高素质的教师队伍，这应该是校长心中颇为亮丽的一道风景线。管理学家罗宾斯认为，团队就是两个或两个以上的相互作用、相互依赖的个体为了特定目标而按照一定规则结合在一起的组织，包含以下六个特征：清晰的目标、相关的技能、相互的信任、忠诚的合作、良好的沟通、恰当的领导。而如何打造优秀团队建设高素质的教师队伍，蒋晓敏校长有小绝招：不是以兄弟相称，而是以兄弟相待（相称口头上，相待行动上）；不是迁就对方，而是包容对方；不是给对方补短，而是给对方扬长。和谐、高水平、高效率的团队，是学校良性发展的支撑与重要保障。

其次，要做到心中有招，校长的智慧有时来源于思维的刹那显现，有时来自于平时的深思熟虑，而不管是思维的刹那显现，还是平时的深思熟虑，都离不开校长思考的习惯。心中有招，是思考的表现，也是思考的成果。一是有快招：领会上级精神快，具备政治敏感度；跟上时代潮流快，紧跟教育改革步伐；师生参与行动快，如学校正在紧锣密鼓创建的"十大文明服务实践团"。二是有实招，校长工作落在"实"，教学常规实；安全管理实；后勤服务实。三是有高招，学校管理工作贵在创新，只有创新，才能适应时代的需要，适应学校发展的需要，适应学生发展的需要，在校园文化建设中，新意层出不穷，水塔变火炬；废弃建筑变凉亭，挡土墙变长城，让旧貌换新颜，让文化在校园积淀。

二、"智慧"催开真情之花——践行"三真"教育

"一个好校长，就是一所好学校"，校长的教育情怀、教育理念，直接影响着学校的今天甚至学校的未来。所以，好校长不仅探索怎么做，好校长更应该关注"做什么"，"做什么样的教育"。面对此疑惑，蒋晓敏校长提出，践行"三真教育"。

第一，对教育有真情

蒋晓敏校长提出，教育有三重境界：第一重，接受教育，较低境界，把教育作为谋生手段，被动从事教育和受教育；第二重，感受教育，较高境界，产生了对教育热爱，主动去寻求教育，追求真知；第三重，享受教育，最高境界，把教育作为生命享受，以教为乐，感受快乐。对教育有真情，是把教育作为生命享受与生命追求，享受追求的快乐。

第二，对教师有真心

教师是学生成长的关键因素，是学校发展的基石，打造优质的教师队伍，离不开校长对教师的真心。公平公正地对待每一位教师，满腔热忱地为每一位教师解决后顾之忧，让教师感觉到校长的"真"与校长的"心"。

第三，对学生有真爱

学生是学校的主人，是学校发展的不竭动力，尊重每一位学生，平等对待每一位学生，放下身段，倾听每一位学生，运用爱的智慧与爱的艺术，赏识每一位学生，让每一位学生在"教育爱"与"智慧爱"中收获成长。

教育源于家庭，归于学校，成于学生的自我发展，可见，在学生一生的教育与成长中，学校教育起着非常重要且关键的作用，而学校的管理，不仅关乎民族的复兴，学生的成长，更心系于千家万户。如何做好校长，如何更好地促进学生发展，蒋晓敏校长近三个小时的讲座，如饕餮盛宴，又如盛世华音，一唱三叹，余音绕梁。近三个小时的讲座，台下座无虚席，精彩的讲座内容吸引与会者全程认真听取、思考、碰撞、升华。蒋晓敏省名校长工作室成员全程参与并认真听取讲座，学员们都表示受益匪浅，昨天已是历史，明天尚且成谜，而今天是礼物！5·20，特别的日子，蒋晓敏校长对教育的爱，既是奉献给与会各位校长们的礼物，也是奉献给民族、社会与未来的礼物！

以文化荡舟，求渡人渡己

——蒋晓敏省名校长工作室活动报道

"立德树人奋进担当，教育脱贫托举希望。" 9 月 14 日下午，蒋晓敏省名校长工作室联手黄志煊省名师工作室，助力岭南师范学院教师发展中心，与湛江、茂名、潮州等地校长齐聚一堂，探讨教育新形势下教育管理途径与策略，传承"渡人"的大爱主题。

文化校园点燃师生梦想

文化是学校办学的灵魂。如何提炼校园文化，更好地引领学生身心健康全面成长？面对校长们的关切，蒋晓敏的回答精辟接地气。他谈道，学校管理是一门艺术，俗话说，人管人气死人，制度管人管死人，文化管人成就人。中山市实验中学办学至今已有 107 年，校训是"饮水思源，宁静致远"，学校管理团队通过进一步研究和挖掘校训的精神内涵，凝练出校园主体文化为致远文化。

而如何突显"致远文化"品牌，学校从文化校园点燃梦想、智慧团队护航成长、课程体系助力成长三个方面进行落实，取得了良好的效果。

如：精心打造学校建筑，让建筑承载致远文化；用心雕琢园林景观，让园林景观延续致远文化。湖光翠色的校园，既有绿化，又有美化，更有文化，一草一木，一石一景，无不镶嵌着文化元素，点燃学生梦想……蒋晓敏的精彩分享，加上一张张精美大气的校园风光大片，赢得了大家的一致称赞。

智慧团队护航教师专业成长

优秀的教师队伍建设是学校教育教学质量的重要保证。新形势下如何更好地加强教师队伍建设，如何充分调动教师的积极性等都是与会校长们迫切需要解决的问题。对此，蒋晓敏分享了自己的几个"高招"，一是通过评价多元，打造龙腾虎跃的团队，提高团队的影响力。二是注重扬长避短，打造教育共同体，提高团队的凝聚力。三是落实责任，打造求真务实的集体，提高团队战斗力。蒋晓敏反复强调教师个人成长要依靠团队的力量。

丰富课程助力学生全面发展

课程是学校教育教学的载体。核心素养背景下，学校如何打造特色课程？这也是与会每一位教育工作者都在思考的焦点问题。

蒋晓敏立足学生核心素养的培养要求，分享自身的思考与智慧。他分享道，实中目前已为全体学生提供内容丰富、形式多样、选择灵活的课程体系，如心致远课程（理想教育课程、责任教育、生源教育、艺术教育）；知致远课程（科学与人文课程、创意课程、人文课程）；行致远课程（领导力课程、国际关系课程、志愿服务课程、运动与健康课程）。

如青马工程、儒行社、志愿服务队、足球队、合唱团、健美操等，尤其是党员文明实践十大服务团，极富创新性，将基层党建与社团紧密结合，加强党建工作在中学中的有效引领。丰富的课程体系，为学生的成长奠定了坚实的基础，插上了腾飞的翅膀。

提升师德修养要做到三个"统一"

时代的变化呼唤师德的传承与重塑，如何提高教师的师德修养，蒋晓敏也提出了自己的认识。

一是要实现教师自身价值诉求与家国情怀的有机统一；二是实现教师专业发展与学生综合素质双向发展的和谐统一；三是实现教师综合发展与学生终身发展的有效统一。

蒋晓敏的分享充满了深邃的思考，闪烁着智慧的光芒，大家都认真记录、仔细聆听。听完讲座，与会校长们无不赞叹并敬佩他的睿智、从容。

第一次来到实验中学，初看惊叹于学校校园的美，细看被蒋晓敏校长先进的教育理念折服。蒋晓敏校长提出的培养心中有理想、肩上有责任、头脑有智慧、脸上有笑容、嘴里有歌声的育人目标，既服务于国家的选才目标，也为学生的终身发展量身打造，育人目标体现出的是教育的智慧，教育的能量与教育无限的生机。

——岭南教育学院教师发展中心　黄光芳教授

校园有品位、教师有品格、管理有品度、教育有品质、学生有品德。尤其对于蒋晓敏校长"扬长避短"的教育智慧深表认同，教育新形势下，扬长避短无疑是调动教师积极性的一项理想策略。

——广东省名师工作室主持人，中山市远洋学校校长　黄志煊

这次实中之行非常精彩，有实地校园走访，校长的特色文化建设总结也很到位，值得借鉴学习。

——茂名　吴校长

交流会上，工作室成员、松苑中学周红副校长也就松苑中学的"松文化"进行了比较精炼的介绍。

此次分享活动，在传播实中致远文化理念同时，也在交流中实现了博采众长、智慧共享，促进共同进步与发展。以文化荡舟，求渡人渡己，是新时期教育管理者的使命，也将是教育管理者努力探索的一项命题。

让师德浸润心灵，让世界充满爱

蒋晓敏省名校长工作室请来《中国教师报》吴绍芬博士做师德师风讲座。

萧萧院落穷秋雨，风弄红蕉叶叶声！思考总是与收获结伴而行：教育新形势下，几千年传承下来的师德缘何会失范？该如何有效践行师德修养与建设？新时代师德修养提升和师德建设的突围之路将在何处？

带着对这一系列问题的思考，9月23日下午，蒋晓敏省名校长工作室有幸请到《中国教师报·教育家周刊》主编、教育学博士吴绍芬女士为工作室成员及学校全体行政及各支部委员分享了"让师德浸润心灵，让世界充满爱"的线上专题讲座。

一个多小时的时间，吴博士以其广博的视野、深邃的思考、敏锐的时代洞察力，给与会人员分享了关于"师德"的多维思考。

一、宏观引领，体会师德的时代内涵

"要让有信仰的人讲信仰！"师德建设不仅有着数千年的历史传承，在新时代更是被赋予了新的内涵。吴博士引领大家一起深入学习近段时间国家教育部先后颁布的各项政策，并回顾了教育领域颇具影响力的重大活动。

如教育部今年8月份相继出台的《教育部等六部门关于加强新时代乡村教师队伍建设的意见教师》〔2020〕5号；《教育部关于在教育系统深入开展向张桂梅同志学习的通知》〔2020〕8号；2020年9月7日召开的《2020年全国教师发展大会》；2020年9月9日教师节前夕习近平总书记对教师的慰问等。

吴博士指出，新时期师德不仅传承下来几千年主流思想所倡导的家国情怀，人民情怀、责任担当，更被赋予了新的时代内涵："全面小康路上一个不能少"的理想信念；为党为国育才、立德树人、呕心沥血的奋斗精神；为脱贫攻坚打通"最后一公里"的时不我待、只争朝夕的创造精神；满怀乡村情怀深耕乡村教育的定力和"突围"精神。

二、行为分析，厘清师德失范的原因

教育新形势下，师德缘何会失范？吴博士认为重建师德必须回归原点，目光朝下，从师德失范的具体行为中冷静寻找与总结。不难发现当下教师师德失范既有自身无法推卸的主观原因，也有学校社会客观层面的原因。

（一）教师自身的原因：具体表现为法律意识淡薄；自身良好德行的缺失；无法正确管理自己的情绪，维护自身权益的方式欠妥；无法抵制利益的诱惑等。

（二）学校层面的原因：一是教师尊严没有得到应有的维护，比如有些教师专业能力较弱，在团队中得不到激励和帮助，教学中常常带着负面情绪；有的教师工作没有价值感和认同感；二是学校相应的制度不够健全，评价体系不科学，比如有学校重视教学而忽略教研，有些学校重视教研而轻视教学，对教师的评价不系统、不科学，引发教师道德失范。

三、展望未来，寻找新时代师德修养提升和师德建设的突围之路

吴博士谈道，一方面是教师个体的突围之路。新时代教师要塑造和维护道德尊严，关键是要把握四个维度。即把握道德意识的高尚、道德情感的纯洁、道德意志的坚定和道德行为的雅正。教师要做到以德立身、以德立学、以德施教、以德育德，坚持教书与育人相统一，言传与身教相统一，潜心问道与关注社会相统一，学术自由与学术规范相统一，争做"四有"好老师。教师要做到自我省思、学习经典、贴地而行、有德行。

另一方面是学校层面的突围之路。一是学校要高调维护教师的尊严，不能把教师过于神圣化。因为教师是人，不是神。要让教师有尊严，从而让教师更好地拥有德行。二是要将"德"看成贯穿人一生的德行。要根据新时代教师规范道德准则，从政治、法纪、文化、教育、品德方面规范自己的行为，提升自我师德修养，为党育人、为国育才。三是要以中华优秀传统文化涵养师德。让教师受到优秀传统文化的濡染，做真正的文化人，有品位的人，有良知的人，有信仰有创新有行动的人。四是树立榜样的力量。校长做好表率，中层管理做好榜样，基层教职员工看到了标杆和航灯，就会眼中有光，朝着目标进发。

蒋晓敏校长认为，师德话题是一个历久弥新的话题，吴绍芬博士以其渊博的知识以及对教育深厚的情怀，将这一话题分析得很透彻，本次讲座内容丰富、语言优美、极富趣味；贴近生活、紧扣实际，充满浓浓的鲜味；观察角度新颖、富有哲理，值得回味。

本次讲座以中山市实验中学作为主会场，工作室其他校长所在学校为分会场，与会人员达到200多人，工作室借助新技术，辐射先进的教育理念与智慧，得到同行们的高度认同与赞赏。

好师德涵养好教师，好教师培养好学生，好学生书写新未来。新时期师德师风的建设是一个多维立体的工程。需要学校与教师的上下联动，也需要教师个体本身的内外兼修。教师层面，要以学深悟透习近平总书记关于师德师风建设重要论述为根本遵循，准确把握师德师风建设的目标方向。学校层面，要加强日常教育和监督，建立严格的考核评价管理体制机制等为师德师风建设提供支持。学校政策制度要与师德师风建设同向发力，同频共振，形成合力。研究学校政策制度与师德师风建设的相关性，特别要研究这些政策制度的改革和创新。

精心建构，深度耕耘

秋天以最绚烂的色彩，收藏春的美丽、夏的奔放。而秋天，又是对岁月的沉淀、思考、探究与憧憬。如何让初中思政课真正承载起"立德树人"的使命？如何使初中思政课教师真正成为学生心灵的塑造者？本着对这一问题的思考，蒋晓敏省名校长工作室联手黄志煊省名师工作室，于2019年9月23日开展了一场以"上好有血有肉有灵魂的课，培养大爱大德大情怀的人"为主题的初中思政课研讨活动。广东省名校长工作室主持人、中山市实验中学党委书记、校长蒋晓敏及其工作室团队，广东省名师工作室主持人、中山市远洋学校校长黄志煊及其工作室团队，潮州市凤凰中学跟岗成员及2019广东省中小学骨干校长高级研修班10位校长、韶关学院政治与公共事务管理学院党委邓春林书记、团委副书记童洋洋及46位广东省骨干教师一行等参加了本次活动。

众所周知，课堂是教师绽放才华的舞台，同时，课堂又是学生求学生涯中的中心活动场所，是学生成长的主要阵地。一堂堂好课如一颗颗璀璨的珍珠，穿起学生的精彩人生。然而，应试教育下的课堂，往往简单地被雕塑成知识的灌输场所，课堂失去了其应有的魅力，教育被世俗的功利化绑架。还原课堂本身应有的温度，挖掘课堂的育人功效，是本次活动探究的宗旨与目的。本次活动采取同课异构的方式，以"以礼待人"为主题，双方学校初中部思政课老师李娟英、樊江丽分别呈现了一堂精彩的初中思政课。活动分听课与评课两个环节。课堂环节精彩纷呈，评课环节思想活跃，激烈碰撞，韶关学院政治与公共事务管理学院党委邓春林书记对中山市实验中学的校园文化给予高度肯定，尤其是社团文化，让人震撼。认为蒋晓敏校长治校有方，尤其在办出学校特色方面很有成效，育人氛围浓厚，社团活动异常丰富，办学成效显著。邓春林书记对于两节思政课进行了高度评价。同时，关于初中思政课，邓春林书记认为：第一，思政课于新时代的重要性与迫切性，已然引起了社会的高度重视；第二，思政课的关键在老师，应该调动老师的积极性、创造性，加强思政课老师的队伍建设；第三，中学阶段的思政教育是高等院校思政教育的坚实基础，也为学生的人生成长奠基，非常重要，值得探讨。两位省工作室主持人也就这两节课提出了自己独到的见解。省名师工作室主持人、中山市远洋学校校长黄志煊对两节思政课给予了高度评价。同时，黄志煊校长认为，主办方实验中学此次活动定的主题非常具有时代特色，对于初中思政课，教师应当充分认识到，道德形成的重要途径是知、情、意、行四个方面的有机结合。老师在课堂教学中既要动之以情，又要晓之以理。仅仅停留在知礼的层面并不能表示已经完成了教学任务，在让学生知"道"的同时，要教育学生守"道"，做"道"，让书本知识生活化，让道德生活化，同时设置情境，让学生体验道德，建构有意义的道德课程。本次活动的主办方、中山市实验中学党委书记、校长蒋晓敏认为，初中思政课如何真正践行"立德树人"的使命，初中思政课教师如何真正成为学生灵魂的雕塑者，若要真正呼应这一艰巨而现实的使命，初中的思政课堂至少应做到以下几点：

一、遵循规律，上"有血"的思政课

两位老师本节课所讲授的主题："礼"，一代圣人孔子最伟大的贡献之一便是将"礼"与人们的日常生活联系起来，让"礼"触手可及，让"礼"变得亲切，而将"礼"作为主题来与学生对话，教师很有必要要了解学情，了解学生的认知水平，让"礼"的讲授既符合学生的身心发展规律，也符合教育基本规律，让学生主动参与，还原课堂的温度，让课堂有"血"。

二、深度耕耘，上"有肉"的思政课

柏拉图在其《斐罗篇》里面所记载的塞乌斯与法老关于"文字是否重要"的著名争论，其实一直延续到现在，那就是，我们究竟该具备怎样的知识观？多年以来，我们尝试着各种课堂教学改革，但如果不从根本上改变旧的知识观，一味地传授甚至灌输表面化的、刻板的知识，不仅达不到育人效果，反而扼杀了学生的学习兴趣。因此，课堂一定要深度耕耘，要详细解读知识表象下面的逻辑关系，课堂不仅要有"血"，而且要有"肉"，饱满丰盈的思政课，才能真正承载起"立德树人"的艰巨使命。

三、回归教育的原点，上"有灵魂的思政课"

"升学"不是中学教育的全部，中学教育的使命在于引导学生涵养立人之品，掌握学习之法，发掘创新之道，厚植责任情怀。思政课老师应该不仅停留在知识的灌输，而应呵护学生的灵魂，规范学生的行为，点亮学生的未来，培养大德、大爱、大情怀的人。

为人师者，最自由与幸福的事便是，关起世俗的窗，摒弃功利，"我的课堂我做主"，三尺讲坛，一方教室，如同一艘诺亚方舟，而教育最神圣的意义便在于，其不仅限于避难与救赎，而是燃起希望，点亮未来。

此次活动，是名校长工作室与名师工作室联合探究的新尝试，取得了很好的成效，得到了两大省级工作室成员及其他参与者的一致好评。而对于初中思政课的探究，我们将继续努力！

中山市实验中学校歌

（2018年）

1=F 4/4

蒋晓敏 词
朱立刚 曲

♩=112

朝气蓬勃地

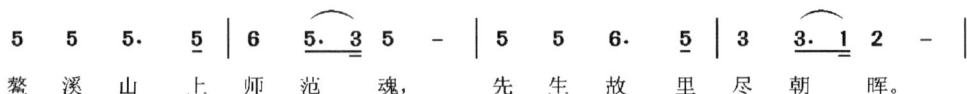

鳌溪山上师范魂， 先生故里尽朝晖。

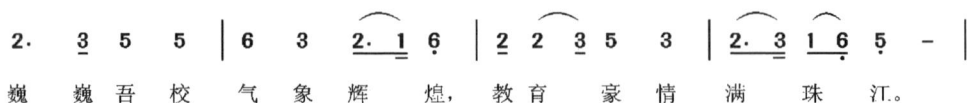

巍巍吾校气象辉煌， 教育豪情满珠江。

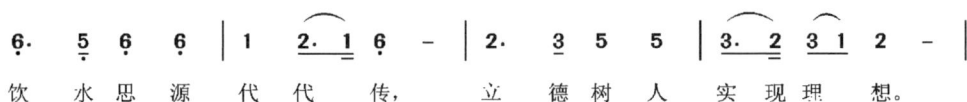

饮水思源代代传， 立德树人实现理想。

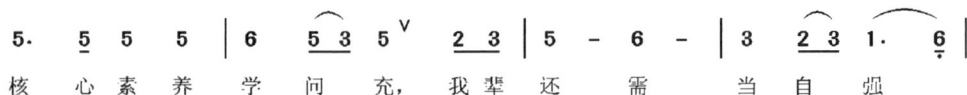

核心素养学问充，我辈还需 当自强

我辈还需当自强， 当自强。

后 记

学校管理和企业管理不同，学校教育的目标是培养人，与企业生产的产品不同，人的培养没有固定的目标，也没有统一的模型。我们教育的对象是一个个独特的、充满生机的个体，简单地用一成不变的制度去对这些鲜活的个体加以约束，只会引发教育的遗憾，约束教育的健康发展，让教育偏离"人"的轨道。

古往今来，无数教育前辈都一直苦苦地在个性与共性、自由与自律、教育之道与教育之术之间寻找着一种平衡，而这种平衡，恰恰隐藏在学校文化的最深处，根据学校校情、学情，凝练出以"学生"为核心的学校文化，而作为校长，又将自己升华为文化符号，于诗情画意的校园中行走，于深邃丰富的课堂中行走，于实效生动的德育实践中行走，将自己的一片情怀，独白于师生。如此，教育便催开灿烂的花朵，绽放最旖旎的云彩。

我挚爱中山市实验中学这片热土。这里的一草一木，一砖一瓦，都深藏着我炙热的情怀。我欣赏这里的每一位老师，老师们的才华深深感染着我。我深爱着这里的每一位学生，是你们荡起青春的风帆，拂动我沉睡的激情与热烈。

存在不仅如夜空中划过的星辰。即使时空流转，泮池边、远湖旁、师范园里、长城脚下，依然会跳动着我的脉搏，涌动着我的情怀，放飞着我执着的追求与梦想。

本书历经三年整理而成，其间也得到了我的工作室同仁们的大力支持与鼓励，特别是彭志菲老师在素材的整理及文字的修饰、校对等诸多方面花费了大量的心血和精力，在此深表感谢！

蒋晓敏

2020年12月15日于中山